Ausiàs March

Gedichte

Katalanische Literatur des Mittelalters

herausgegeben von

Alexander Fidora
(ICREA – Universitat Autònoma de Barcelona)

in Verbindung mit

Lola Badia, Germà Colón, Albert Hauf, Tomàs Martínez,
Josep Massot, Josep Pujol, Joan Santanach,
Amadeu-J. Soberanas, Albert Soler und Til Stegmann

Band 2

LIT
EDITORIAL BARCINO

Ausiàs March

GEDICHTE

Aus dem Katalanischen übersetzt
und eingeleitet
von
Isabel Müller

LIT
EDITORIAL BARCINO

Umschlagbild: Jaume Huguet, *Anbetung der Heiligen Drei Könige*, Ausschnitt des Dreikönigsaltars (Retaule del Conestable) der Kapelle Santa Àgata, Barcelona 1464.
© Museu d'Història de Catalunya, Barcelona 2009.

Wir danken dem Museu d'Història de Catalunya ebenso wie dem Museu d'Història de Barcelona.
Foto: Jordi Vidal

Die Übersetzung dieses Werkes erfolgte mit freundlicher Unterstützung des Instituts Ramon Llull

Gedruckt auf alterungsbeständigem Werkdruckpapier entsprechend
ANSI Z3948 DIN ISO 9706

Bibliografische Information der Deutschen Nationalbibliothek
Die Deutsche Nationalbibliothek verzeichnet diese Publikation in der Deutschen Nationalbibliografie; detaillierte bibliografische Daten sind im Internet über http://dnb.d-nb.de abrufbar.

ISBN 978-3-643-10006-1

Verlagskontakt:
Fresnostr. 2 D-48159 Münster
Tel. +49 (0) 2 51-620 32 22 Fax +49 (0) 2 51-922 60 99
e-Mail: lit@lit-verlag.de http://www.lit-verlag.de

Auslieferung:
Deutschland: LIT Verlag Fresnostr. 2, D-48159 Münster
Tel. +49 (0) 2 51-620 32 22, Fax +49 (0) 2 51-922 60 99, e-Mail: vertrieb@lit-verlag.de

Österreich: Medienlogistik Pichler-ÖBZ GmbH & Co KG
IZ-NÖ, Süd, Straße 1, Objekt 34, A-2355 Wiener Neudorf
Tel. +43 (0) 22 36-63 53 52 90, Fax +43 (0) 22 36-63 53 52 43, e-Mail: mlo@medien-logistik.at

Schweiz: B + M Buch- und Medienvertriebs AG
Hochstr. 357, CH-8200 Schaffhausen
Tel. +41 (0) 52-643 54 85, Fax +41 (0) 52-643 54 35, e-Mail: order@buch-medien.ch

Acàcies 15. 08027 Barcelona
Tel. +34 93 349 59 35
www.editorialbarcino.cat

Inhalt

Ausiàs March: Eine Einführung in Leben und Werk

1 Biographie

Ausiàs March [1] wurde im Jahr 1400 als Sohn von Pere March und seiner zweiten Frau Lionor Ripoll geboren. [2] Das Paar war bereits hochbetagt, als der lang ersehnte Stammhalter das Licht der Welt erblickte (ihr einige Jahre zuvor geborener Sohn Jaume war noch im Kindesalter verstorben und Joan, Sohn aus Pere Marchs erster Ehe, war 1398 bei einer Reise ins Heilige Land ums Leben gekommen). Das Geschlecht der March, das ursprünglich aus Barcelona stammte, zählte eine Reihe wichtiger und angesehener Hofbeamter. Ausiàs' Großvater Jaume war im Jahr 1360 von König Peter IV. (*Pere el Cerimoniós*) [3] in den Ritterstand erhoben

[1] Der Name ‚Ausiàs' geht auf den alttestamentarischen Namen Eleazar zurück. In der Provence, wo ein Heiliger dieses Namens gewirkt hatte (der im Jahr 1369 kanonisierte Heilige Elzearius von Sabran), war der Vorname in den Varianten Auzias, Alzeas und Augias im Spätmittelalter weit verbreitet; im katalanischen Raum ist er vor allem im 15. und zu Beginn des 16. Jahrhunderts belegt. In Lionor Ripolls Besitz befand sich eine Vita des für seine Keuschheit und Mildtätigkeit bekannten Mannes. Über die korrekte Graphie des Vornamens des Dichters (in den zeitgenössischen Quellen erscheint er in der provenzalischen Form ‚Auzias' oder in der katalanischen ‚Ausias' – in beiden Fällen, wie im Mittelalter üblich, ohne Akzent) und über seine Betonung – auf der ersten (**À**usias), zweiten (Aus**i**as – im Katalanischen ohne Akzent) oder dritten Silbe (Ausi**à**s) – ist viel diskutiert worden. Germà Colón hat für letztere Variante überzeugende Argumente vorgebracht (G. C., „El nom de fonts del poeta Ausiàs March", in: *Boletín de la Sociedad Castellonense de Cultura* 46 (1970), S. 161–214). Die in dieser Anthologie verwendete Schreibung ‚Ausiàs' hat sich inzwischen allgemein durchgesetzt. Was den Familiennamen betrifft, so findet man diesen gelegentlich gemäß der modernen katalanischen Graphie als ‚Marc' transkribiert; ich halte mich im Folgenden jedoch an die traditionelle Schreibung ‚March' (ausgesprochen: [mark]).

[2] Für die Daten zur Biographie siehe Jaume Chiner Gimeno, *Ausiàs March i la València del segle XV (1400–1459)*, València 1997, und Jesús Villalmanzo, *Ausiàs March: colección documental*, València 1999. Während das in den letzten Jahrzehnten neu erschlossene Quellenmaterial mit einigen Irrtümern hinsichtlich der Lebensdaten des Dichters aufräumen konnte (so wissen wir nun, dass Ausiàs March nicht, wie bisher angenommen, schon 1397 zur Welt kam), herrscht weiterhin Uneinigkeit über seinen Geburtsort, für den sowohl Valencia als auch Gandia in Frage kämen.

[3] Einige Bemerkungen zur historischen Situierung: Durch die Heirat des Grafen von Barcelona, Raimund Berengar, mit Petronella, der aragonesischen Thronfolgerin, vereinigten sich das Fürstentum Katalonien und das Königreich Aragon im Jahr 1137 zur ‚Krone von Aragon' (*Corona d'Aragó*, in manchen katalanischen Publikationen findet man auch die strenggenommen

worden. Nach seinem Tod wurde der Familienbesitz unter den Söhnen geteilt: die Güter im *Principat*, dem Fürstentum Katalonien, gingen an Jaume, Ausiàs' Onkel, während Pere, Ausiàs' Vater, die Ländereien im Königreich Valencia erhielt.

Seine Kindheit verbrachte der Dichter in Gandia, dem Sitz des Herzogs *Alfons el Vell*, dem Pere March als oberster Verwalter und enger Vertrauter diente. Als wichtiges politisches und kulturelles Zentrum war der Hof Alfons' weit über die Grenzen des Königreichs Valencia hinaus bekannt. [4] In Gandia erhielt der junge Ausiàs eine Erziehung, die seinem Stand angemessen war und ihn auf seine zukünftigen Aufgaben als Ritter und Feudalherr vorbereiten sollte: Schreiben und Lesen, Grundkenntnisse in den *artes liberales* (Grammatik, Rhetorik, Dialektik, Arithmetik, Geometrie, Musik und Astronomie), religiöse Unterweisung, über Chroniken und Ritterepen vermitteltes historisches Wissen, Reiten, Falknerei und Umgang mit Waffen. Auch das Erlernen höfischen Verhaltens – Tanzen, Singen, Musizieren, Dichten, höfische Galanterie und Mode – gehörte zum Erziehungsprogramm eines jungen Adligen. Es ist anzunehmen, dass er seine Ausbildung mit Hilfe der gut bestückten Bibliothek seines Vaters komplettierte. [5]

Im Jahr 1413 starb Pere March, und Ausiàs, der von seinem Vater bereits vier Jahre zuvor als Alleinerbe eingesetzt worden war, wurde zum Oberhaupt des valencianischen Zweigs der Familie. Wie schon sein Vater trat auch er in die Dienste des Herzogs von Gandia (nach dem Tod von *Alfons el Vell* 1412 war das Herzog-

ahistorische Bezeichnung *Corona catalano-aragonesa*). Dieses Staatsbündnis vergrößerte sich im Lauf der Reconquista und erlangte bald eine Vormachtstellung im westlichen Mittelmeerraum (zu Marchs Lebzeiten umfasste es das Fürstentum Katalonien, die Königreiche Aragon, Valencia, Mallorca – mit den Balearen und den Grafschaften Rosselló und Cerdanya – und Sizilien, die Insel Sardinien sowie, ab 1442, das Königreich Neapel). Die einzelnen Teilgebiete der Krone von Aragon blieben, obschon nach außen unter einem Monarchen vereint, im Inneren relativ unabhängig. Daraus ergeben sich für den Historiker missliche Folgen bei der Bezeichnung der einzelnen Thronfolger, so ist der oben genannte Peter der IV. von Aragon, der III. von Barcelona, der II. von Valencia und der I. von Mallorca und Sardinien. Um Konfusionen zu vermeiden, werden im Folgenden alle Könige mit der Ziffer bedacht, die ihnen in der Reihenfolge des aragonesischen Königshauses zukommt; bei erstmaliger Nennung wird darüber hinaus der katalanische Beiname in Klammern hinzugesetzt.

4 Der an Literatur und Philosophie interessierte Herzog besaß eine bedeutende Bibliothek, die er beständig zu erweitern suchte (so ließ er beispielsweise von allen Werken des Franziskaners Francesc Eiximenis gleich nach deren Erscheinen eine Kopie anfertigen). Auch als Förderer von Literatur trat er in Erscheinung: der Dominikaner Antoni Canals widmete ihm seine Übersetzung *Escipio e Aníbal*, Eiximenis das zwölfte Buch seines *Crestià*.

5 Aus dem Testament Pere Marchs wissen wir, welche Bücher sich in seiner Bibliothek befanden: enzyklopädische Texte (der *Breviari d'amors* von Matfré Ermengaut, die französische Fassung des *Trésor* von Brunetto Latini, der anonyme *Sydrac*, Ramon Llulls *Doctrina pueril*), Devotionsliteratur, Predigten, Exempla-Sammlungen, moralische Maximen, Rechtstexte, Traktate über das Ritterhandwerk und die Falknerei, Wörterbücher, Poetikhandbücher und Liedersammlungen (darunter auch ein Liederbuch mit Notationen).

tum an seinen Sohn, *Alfons el Jove*, übergegangen), in dessen Gefolge er an den Ständeversammlungen in Valencia teilnahm (den *Corts* von 1414/15 und 1417/18) und 1415 der Hochzeit des Prinzen Alfons von Aragon – des späteren Alfons V. (*Alfons el Magnànim*) – mit Maria von Kastilien beiwohnte. Den Ritterschlag erhielt March vermutlich im Jahr 1420 (erst zu diesem Zeitpunkt erscheint er in den historischen Quellen als „mossèn March", davor figuriert er als „donzell", d.h. als Knappe); im selben Jahr schloss er sich einer Mittelmeerexpedition Alfons' V. nach Sardinien und Korsika an. Vier Jahre später folgte er erneut dem Ruf des Monarchen: er nahm an dessen Nordafrika-Feldzug teil und erwarb sich Meriten beim Plündern und Brandschatzen des Eilands Djerba und der Kerkennah-Inseln. Für seine Dienste an der Krone wurde March großzügig entlohnt: Alfons V. bestätigte seine feudalherrschaftlichen Rechte und Privilegien über die im Herzogtum von Gandia gelegenen Ländereien Beniarjó, Pardines und Vernissa (die erst einige Jahrzehnte zuvor an seinen Vater gegangen waren) und übertrug ihm die volle straf- und zivilrechtliche Gerichtsbarkeit über seine Vasallen.[6] Überdies ernannte er ihn zum königlichen Falkner: fortan war March verantwortlich für die Zucht und Abrichtung der Greifvögel und Jagdhunde des Königs sowie für die Organisation der königlichen Jagdgesellschaften. Aus seiner langjährigen Korrespondenz mit dem Monarchen wissen wir, dass er dieses Amt bis ins hohe Alter hinein ausübte (auch noch, nachdem er den offiziellen Titel *falconer major* bereits abgegeben hatte).

Der Feldzug des Jahres 1424 blieb für March, der sich an den späteren Italienexpeditionen Alfons' V. nicht mehr beteiligte, der letzte. Allerdings stand er weiterhin in engem Kontakt zum König, der sich, von kurzen Unterbrechungen abgesehen, von 1425 bis 1431 dauerhaft mit seinem Hofstaat in Valencia niederließ.[7]

Im Jahr 1429 starb Lionor Ripoll. March übernahm die Vormundschaft für seine taubstumme Schwester Peirona und zog sich auf seine Güter in Gandia und Beniarjó zurück. In den Dokumenten der Zeit tritt er nunmehr als viel beschäftigter Feudalherr in Erscheinung, der stets darauf bedacht war, seinen Besitz und Einflussbereich (nicht zuletzt durch seine beiden Eheschließungen) zu erweitern,

---

6 Marchs rechtsprechende Tätigkeit ist durch zahlreiche historische Quellen belegt. Von besonderem rechtsgeschichtlichen Interesse sind diejenigen Dokumente, die ihn als Richter über seine maurischen Untergebenen zeigen, die den Üblichkeiten der Zeit entsprechend nach dem Gesetz des Korans gerichtet wurden (so verurteilte March im Jahr 1434 einen Mauren namens Juhe Abenachaer wegen Raubes zur Amputation seiner rechten Hand).

7 Die Entscheidung des Königs, in Valencia sesshaft zu werden, dürfte nicht unmaßgeblich von dem Angebot der Stadt beeinflusst worden sein, ihm für seine Präsenz monatlich 1000 Floren zu bezahlen. 1431 verlegte Alfons seinen Hof nach Barcelona (deren Stadtoberen das valencianische Angebot um ein Fünffaches überboten hatten), bevor er 1432 nach Italien aufbrach, von wo er nicht mehr auf die Iberische Halbinsel zurückkehren sollte.

und der sich gegen die Beschneidung seiner Rechte wehrte.[8] Als einer der ersten Grundbesitzer im Herzogtum investierte March in den Zuckerrohranbau (er ließ dafür u.a. spezielle Bewässerungssysteme anlegen und eine Zuckerrohrmühle errichten), der bald zur Haupteinnahmequelle der Region werden sollte.

Im Jahr 1451 verlegte er seinen Wohnsitz nach Valencia und kümmerte sich in der Folgezeit nur noch aus der Ferne um die Verwaltung seiner Ländereien. Am 3. März 1459 verstarb Ausiàs March nach schwerer Krankheit. Seine sterblichen Überreste wurden im Familiengrab der March in der Kathedrale von Valencia beigesetzt.

Nach den historischen Zeugnissen zu urteilen, entsprach March dem Klischee des stolzen Ritters, der um seiner Ehre willen keinem Konflikt aus dem Weg geht: zeit seines Lebens war er verstrickt in Fehden und Prozesse. In seinem letzten Lebensjahr wurde er wegen des Vorwurfs der Beteiligung an einem Mordkomplott zeitweise unter Hausarrest gestellt, erlebte den endgültigen Urteilsspruch jedoch nicht mehr.

Er war zweimal verheiratet. Im Jahr 1439 nahm er Isabel Martorell, die Schwester von Joanot Martorell, dem späteren Autor des bekannten Ritterromans *Tirant lo Blanc*, zur Frau (der Heirat war ein zweijähriger Streit mit der Familie seiner Verlobten um die Auszahlung der Aussteuer vorangegangen). Die Ehe war nur von kurzer Dauer, denn schon wenige Monate nach der Eheschließung verstarb Isabel. 1443 heiratete March zum zweiten Mal: Joana Escorna, die Tochter eines reichen Adligen aus Valencia. Doch auch seine zweite Frau überlebte er: sie verstarb im Jahr 1554.

Beide Ehen blieben kinderlos, Marchs Testament verzeichnet jedoch vier uneheliche Nachkommen: Joan, Pere, Felip und Joana (ein fünftes Kind, Francesc, das er ursprünglich zu seinem Erben hatte machen wollen und deshalb 1453 von König Alfons legitimieren ließ, war zu diesem Zeitpunkt bereits tot).[9]

---

[8] Nachdem *Alfons el Jove* 1425 kinderlos verstorben war, fiel das Herzogtum Gandia an den König, der es, nachdem es zunächst von Hug de Cardona verwaltet worden war, im Jahr 1433 an seinen Bruder Johann von Navarra (den späteren Johann II. von Aragon, *Joan el Gran*) übergab. Dieser beschränkte Marchs rechtsprechende Gewalt.

[9] Francesc hatte March mit einer Nonne gezeugt, den Sohn Felip mit einer Sklavin namens Marta; die übrigen Kinder gingen wohl aus Liebschaften mit freien Frauen hervor. Es war zur damaligen Zeit durchaus nicht ungewöhnlich, dass ein Edelmann illegitime Kinder hatte (zumal man veranschlagen muss, dass Marchs Ehen beide nicht von großer Dauer waren). Gleichwohl wurden diese Details aus seinem Liebesleben nicht selten herangezogen, um seine Dichtung biographistisch zu deuten (in dem poetischen Ich seiner Gedichte, das die Unmöglichkeit beklagt, den Versuchungen des Fleisches zu widerstehen, und in dramatischer Weise das Hin- und Hergerissensein zwischen Verstand und animalischer Lust schildert, glaubte man den reuigen Dichter selbst zu erkennen). – Ein anderes historisches Dokument gab Anlass zu der Vermutung, March könnte pädophile Neigungen gehabt haben: In einem Brief vom 25. Juni 1425 bat Königin Maria, die Frau von Alfons V., den obersten Richter von Valencia um sein unverzügli-

2 Der Dichter und seine Leser

Ausiàs war nicht der erste in der Familie March, der Gedichte verfasste: Schon sein Vater Pere [10] und sein Onkel Jaume hatten sich als Dichter einen Namen gemacht. Und in der Tradition der *cavallers-poetes* stand auch Arnau March, ein Onkel oder Cousin von Ausiàs, der wie andere bedeutende Dichter seiner Zeit – Íñigo López de Mendoza (der spätere marqués de Santillana), Jordi de Sant Jordi oder Lluís Icard – am Hof von Margarida de Prades, der Witwe des Königs Martin I. (*Martí l'Humà*) wirkte. Das Interesse für die Poesie, so kann man angesichts dieses familiären Hintergrunds behaupten, war Ausiàs March gewissermaßen in die Wiege gelegt. Hinzu kommt, dass er bereits in jungen Jahren die Gelegenheit hatte, im Umfeld des Königs Alfons V. die Bekanntschaft anderer Dichter zu machen, die ihm zugleich Vorbild und Herausforderung gewesen sein werden (von Jordi de Sant Jordi, dem namhaftesten Dichtersänger der Zeit, und von Andreu Febrer, dem Poeten und späteren Übersetzer der *Commedia* Dantes, wissen wir, dass sie wie March am Italienfeldzug des Jahres 1420 teilnahmen). Das Dichten war eine der Qualifikationen, die es zu beherrschen galt, wollte man bei Hof reüssieren, und so ist anzunehmen, dass March schon früh damit anfing, sich in dieser Kunst zu üben. Von seinen ersten poetischen Versuchen ist allerdings kein Zeugnis erhalten. In der Regel wird davon ausgegangen, dass March um das Jahr 1424 mit der Abfassung der Gedichte begann, die uns heute überliefert sind. Ei-

---

ches Eingreifen im Fall eines Knaben von 12 oder 13 Jahren namens Joanet Carnicers. Joanet, der von seinem Vater, einem Notar, in die Obhut des Sekretärs der Königin gegeben worden, um bei diesem ‚zu lernen und sich weiterzubilden' („per apendre e aprofitar"), war, von anderen Jugendlichen angestiftet, von zu Hause ausgerissen und befand sich nun bei mossèn Ausiàs March und ‚auf dem Weg ins Verderben' („in via de perdició"). Viel Tinte ist darüber geflossen, wie diese Worte zu interpretieren seien. Ferratés Lesart, wonach der junge Joanet dem Leben an der Seite des königlichen Falkners schlicht den Vorzug vor dem Studierzimmer und seinem gestrengen Lehrer gegeben haben wird – was aus der Sicht der Eltern und seines Lehrers natürlich nur ‚verderblich' sein konnte –, scheint dabei am plausibelsten (Joan Ferraté, „Apèndix", in: *Les poesies d'Ausiàs March*, hg. von J. F., Barcelona ^{2}1994, S. 455–476, hier: S. 457f.). Hätte sich der Dichter tatsächlich dem Vorwurf der Pädophilie ausgesetzt gesehen, wäre nicht nur der Ton des Briefes ein anderer gewesen, dies hätte auch drastische Folgen für March gehabt (im Valencia des 15. Jahrhunderts wurden ‚Sodomiten' verbrannt).

10 Pere March war insbesondere für seine moralische Dichtung bekannt; so würdigt ihn der marqués de Santillana mit den Worten: „Mosén Pero March el Uiejo, valiente e honorable cauallero, fizo asaz gentiles cosas, e, entre las otras, escriuió *Proverbios de grand moralidad*." // ‚Der edle Pere March der Alte, ein tapferer und ehrenwerter Ritter, verfasste einige sehr gefällige Werke, unter anderem schrieb er *Sinnsprüche von großer Moralität*.' (in: *El* Prohemio e Carta *del marqués de Santillana y la teoría literaria del s. XV*, hg. von Ángel Gómez Moreno, Barcelona 1990, S. 59; diese und alle nachfolgenden deutschen Übersetzungen der Primärtexte sind, wo nicht anders vermerkt, von mir.)

nes seiner frühesten datierbaren Gedichte, XIII*, [11] enthält eine Anspielung auf die Gefangenschaft des zyprischen Königs Janus von Lusignan in Kairo (von Juli 1426 bis Mai 1427), was darauf schließen lässt, dass es entweder während oder kurze Zeit nach diesem für die christliche Welt traumatischen Ereignis entstanden ist.

Die in der Forschung lange gepflegte romantische Vorstellung von Marchs Dichtung als einer „Poesie der Einsamkeit“, [12] geschrieben fernab des Hofes und der königlichen Patronage, als eine Art melancholisches Soliloquium, muss vor dem Hintergrund neuer Studien revidiert werden. [13] In seiner Eigenschaft als königlicher Falkner stand March nicht nur zeitlebens in enger Verbindung zu König Alfons V. und seinem Hofstaat (auch dann noch, als der Monarch 1442 in Neapel sesshaft wurde), er verstand sich auch stets als höfischer Dichter und schrieb für ein höfisches Publikum. Dies lässt sich zuallererst an den Adressaten seiner Gelegenheitsgedichte ersehen. Vier Gedichte widmete er dem König: die Gedichte XXX (ein Aufruf zu den Waffen, wohl aus Anlass eines der Mittelmeerfeldzüge Alfons' verfasst), LXXII* (ein Herrscherlob, vermutlich nach der Niederlage von Ponza im Jahr 1435, oder aber nach Alfons' triumphalem Einzug in Neapel in 1442 geschrieben) und die beiden Falkengedichte CXXIIa und CXXIIb, [14] die erst in den letzten beiden Lebensjahrzehnten des Dichters entstanden. Für Antoni Tallander, den Hofnarren des Königs, verfasste er kurz vor dessen Tod im Jahr 1446 eine *meditatio mortis* (Gedicht CVII*) – ein Hinweis darauf, dass March, obschon er vermutlich niemals selbst in Neapel war, doch Freundschaften zu Alfons' engsten Höflingen unterhielt. Aus einer Zeit schließlich, da er bereits zum Vorbild für die jüngere Dichtergeneration und zur unangefochtenen Autorität in

[11] Alle hier und im Folgenden mit einem Asterisk gekennzeichneten Gedichte sind in dieser Anthologie enthalten.

[12] Während Vossler diesen Begriff in Bezug auf March im Wesentlichen metaphorisch gebrauchte („[March] ist ein Meister und Büßer der Innenschau und Selbstzergliederung. Er baut als ein Klausner der Psychologie die zuckenden Stücke seines Herzens um sich her.“ in: Karl Vossler, *Poesie der Einsamkeit in Spanien*, München ^{2}1950, S. 45), bezog ihn die March-Forschung bis vor kurzem ganz konkret auf die persönliche Situation des Dichters: seine (wie wir heute sagen können: vermeintliche) Abgeschnittenheit von Hof und höfischem Publikum (vgl. etwa Lola Badia, „Literatura catalana i patronatge reial al segle XV: episodis d'un distanciament“, in: *Pedralbes* 13,2 (1993), S. 525–534, hier: S. 528.).

[13] Vgl. insbesondere Jaume Torró, „Ausiàs March, falconer d'Alfons el Magnànim“, in: Rafael Alemany / Josep Lluís Martos / Josep Miquel Manzanaro (Hg.), *Actes del X Congrés Internacional de l'Associació Hispànica de Literatura Medieval*, Alacant 2005, S. 1521–1536.

[14] In CXXIIa bittet der Dichter um einen Falken, mit der Begründung, dass er ohne sinnvolle Beschäftigung Gefahr laufe, trotz seines fortgeschrittenen Alters wieder der Liebe zu verfallen und so zum Gespött der Leute zu werden; in der Geleitstrophe des Gedichts CXXIIb wendet sich March (ohne ihren Namen zu nennen) an Lucrezia d'Alagno, eine italienischen Adlige, mit der König Alfons (nachdem Papst Kalixt III. einer Annullierung seiner Ehe mit Maria von Kastilien nicht zustimmen wollte) ab 1550 in offenem Konkubinat lebte.

Liebeskasuistik geworden war, stammt der literarische Austausch mit Tecla de Borja (CXXV) und den jungen Dichtern Joan Moreno (CXXIV) und Bernat Fenollar (CXXVI). Diese Frage-Antwort-Gedichte („demanda feta a ... "–„resposta de... "),[15] in denen March stets die Rolle des Lehrers oder weisen Richters zufällt („Mon mestre i senyor"; „A vós remet los meus juïns/ qui sou de tots lo més entés"),[16] vermitteln einen guten Eindruck von dem Ansehen, welches er in jenen Jahren in den literarischen Zirkeln Valencias genoss. Tecla von Borjas genaue Kenntnisse seiner Dichtung schließlich zeigen, dass March in den oberen Gesellschaftsschichten – die Borja waren eines der angesehensten und einflussreichsten Adelsgeschlechter der Stadt – auch eine weibliche Leserschaft hatte.

Von entscheidender Bedeutung für die Verbreitung der Dichtung Marchs waren darüber hinaus die Höfe von Johann von Navarra (dem späteren Johann II., *Joan el Gran*) – dieser war ab 1435 Statthalter seines Bruders Alfons V. in den Königreichen Aragon und Valencia, wobei er die meiste Zeit in Saragossa residierte – und von dessen Sohn, dem Fürsten Karl von Viana.[17] An diesen Höfen wurden Marchs Gedichte gelesen und kopiert (die Handschrift *H* etwa entstand vermutlich im Umfeld des Fürsten von Viana), und hier finden wir auch die ersten *Ausiasmarquistes*: Pere Torroella, Bernat Hug de Rocabertí, Pedro Ximénez de Urrea, Lluís de Vilarrasa, Lleonard de Sos, um nur einige wenige zu nennen. Von Marchs Berühmtheit schon zu Lebzeiten und seiner Bekanntheit auch jenseits der Grenzen der Krone von Aragon zeugt die Würdigung, die ihm der marqués de Santillana, ein kastilischer Edelmann, in seinem *Prohemio* (ca. 1448/49) zukommen lässt: „Mosén Ausias March, el qual aún biue, es grand trobador e omne de asaz eleuado spíritu."[18]

15 Auch CIII gehört in diese Gruppe von Gedichten, doch ist uns weder die dazugehörende *demanda* noch deren Verfasser bekannt.

16 ‚Mein Lehrer und Herr'; ‚Euch überlasse ich das Urteil, denn Ihr seid von allen der verständigste' (Zitate aus den Korrespondenzgedichten von Joan Moreno und Tecla de Borja).

17 Angesichts des Glanzes des neapolitanischen Hofstaats von Alfons V. standen die Höfe seines Bruders und seines Neffen lange im Schatten der Literaturgeschichtsschreibung. Erst in jüngster Zeit wurde ihre Bedeutung für die Produktion und Verbreitung insbesondere der katalanischsprachigen Literatur herausgearbeitet; in Neapel waren das Lateinische, das Spanische und das Italienische die dominierenden Literatursprachen, Dichtung in katalanischer Sprache spielte – mit Ausnahme der Gedichte Marchs – nur eine untergeordnete Rolle (vgl. Jaume Turró, „Una cort a Barcelona per a la literatura del segle XV", in: *Revista de Catalunya* 163 (2001), S. 97–123, und Francisco Javier Rodríguez Risquete, „Pere Torroella i les corts dels infants d'Aragó al segle XV", in: *Llengua & Literatura* 13 (2002), S. 209–222). An dieser Stelle sei auch daran erinnert, dass March Johann von Navarra, als dieser 1433 Herzog von Gandia wurde, direkt unterstellt war (er betätigte sich u.a. als sein Steuereintreiber). Es ist also nur plausibel, anzunehmen, dass March bei der Abfassung seiner Gedichte auch den Hof Johanns als Leserkreis im Blick hatte.

18 ‚Der edle Ausiàs March, der noch lebt, ist ein großer Dichter und ein Mann von großem Geist.' (*El* Prohemio e Carta *del marqués de Santillana*, *op. cit.*, S. 60) In diesem Vorwort exponiert

Um 1445, so lässt sich aufgrund der Wirkkraft seines Werkes bestimmen, gehört March bereits zum Kanon der volkssprachlichen Autoren. In den folgenden Jahrzehnten wird er zitiert, imitiert und – auch dies Ausweis seines Status als Klassiker – parodiert (so etwa im *Tirant lo Blanc*, dem Roman seines Schwagers Joanot Martorell).

***

Wenn man heute auch in der Lage ist, den Leserkreis der Gedichte Marchs relativ genau zu bestimmen, kann man über die Art der Rezeption seiner Lyrik doch nur Mutmaßungen anstellen. Wie allgemein bekannt ist, waren die Gedichte der provenzalischen Trobadors für den mündlichen Vortrag bestimmt; sie wurden entweder vom Dichter selbst vorgetragen oder aber, und dies war eher die Regel, durch einen professionellen Spielmann, den *joglar*.[19] Die Provenzalen verstanden ihr Handwerk darum als das Verbinden von Worten mit einer Melodie („los motz e·l so") – auch wenn dem Sprachkunstwerk stets der Vorrang gegenüber der (dem Interpreten größere Freiheiten einräumenden) musikalischen Ausgestaltung zukam. Diese Personalunion von Dichter und Komponist löste sich im Lauf der Jahrhunderte immer weiter auf. Zwar finden wir auch zu Beginn des 15. Jahrhunderts noch mit Noten versehene Liederhandschriften (auch in Pere Marchs Testament war ein solcher *cançoner notat* verzeichnet), doch war es zu diesem Zeitpunkt vermutlich bereits üblich, dass Gedichten erst nachträglich und für gewöhnlich nicht durch den Dichter selbst eine Melodie beigefügt wurde (nur so ist es zu verstehen, dass der marqués de Santillana auf den offenbar ungewöhnlichen Umstand verweist, dass Jordi de Sant Jordi seine Gedichte ‚*höchstselbst* vertonte'[20]). Im Lauf des 15. Jahrhunderts schließlich setzte es sich mehr und mehr durch, gänzlich auf Musik zu verzichten (wie dies zwei Jahrhunderte zuvor bereits die Dichter der *Scuola Siciliana* getan hatten).

---

der marqués de Santillana nicht nur die theoretischen Grundlagen seiner eigenen Dichtung, sondern bietet auch einen literaturkritischen Überblick über die Poesien Frankreichs, Italiens und der Iberischen Halbinsel. Von den Dichtern Valencias und Kataloniens finden sechs lobende Erwähnung: Guillem de Berguedà, Pau de Bellviure, Pere March, Jordi de Sant Jordi, Andreu Febrer und, als einziger zum Zeitpunkt der Abfassung noch lebender Dichter, Ausiàs March.

19 Bei March wird die Profession des Dichters denn auch von der des Sängers geschieden: „Los cantadors amb melodia canten,/ los trobadors a fer dictats acuiten" // ‚Die Sänger mögen liebliche Melodien singen, die Dichter herbeieilen, um Verse zu schmieden' (XV*,45f.).

20 „En estos nuestros tienpos floresçió mosén Jorde de Sant Jorde, cauallero prudente, el qual çiertamente conpuso asaz fermosas cosas, las quales *él mesmo asonaua*, ca fue músico exçellente." // ‚In dieser unserer Zeit erblühte auch der edle Jordi de Sant Jordi, ein kluger Ritter, der ohne Zweifel herrliche Werke verfasst hat, die er *höchstselbst vertonte*, denn er war ein herausragender Musiker.' (*El* Prohemio e Carta *del marqués de Santillana*, *op. cit.*, S. 59, Kursivierung von mir)

Was nun das Werk Marchs angeht, so gibt es keinerlei Anzeichen dafür, dass seine Gedichte zu seinen Lebzeiten vertont und mit musikalischer Begleitung vorgetragen worden wären.[21] Die Machart der Gedichte – der Verzicht auf formale Artifizialität, die unübersichtliche, dunkle Syntax, die zum Teil recht komplexe Gedankenführung – scheint gegen einen musikalischen Vortrag zu sprechen; für seine langen, traktatähnlichen Gedichte kann man diese Art der Performanz sogar rundum ausschließen. Besser vorstellbar ist eine laute Deklamation (etwa bei Hofe oder in den städtischen literarischen Zirkeln) oder die stille Lektüre der Texte.

3 Kultur- und geistesgeschichtlicher Kontext

Ausiàs March nimmt unter den Dichtern seiner Zeit eine so herausragende Stellung ein, dass man in der Literaturgeschichtsschreibung häufig von der Zeit ‚vor' und der Zeit ‚nach' March spricht. Um die Bedeutung seines Werkes angemessen bewerten zu können und zu verstehen, warum es einen Wendepunkt innerhalb der katalanischen Lyrikgeschichte darstellt, muss man sich zunächst mit dem Dichtungskonzept auseinandersetzen, das für die Dichtung im katalanischsprachigen Raum ‚vor March' bestimmend war: der Trobadorlyrik.

Die Trobadorlyrik entstand um 1200 an den Höfen Okzitaniens (als einer der ersten Trobadors gilt Wilhelm IX. von Aquitanien). Die stets mit musikalischer Begleitung vorgetragenen Gedichte wurden nicht in einem der lokalen Dialekte verfasst, sondern in einer Kunstsprache, der okzitanischen *koiné*.[22] Im Zentrum der Trobadordichtung stand die höfische Liebe (*fin' amor*) und die mit ihr verbundenen höfischen Tugenden und Wertvorstellungen: *valor* (persönlicher Wert), *mezura* (Maß), *proeza* (Tüchtigkeit), *sen* (Vernunft), *pretz* (gesellschaftliche Anerkennung), aber auch *joven* (Jugend) und *joi* (Freude). Die in allen Liedern wiederkehrende Grundsituation ist folgende: ein junger Trobador ist einer sozial höhergestellten und unerreichbaren (weil verheirateten) Dame, der *domna*, in Liebe ergeben. In Liedern, welche die Herrin als die schönste und die vortrefflichste preisen, wirbt er um ihre Huld (*merce*). Um die Liebesbeziehung vor den Anfeindungen des eifersüchtigen Ehemanns (*gilos*) und des Verleumders (*lauzengier*) zu schützen, spricht er die Dame jedoch nur mit einem Decknamen (*senhal*) an. Ziel

---

21 Allerdings gibt es spätere Vertonungen, wie etwa die Madrigale von Pere Albert Vila und Joan Brudieu aus dem 16. Jahrhundert oder auch, in jüngerer Zeit, die musikalischen Versionen des katalanischen *cantautor* Raimon.

22 Die ersten Trobadors nannten ihre Sprache „romans" (Wilhelm IX. von Aquitanien) oder „lenga romana" (Jaufré Rudel); ab dem 13. Jahrhundert findet man insbesondere außerhalb Okzitaniens die Bezeichnung „proensal" oder „lemosi". Die ältere Forschung spricht vom ‚Provenzalischen', seit einigen Jahrzehnten wird jedoch der linguistisch korrektere Begriff ‚Okzitanisch' bevorzugt (das Provenzalische ist nur einer der Dialekte Okzitaniens).

dieses Liebesdienstes (*servir*) – in welchem das feudale Verhältnis Lehnsherr-Vasall auf das Verhältnis von Dame und Dichter übertragen erscheint – ist nicht die sexuelle Erfüllung (*jauzir*), sondern die Sublimierung des Liebesempfindens. Indem der Trobador das ständige Hin- und Hergerissensein zwischen Hoffen und Bangen, zwischen höchstem Glück und tiefstem Schmerz aufopferungsvoll erträgt und treu (*leal*) an seiner Liebe festhält, vervollkommnet er sich zugleich sittlich. Die *fin' amor* hat damit also auch eine zivilisatorische und erzieherische Funktion. [23]

Das Modell der Trobadorlyrik fand in ganz Europa rasch Nachahmer. Dass es sich auch und gerade auf dem katalanischsprachigen Territorium durchsetzen konnte, hat neben linguistischen (das Altokzitanische und das Altkatalanische waren eng miteinander verwandt) auch historische Gründe. Zwischen der Krone von Aragon und den Grafschaften jenseits der Pyrenäen bestanden seit dem 12. Jahrhundert enge politische und kulturelle Beziehungen. Die Trobadors, die mit ihren Liedern von Hof zu Hof zogen, fanden in Katalonien ein dankbares Publikum und großzügige Förderer. [24] Nachdem die Kreuzzüge gegen die Katharer im 13. Jahrhundert der höfischen Kultur Südfrankreichs ein Ende bereitet hatten und der okzitanischen Dichtung damit der kulturelle und soziale Nährboden entzogen war, verlagerte sich das Zentrum der Trobadorlyrik nach Katalonien. Unter dem Mäzenatentum der aragonesischen Könige erlebte die höfische Lyrik in der okzitanischen *koiné* eine neue Blüte. [25] Auch als das Katalanische langsam begann, sich im Bereich der Prosa als Literatursprache zu etablieren – es seien nur die Schriften Ramon Llulls (1232–1315) oder die *Cròniques dels Reis d'Aragó* aus dem 13. und 14. Jahrhundert angeführt –, hielt man in der Dichtung weiter an der Sprache der Trobadors fest. [26] Welch großes Prestige man in der Krone von Aragon auch

---

[23] Für eine ausführliche Darstellung vgl. Ulrich Mölk, *Trobadorlyrik*, München / Zürich 1968.

[24] König Alfons II. (*Alfons el Trobador*, 1162–1196) etwa versammelte an seinem Hof die größten Dichter der Zeit, von Peire Vidal, Giraut de Bornelh und Folquet de Marselha bis hin zu Arnaut Daniel.

[25] Unter Jakob I. (*Jaume el Conqueridor*) und Peter III. (*Pere el Gran*) wirkte der wohl bedeutendste katalanische Trobador Cerverí de Girona (†1285), dessen Werk in der Liederhandschrift *Sg* der Biblioteca de Catalunya überliefert ist. – Es ist bezeichnend, dass die Trobadorlyrik auch dann nichts von ihrer Bedeutung einbüßte, als mit Ferdinand I. (*Ferran d'Antequera*) erstmals ein Mitglied der kastilischen Dynastie der Trastamara zum Haupt der Krone von Aragon wurde (nachdem Martin I. ohne Nachkommen verstorben war und mehrere seiner Verwandten Anspruch auf die Krone erhoben, entschied nach einem zweijährigen Interregnum der sogenannte *Compromís de Casp* von 1412 zugunsten des kastilischen Prätendenten). Offenbar wollte Ferdinand I. durch die Patronage dieser (ihm im Grunde fremden) Dichtung Kontinuität demonstrieren, um so keinerlei Zweifel an der Legitimität seines Machtsanspruchs aufkommen zu lassen.

[26] Wie wirkmächtig diese literarische Diglossie war, kann man auch daran erkennen, dass Ramon Llull, der in seinen philosophischen und narrativen Texten bewusst auf das Katalanische zurückgriff, sein lyrisches Werk in der okzitanischen Kunstsprache verfasste.

gegen Ende des 14. Jahrhunderts noch mit der trobadoresken Dichtungstradition verband – zu einer Zeit also, da sich im übrigen Europa bereits neue poetische Schulen durchgesetzt hatten –, kann man daran ersehen, dass Johann I. (*Joan el Caçador*) im Jahr 1393 die Weisung erteilte, in Barcelona einen *Consistori de la Gaia Ciència* (‚Rat der fröhlichen Wissenschaften') einzurichten. Diese Akademie nach dem Vorbild der siebzig Jahre zuvor in Toulouse gegründeten *Sobregaia Companhia dels set Trobadors* (‚Fröhliche Gesellschaft der sieben Trobadors') hatte zur Aufgabe, die *Jocs Florals* auszurichten, einen jährlich stattfindenden Dichterwettbewerb, in dem es vor allem darum ging, Meisterschaft im Umgang mit den überkommenen Dichtungsregeln und -vorschriften unter Beweis zu stellen. Die beiden Gründungsväter des *Consitori*, Ausiàs' Onkel Jaume March und Lluís d'Averço, hatten ihrerseits Handbücher und Regelwerke über die Dichtkunst verfasst.[27]

Zu dem Zeitpunkt, als Ausiàs March mit dem Schreiben begann, hatten das Dichtungskonzept und die Sprache der Trobadors noch nichts von ihrem Ansehen eingebüßt (und mit der Lyrik seines Zeitgenossen Jordi de Sant Jordi noch einmal einen literarischen Höhepunkt erreicht).[28] Auch March bewegt sich formal noch ganz in den vorgezeichneten Bahnen, verfasst er doch die Mehrheit seiner

---

[27] Jaume March hatte 1371 ein Reimwörterbuch herausgegeben (*Llibre de concordances apel·lat diccionari*), Lluís d'Averço war Autor des *Torcimany*, einem der wichtigsten Grammatik- und Poetikhandbücher des katalanischen Mittelalters. Die Vielzahl der Lehrtraktate zur Trobadorlyrik, die im katalanischsprachigen Raum im 13. und 14. Jahrhundert erscheinen, lässt sich damit erklären, dass die hiesigen Dichter das Schreiben in der Fremdsprache ja erst erlernen mussten. – Im *Torcimany* findet man auch einen metasprachlichen Kommentar zu den Funktionsbereichen des Katalanischen und der okzitanischen *koiné*, und zwar in jenem 6. Kapitel, in dem Averço begründet, warum er sein Werk in katalanischer Sprache verfasst hat: „Jo no·m servesch en la prezent obra [...] dels lenguatges que los trobadors en lurs obras se servexen [...] com prosaichament lo present libre jo pos, e en los posar prosaich no ha nesesitat a servir-se dels lenguatges ja ditz, per tal com no son diputatz de servir sinó en obras compassadas." // ‚Ich gebrauche in diesem Werk [...] nicht die Sprache, derer sich die Dichter in ihren Werken bedienen [d.h. der okzitanischen *koiné*], [...] weil ich dieses Buch in Prosa verfasse und man, wenn man in Prosa schreibt, die genannte Sprache nicht gebrauchen muss, da sie ja nur für den Gebrauch in der Dichtung bestimmt ist.' (L. d'A., *Torcimany*, hg. von José María Casas Homs, Barcelona 1956, 2 vols., hier: vol. II, S. 17)

[28] Dies zeigt sich auch an der ca. 1425–1430 entstandenen Liederhandschrift *Vega-Aguiló* (Biblioteca de Catalunya), die mit ihrer poetischen Ausrichtung noch ganz im Zeichen der Trobadordichtung steht. Sie enthält neben einigen Gedichten der bekannten französischen Autoren Guillaume de Machaut und Oton de Grandson vor allem Werke älterer und jüngerer katalanischer Dichter (Pere March, Arnau March, Gilabert Pròixida, Melchior Gualbes, Arnau March, Lluís Icard, Jordi de Sant Jordi, Andreu Febrer usw.) – jedoch noch kein Gedicht von Ausiàs March – und dürfte mit diesem literarischen Querschnitt gut den Geschmack der Zeit abbilden. Dass dieser sich in den folgenden Jahrzehnten wandelt, zeigen die nächst späteren Liedersammlungen aus der zweiten Hälfte des 15. Jahrhunderts, in denen Ausiàs March bereits als Modellautor fungiert.

Gedichte in der traditionellen Strophenform der *cançó* (Kanzone) und verwendet das auch von seinen Vorgängern bevorzugte Versmaß des *decasíl·lab* (Zehnsilber). Gleiches gilt für den trobadoresken Motivkatalog, den der Dichter übernimmt: die Furcht des Liebenden, sich der Dame zu erklären (LIX*); die Furcht davor, dass Trennung der Liebe ein Ende bereiten könnte (I*); die Klage über die fehlende Huld der Dame (XIII*); die Klage über den Hochmut der Dame (LXXXI*); die Klage über das Ausbleiben des Lohnes für den geleisteten Liebesdienst (LXXX*) usw. Die mit der höfischen Liebe verbundenen Tugenden und Werte jedoch haben bei March ihre Bedeutung verloren: Die geliebte Dame ist nicht mehr die überlegene, idealisierte Herrin, die den Liebenden zu sittlicher Vollkommenheit führt, sondern eine Frau ‚aus Fleisch und Blut', die nur zu oft das Hindernis auf seinem Weg zu einer reinen Liebe (*amor honest*) darstellt. Und auch die Situation der Werbung, welche den pragmatischen Kontext der Trobadorlyrik bildete, wird allenfalls noch angedeutet (meist erfolgt dies erst in der abschließenden Geleitstrophe). Die Liebeserfahrung ist in der Dichtung Marchs ganz aus dem Bezugsrahmen der *fin' amor* herausgelöst. Der Fokus liegt denn auch nicht auf der Klage des Liebenden über die unerwiderten Gefühle, sondern auf der Art und Weise, wie dieser seine sentimentale und geistige Verfassung reflektiert. Bei seiner introspektiven Selbstanalyse rekurriert der poetische Sprecher immer wieder auf Erklärungsmuster und Begrifflichkeiten der aristotelisch-scholastischen Psychologie und der Medizin.[29] Nur vermittels dieser ist er in der Lage, die Komplexität und die Widersprüchlichkeit seines Handelns und Fühlens zu erfassen: hin- und hergerissen zwischen seinem niederen körperlichen Begehren auf der einen und seinem Streben nach dem Ideal eines tugendgemäßen Lebens und Liebens auf der anderen Seite, befindet sich das poetische Ich in ständigem Widerstreit mit sich selbst. Dieser Konflikt, der aus dem Unvermögen des Menschen resultiert, seine beiden gegensätzlichen Naturen – Körper (materiell, korrumpierbar, sterblich) und Seele (immateriell, unkorrumpierbar, unsterblich) – in Einklang zu bringen, durchzieht Marchs gesamtes Werk und bildet sein eigentliches Thema.

In der Tendenz zur Intellektualisierung des Liebesempfindens und der Hinwendung auf die moralische Dimension der Liebe besteht die konzeptuelle Neuerung der Dichtung Marchs.[30] Seine Abgrenzung von der Lyrik der Trobadors mar-

[29] Zur Präsenz naturphilosophischer und medizinischer Diskurse im Werk Marchs vgl. Lola Badia, „Ausiàs March i l'enciclopèdia natural: dades científiques per a un discurs moral", in: Rafael Alemany Ferrer (Hg.), *Ausiàs March: textos i contextos*, Barcelona 1997, S. 31–57, Lluís Cabré, „Aristotle for the Layman: Sense Perception in the Poetry of Ausiàs March", in: *Journal of the Warburg and Courtauld Institutes* 59 (1996), S. 48–60, und Arthur Terry, „Introspecció i imaginació dins l'obra d'Ausiàs Marc", in: *Afers (fulls de recerca i pensament)* 26 (1997), S. 87–102.

[30] Ohne Marchs Bedeutung schmälern und seine herausragende Stellung innerhalb der katalanischen Lyrikgeschichte in Frage stellen zu wollen, muss man doch bemerken, dass sich diese

kiert der Dichter aber auch mit seiner Entscheidung zugunsten des Katalanischen als Dichtungssprache.[31] Die okzitanische *koiné* musste ihm zu künstlich und in ihren Konventionen erstarrt erscheinen, um als Medium für seine neue Art der Reflexion über das Wesen der Liebe und die Natur des Menschen dienen zu können. Mit dem Katalanischen wählte March nun die Sprache, in der auch Mediziner, Philosophen und Theologen seiner Zeit über diese Themen handelten und diskutierten. Nur in dieser Sprache konnte seine Darstellung des Menschen in seiner Hoffnung und Enttäuschung, in seinem Glück und seiner Qual, jene Glaubwürdigkeit und psychologische Aufrichtigkeit erreichen, die er anstrebte.[32]

***

Wie bereits angemerkt, wurde Marchs Lyrik zum Modell für die nachfolgenden Dichtergenerationen. Schon zu Lebzeiten galt er als Autorität in Fragen der Liebeskasuistik, Pere Torroella erhob ihn gar in das Pantheon der „doctores", der Lehrmeister in der Liebesmaterie.[33] Der große Erfolg des von ihm entworfenen

---

Tendenz zur Intellektualisierung und Rationalisierung des literarischen Gegenstands schon bei früheren Dichtern ankündigt – angefangen bei Cerverí de Girona bis hin zur Dichtung seines Vaters und seines Onkels. So bedient sich auch Jaume March zur Unterscheidung zwischen der sinnlichen und der geistigen Liebe des scholastischen Instrumentariums (die doppelte Natur der Liebe allerdings wird – anders als später bei seinem Neffen – nicht als konfliktive erlebt). Und die moralischen Gedichte Pere Marchs behandeln ethische Fragen und Probleme, die später auch von seinem Sohn aufgegriffen wurden. Marchs Lyrik ist in diesem Sinne der Kulminationspunkt eines Prozesses der Integration von scholastischem Wissen in die Dichtung, der bereits in der zweiten Hälfte des 13. Jahrhunderts seinen Anfang nimmt.

31 March ist der erste katalanische Dichter, der das Okzitanische zugunsten seiner Muttersprache aufgibt. Allerdings ist auch die okzitanische *koiné* seiner literarischen Vorgänger schon von Katalanismen durchsetzt (die Gedichte Jaume Marchs etwa sind ein gutes Beispiel für die katalanisch-okzitanische Hybride, in der viele katalanische Dichter des beginnenden 15. Jahrhunderts dichteten).

32 Da uns zur Frage, was March bewogen haben könnte, in der katalanischen Sprache zu dichten, weder Aussagen des Dichters selbst noch seiner Zeitgenossen überliefert sind, kann man über seine Gründe natürlich nur spekulieren. Die oben präsentierte These, March habe sich für das Katalanische entschieden, da es der okzitanischen *koiné* in seinen Augen an poetischer ‚vraisemblance' fehlte, erscheint mir am plausibelsten. Einiges für sich hat aber auch die Position Di Girolamos, der Marchs Wahl in Zusammenhang mit dem Erfolg der Werke der *tre corone* der italienischen Literatur (Dante, Petrarca, Boccaccio) in der Krone von Aragon sieht: Das *volgare illustre* (‚kunstvolle Volkssprache') dieser Autoren hätte jedermann vor Augen geführt, in welchem Maße die hoch konventionalisierte provenzalische Dichtungssprache im Lauf der Zeit starr und unproduktiv geworden war, und so das Bedürfnis geweckt, dem Italienischen ein ebenbürtiges heimisches *volgare* entgegenzustellen (vgl. hierzu Costanzo Di Girolamo, „Introduzione", in: Ausiàs March, *Pagine del Canzoniere*, hg. und ins Ital. übers. von C. D. G. (Biblioteca medievale, 7), Milano / Trento 1998, S. 9–54, hier: S. 14f.).

33 Zu diesen „doctores [...] de las condiciones de amor" zählen neben March auch Petrarca, der marqués de Santillana, Arnaut Daniel, Juan de Mena, Oton de Grandson und Pau del Bellviure (vgl. Pere Torroella, *Obra completa*, hg. von Robert Archer, Rubbettino 2004, S. 324f.).

Dichtungskonzepts wird nur verständlich vor dem Hintergrund der weitreichenden und tiefgreifenden kulturellen Veränderungen, die sich im ausgehenden Mittelalter vollzogen und die das Denken der Menschen (und damit auch die Erwartungen des höfischen Publikums an eine gelehrte Dichtung) nachhaltig beeinflussten. Als eine Folge dieser Umwälzungen fand naturphilosophisches und medizinisches, moralphilosophisches und theologisch-dogmatisches Wissen, welches zuvor nur einer kleinen, des Lateinischen kundigen Elite an den Universitäten und in den Klöstern zugänglich war, in Form von Übersetzungen, bald aber auch in unmittelbar in der Volkssprache verfassten Traktaten, Handbüchern und enzyklopädischen Texten Verbreitung unter alphabetisierten Laien.[34] Die Mendikantenorden, die sich ab dem 13. Jahrhundert in den Städten niederließen, trugen ebenfalls dazu bei, scholastische Lehrinhalte zu popularisieren (man denke hier nur an die massenwirksamen Predigten des Dominkaners St. Vicent Ferrer). Das Wissen und die Erkenntnisse, mit denen March und seine Zeitgenossen sich konfrontiert sahen, eröffneten nicht nur neue Perspektiven auf den Menschen und die Welt, sie ließen auch das Konzept der *fin' amor* in einem ganz anderen Licht erscheinen: Die völlige Unterwerfung unter eine vergötterte Frau, das ständige Denken an sie und Sichverzehren nach ihr – wie es die Trobadors propagiert hatten – widersprach aus der Sicht eines Moralphilosophen der Vernunft und war darum Torheit (*follia*); von der Warte eines Arztes aus betrachtet handelte es sich um einen krankhaften Zustand (*malaltia*).[35] Und für den Theologen schließlich war eine Liebe, die den Menschen seines freien Willens beraubte und zum Sklaven seines Begehrens machte, Sünde (*luxúria*). Die Lyrik Marchs, die ja ihrerseits die Liebe zu einem Problem für die moralische und seelische Unversehrtheit des Menschen machte, kann damit als Reaktion auf ebenjene Fragen und Probleme verstanden werden, die sich vor dem Hintergrund der neuen Wissensautoritäten eröffneten.

In welchem Maß der intellektuelle Horizont des Dichters von den Theorien und Konzepten der scholastischen Wissenskultur geprägt war, kann man auch

---

34 In den letzten zwei Jahrzehnten sind eine Reihe von Arbeiten erschienen, die einen Einblick darin geben, wie sich dieser Prozess der Popularisierung und Verbreitung von Wissen in der Krone von Aragon vollzogen hat; stellvertretend seien hier nur die Veröffentlichungen von Lluís Cifuentes genannt, insbesondere seine bereits in zweiter Auflage verlegte Monographie *La ciència en català a l'Edat Mitjana i el Renaixement*, Barcelona [2]2006 ([1]2002).

35 Der medizinische Fachausdruck für die Liebeskrankheit ist *amor hereos*. Den mittelalterlichen Medizintraktaten zufolge wird sie durch die Korruption der im mittleren Gehirnventrikel befindlichen *virtus estimativa* (Urteilskraft) verursacht, durch die auch die übrigen inneren Sinne des Patienten in Mitleidenschaft gezogen werden. Die Krankheit lässt sich anhand einer Reihe von Symptomen diagnostizieren: der Patient kann nur noch an seine Geliebte denken, er verliert den Realitätssinn, hört auf zu essen und zu schlafen, sucht die Einsamkeit usw. (vgl. Marie Frances Wack, *Lovesickness in the Middle Ages. The* Viaticum *and Its Commentaries*, Philadelphia 1990). March greift die Ursachen und Symptome des *amor hereos* in mehreren seiner Gedichte auf (vgl. etwa XIII* und CI*).

an der starken Präsenz wissenschaftlicher Fachdiskurse in seiner Dichtung ersehen. March operiert souverän mit Termini technici aus dem Bereich der aristotelischen Wahrnehmungstheorie (*senys forans, primer moviment, imaginar, accident*) und der hippokratisch-galenischen Humoralpathologie (*humor, complexió, qualitat, humit radical, calor natural*), exponiert die Grundlagen der aristotelischen Tugendlehre (*bé honest, béns mundanals, hàbit*) und rekurriert auf thomistische Lehrsätze (*franc arbitre*) ebenso wie auf theologische Konzepte augustinischer Provenienz (*predestinació*). Den heutigen Leser mag das Vorhandensein wissenschaftlicher Fachbegriffe in einer Lyrik, die sich doch in erster Linie als Liebeslyrik versteht, befremdlich anmuten. March jedoch schrieb für ein Publikum, das nicht nur seinen kulturellen und intellektuellen Hintergrund teilte, sondern auch Gefallen daran fand, dass er in seiner Dichtung diejenigen Themen und Fragen aufgriff, die seine Zeitgenossen bewegten.

***

Bislang war hier in Bezug auf die große Zahl von Übersetzungen ins Katalanische, die ab der Mitte des 14. Jahrhunderts in der Krone von Aragon zirkulierten, ausschließlich die Rede von Wissensliteratur. In der Tat bildete diese Art von Fachtexten neben der Literatur zur religiösen Unterweisung und christlichen Erbauung zunächst den Schwerpunkt der Übersetzungstätigkeit. Dem Interesse des höfischen Publikums an Geschichte, Moral und selbstverständlich Liebe Rechnung tragend, erweiterte sich das Themenspektrum der Übersetzungen jedoch alsbald.[36] Um einen Eindruck davon zu vermitteln, welche Autoren von March und seinen Zeitgenossen gelesen wurden, seien hier nur einige Namen und Werke angeführt. Dies waren einmal die *auctoritates* der klassischen lateinischen Literatur: Seneca (*De providentia, Epistolae ad Lucilium*, seine Tragödien), Ovid (*Heroides, Metamorphoses*), Titus Livius (*Ab urbe condita*), Valerius Maximus (*Dictorum factorumque memorabilium*), Vergil (*Aeneis*) und Lukan (*Pharsalia*), des Weiteren spätantike und hochmittelalterliche Autoren wie Augustinus (*De civitate Dei*), Boethius (*Consolatio philosophiae*), Guido delle Colonne (*Historia destructionis Troiae*) oder Andreas Capellanus (*De amore*). Aufgrund der politischen und kulturellen Ausrichtung der Krone von Aragon nach Italien kam man auf der Iberischen Halbinsel auch in Kontakt mit den (lateinischen und italienischen) Werken der *tre corone*: Dante (*Divina Commedia*), Petrarca (*De remediis utriusque fortunae, Africa, Trionfi*) und Boccaccio (*De claris mulieribus, Genealogiae deorum gentilium, Corbaccio, Fiammetta*). Die französische Literatur büßte wegen des starken Eindrucks der italienischen Kultur zwar etwas von ihrem ursprünglichen

[36] Vgl. hierzu Lola Badia, „Traduccions al català dels segles XIV–XV i innovació cultural i literària", in: *Estudi General* 11 (1991), S. 31–50.

Einfluss ein, die bekannteren Werke des nördlichen Nachbarn (z.B. Alain Chartiers *La belle dame sans merci*) wurden jedoch weiterhin rezipiert.

Die Übersetzungen eröffneten den Zugang zu bislang unbekannten oder aufgrund der Sprachbarriere unerreichbaren Autoren und Werken. Diese Entdeckungen blieben nicht ohne Folgen: der literarische Geschmack der höfischen Gesellschaft begann sich zu wandeln – spätestens als Alfons V. in Neapel zum Förderer der humanistischen Kultur wurde, war die trobadoreske Lyrik endgültig obsolet geworden. Auch Marchs Dichtung steht unter dem Einfluss der neuen literarischen Vorbilder: seine Rhetorik, die von ihm verwendeten Themen und Motive und sein genauer Blick für die Wirkung der menschlichen Leidenschaften weisen ihn nicht zuletzt auch als Leser der großen lateinischen und volkssprachlichen Dichter aus. [37]

4 Literarische Themen

Ausiàs March werden 128 Gedichte von unterschiedlicher Länge (von 8 bis hin zu 697 Versen) zugeschrieben, das gesamte Corpus umfasst mehr als 10.000 Verse. [38] Sieht man von den Gelegenheitsgedichten ab, deren thematische Ausrichtung je nach Adressat und Anlass variiert, lassen sich innerhalb seines Werkes im wesentlichen vier Gruppen unterscheiden: Liebesdichtung, moralisch-philosophische Dichtung, Gedichte der Trauer um die verstorbene Geliebte und schließlich das Gedicht CV* – seit der Edition von 1560 bekannt unter dem Namen *cant espiritual* –, in dem sich der Dichter theologisch-dogmatischen Fragestellungen zuwendet. [39] In der Forschungsliteratur spricht man in Bezug auf die Liebesgedichte in der traditionellen Kanzonenform häufig vom ‚Frühwerk' des Dichters („poemes

[37] Die Rezeption der italienischen Lyrik etwa – angefangen bei den Dichtern der *Scuola Siciliana* (Giacomo da Lentini) und des *dolce stil nuovo* (Dante, Cavalcanti) bis hin zu Petrarca –, welche die Reflexion über das Wesen der Liebe zu ihrem eigentlichen Thema gemacht hatte, wird Marchs Auffassung von Dichtung beeinflusst haben. Zum Einfluss der lateinischen Literatur auf seine Lyrik vgl. Lola Badia, „Sentències i exemples de Sèneca, Ovidi i Lucà en alguns poemes de March", in: L. B., *Tradició i modernitat als segles XIV i XV. Estudis de cultura literària i lectures d'Ausiàs March* (Biblioteca Sanchis Guarner, 25), Barcelona 1993, S. 195–207, Jaume Turró, „El patró que sorgia en platja i l'*enarratio auctorum*", in: *Estudi General* 22 (2002), S. 353–364, und ders., „Pròlegs al cançoner d'Ausiàs March: Ovidi exiliat", in: Sadurní Martí / Miriam Cabré / Francesc Feliu / Narcís Iglésias / David Prats (Hg.), *Actes del Tretzè Col·loqui Internacional de Llengua i Literatura Catalanes (Girona 2003)*, Barcelona 2007, vol. III, S. 379–423.

[38] Zweifel gibt es über die Authentizität der beiden unstrophischen Gedichte CXXVII und CXXVIII. Von dem Gedicht CXXII existieren zwei Versionen (eine humoristische und eine ernsthafte Ausführung des Themas ‚Bitte um einen Falken').

[39] Die Herausgeber der March-Editionen des 16. und 17. Jahrhunderts ordneten seine Gedichte denn auch nach inhaltlichen Gesichtspunkten in *cants* (bzw. *cánticas* / *obres*) *d'amor*, *cants morals*, *cants de mort* und *cant espiritual* (Liebeslieder, Totenlieder, moralische Lieder, Geist-

de joventut"), während man die längeren, mit Fragen der Moral und des Seelenheils sich befassenden Gedichte seinem Spätwerk („poesies de maduresa") zuordnet. [40]

***

Die Liebe ist das zentrale Thema der Dichtung Marchs. [41] Dies mag angesichts der höfischen Lyriktradition, in der der Dichter steht, nicht verwundern, auffällig ist jedoch seine neue Perspektive auf den Gegenstand. Liebe ist bei March zuallererst ein moralisches Problem: zum einzig wahren Gut (*bé honest*) und damit zu sittlicher Vollendung und Glückseligkeit vermag der Mensch nur zu gelangen, wenn er eine reine, von allen niederen Instinkten befreite Form der Liebe praktiziert, den *amor espiritual*. [42] Gelingt es dem Liebenden nicht, sich den Versuchungen des Fleisches zu widersetzen und den körperlichen Trieb seinem rationalen Willen zu unterwerfen, muss ihm zwangsläufig auch der Weg zur Tugend versperrt bleiben. Die große Mehrheit der Gedichte Marchs thematisiert nun ebendieses ständige Ringen um die Kontrolle über die Leidenschaften und das letztliche Scheitern am Ideal einer rein geistigen Liebe.

---

liches Lied). Der Dichter selbst spricht in Bezug auf seine Kompositionen von *dits*, *escrits* oder *dictats*, verwendet also Ableitungen der Verben *sagen*, *schreiben*, *komponieren*; nur an einer Stelle (VIII,1) gebraucht er den für ‚lyrische' Gattungen im eigentlichen Sinne üblichen Begriff des *cant*.

40 Anders als dies gelegentlich vertreten wird, ist diese thematische Neuorientierung jedoch weniger (oder zumindest nicht ausschließlich) biographisch motiviert – etwa in dem Sinne, dass die Erfahrung des Todes seiner beiden Ehefrauen March dazu bewogen hätte, sich existentielleren Problemen des menschlichen Daseins zuzuwenden. Vielmehr handelt es sich um eine Frage der Angemessenheit oder, um mit dem rhetorischen Fachausdruck zu sprechen, des äußeren *aptum*: für einen jungen Dichter ziemt es sich, Liebesleid und Liebesglück zu besingen, ein alter Mann hingegen muss dabei lächerlich erscheinen (vgl. in diesem Sinne auch March selbst: „Ja la edat a mi no és cominal;/ [si torno a dones amar] seré jutjat de tots per galant vell,/ i a dones plau l'hom quan és jovencell" // ‚Ich bin nicht mehr der Jüngste, deswegen würden mich alle für einen alten Galan halten [wenn ich wieder damit anfinge, Frauen zu lieben], denn den Frauen gefallen Männer, die jung und lendenstark sind.' [CXXIIa,17–19]). Beschäftigt sich ein Dichter in seinen Altersgedichten vorwiegend mit moralischen Themen, so ist dies darum nicht nur seiner geistigen Reife geschuldet, sondern auch den Maßgaben des rhetorischen Regelwerks.

41 Die Liebesthematik bestimmt vor allem die 78 Gedichte Marchs mit *senyal*, einem Decknamen, hinter dem sich traditionellerweise die Adressatin der Dichtung verbirgt (*Plena de seny*; *Llir entre cards*; *Mon darrer bé*; *Oh foll Amor*; *Amor, Amor*). Sie wird jedoch auch in anderen seiner Gedichte entfaltet.

42 March verwendet ‚amor' in der Regel als feminines Substantiv (wie dies schon die okzitanischen Trobadors taten), allein der personifizierte Amor – der Liebesgott – ist bei ihm stets maskulin (in den in dieser Anthologie abgedruckten Gedichten wird dieser Unterschied durch Klein- bzw. Großschreibung kenntlich gemacht). Im Folgenden werden zur Erläuterung der bei March diskutierten Liebesarten die in der Sekundärliteratur üblichen Begrifflichkeiten verwendet, d.h. ‚amor' erscheint hier – wie im modernen Katalanisch – als maskulines Substantiv.

Die allen liebestheoretischen Reflexionen zugrunde liegende Unterscheidung zwischen einem *amor espiritual*, der nur auf geistigem Begehren gründet, einem *amor bestial*, der allein nach der Erfüllung des animalischen Triebs strebt, und einem *amor mixte*, in dem sich sowohl geistiges als auch körperliches Verlangen vereinen, findet sich in dieser oder ähnlicher Form in allen mittelalterlichen Liebestraktaten, geht ursprünglich jedoch auf Aristoteles' Unterscheidung der drei Freundschaftsarten zurück (*Nik. Ethik* 1156a ff.). March entfaltet seine Liebestheorie in den Gedichten XLV*, LXXXVII und CXXIII* sowie, wenn auch in einer weniger systematischen Weise, in XCII*, CXVII und CXXIIb. Ihre wesentlichen Merkmale seien – auch zum besseren Verständnis der in dieser Anthologie abgedruckten Gedichte – im Folgenden zusammengefasst: [43] Die Liebe beginnt stets mit den fünf äußeren Sinnen (Gehör-, Geruchs-, Geschmacks-, Tast- und Sehsinn), wobei insbesondere dem Sehsinn eine herausragende Rolle zukommt, lehren doch alle Dichter, dass es der Anblick einer schönen Frau ist, der das Liebesbegehren entflammt. Die noch ungefilterten Sinneseindrücke werden an die in den Gehirnventrikeln befindlichen inneren Sinne (*sensus interiores*) weitergeleitet – das sind der Gemeinsinn (*sensus communis*), die Vorstellungskraft (*imaginatio*), die Urteilskraft (*vis estmativa*) und die Erinnerungskraft (*memoria*) –, die jene dann verarbeiten. [44] Je nachdem, ob die Urteilskraft die wahrgenommenen Objekte als nützlich und erstrebenswert oder aber als schädlich und zu bekämpfen bzw. zu fliehen einstuft, verspürt der Mensch Verlangen (*appetitus concupiscibilis*) oder Abscheu (*appetitus irascibilis*). Dieser erste Impuls (*primus motus*) der sensitiven Seele – so die aristotelische Bezeichnung für die Seelenstufe, die Menschen und Tieren gemeinsam ist – unterliegt jedoch auf der Ebene der rationalen Seele – an der allein der Mensch Anteil hat [45] – der Kontrolle durch den Willen (*voluntas*, oder auch: *appetitus intellectivus*). Der rationale Wille wiederum folgt keinem natürlichen Instinkt, sondern allein dem Urteil des Verstandes (*ratio intel-*

---

43 Bei meiner Darstellung der Grundlagen der aristotelisch-thomistischen Wahrnehmungslehre stütze ich mich – neben den entsprechen Texten aus dem aristotelischen und thomistischem Corpus – im Wesentlichen auf Ruth Harvey, *The Inward Wits. Psychological Theory in the Middle Ages and the Renaissance*, London 1975, und Fernand van Steenberghen, *Le thomisme*, Paris 1983, S. 79–93.

44 Die Vorstellungskraft speichert die Wahrnehmungen in Form mentaler Bilder, der *species sensibiles*, die auf der Ebene der rationalen Seele vom tätigen Intellekt (*intellectus agens*) zu intelligiblen Bildern (*species intelligibiles*) geformt werden (der tätige Intellekt abstrahiert aus der konkreten, sinnlich wahrnehmbaren Form eines Gegenstandes seine universelle, von den individuellen Akzidentien befreite Wesensform). Der mögliche Intellekt (*intellectus possibilis*) schließlich beurteilt, vergleicht und ordnet diese intelligiblen Bilder und gelangt auf diese Weise zu universellen Konzepten, den *universalia*.

45 Der Besitz der rationalen Seele – bei March wird diese mit *ànima*, *esperit* oder *raó* bezeichnet – und damit die Fähigkeit zu Abstraktion, universeller Erkenntnis und rationaler Entscheidung verleiht dem Menschen seine Gottesebenbildlichkeit.

lectiva).[46] Folgende Verse Marchs illustrieren dieses Wechselverhältnis zwischen sensitiver und rationaler Seele (IV*,33–36):

Der Verstand ist es, der die Sinnlichkeit [= die sinnlichen *appetitus*] besiegt. Auch wenn der erste Impuls nicht von ihm ausgeht, obliegt ihm doch alle Entscheidung: dem Willen ist er ein sicherer Führer.[47]

Während der *amor bestial* (auch: *amor brut* / *amor profitós*) auf der niederen Ebene des körperlichen Triebs verweilt, ohne dass die rationale Dimension des Menschen miteinbezogen wäre (und darum, wie der Begriff es schon ausdrückt, recht eigentlich eine animalische Liebe ist[48]), nimmt der *amor espiritual* (auch: *amor honest*) zwar ebenfalls in den Sinnen seinen Anfang, gründet jedoch allein auf dem rationalen Verstand und strebt darum nicht nach körperlicher Befriedigung, sondern allein nach Tugend und Weisheit. In dieser Liebe, die auf dem harmonischen Gleichklang der Seelen der Liebenden basiert – denn bei dem *amor espiritual* handelt es sich nicht etwa um die Liebe zu Gott –, vermag der Mensch das einzige wahre Gut (*bé honest*) und damit einen Zustand der Glückseligkeit zu erlangen (LXXXVII,141–150):

Die Liebe der Seele beginnt mit unseren Sinnen, aber sie strebt nach nichts anderem als nach Tugend und Weisheit. Diese Liebe gründet allein auf dem Verstand und liebt das Gute, von dem sie Kenntnis hat. Sie wird desto größer, je größer die Harmonie zwischen all ihren Teilen ist [d.h. zwischen dem Liebenden und seinem Liebesobjekt], und vermehrt auf diese Weise die Güter, die ihr selbst die Form geben. Diese Liebe nimmt die Form des wahren Gutes an, und das Begehren, das aus ihr erwächst, kennt keine Zwietracht. Wer diese Form der Liebe erlangt, der ist der Glückseligkeit nahe. Weder Furcht noch Hoffnung gehen an seiner Seite.[49]

---

46 Der Verstand wägt die unterschiedlichen Handlungsmöglichkeiten ab (*consilium*) und trifft eine Entscheidung (*electio*). Da der Mensch über den freien Willen (*liberum arbitrium*) verfügt, ist er in seiner Entscheidung nicht determiniert, d.h. er ist frei, sich für eine Handlungsmöglichkeit eher als für eine andere zu entscheiden.

47 „Ell [l'enteniment] és qui venç la sensualitat./ Si bé no és en ell prim moviment,/ en ell està de tot lo jutjament:/ cert guiador és de la voluntat."

48 Vgl. XLV*,41–44: „Cells qui amor bestialment pratiquen/ sens acollir en part delit d'entendre,/ sol per la carn llur apetit se lliga,/ que sinó brut plaer no els acompanya." // ‚Jene, die wie wilde Tiere lieben, ohne auch einen Teil der Wonne im Verstand zu finden, fixieren ihr Begehren allein auf das Fleisch und können nichts als tierische Lust empfinden.'

49 „Per nostres senys amor d'arma comença,/ mas vol, per si, virtuts e saviesa./ Aquesta amor per sol entendre és presa,/ amant lo bé del qual ha coneixença,/ e és feta gran segons les parts s'acorden,/ multiplicant los béns d'on ella es forma./ Del bé honest aquesta amor pren forma,/ e los volers que en surten no discorden./ Lo qui l'ateny, en ser content s'acosta./ Por no acull, ne esperança, de costa."

Den *amor bestial*, der nur der Fleischeslust dient und daher nie von Dauer sein kann, [50] lehnt der Dichter ab. Doch ist es ihm auch nicht möglich, den gänzlich von den sinnlichen Dingen losgelösten *amor espiritual* zu leben: „La carn vol carn, no s'hi pot contradir“ [51] (CXXIIb,49). Jene reinste und einzig dauerhafte Form der Liebe, die es anzustreben gälte, bleibt nur einigen wenigen ‚Auserwählten‘ vorbehalten. [52]

Der *amor mixte* (auch: *amor delitable / amor homenívol*) ist letztlich die einzige Form der Liebe, die der Sprecher der Gedichte Marchs zu praktizieren in der Lage ist. Aus der Gegensätzlichkeit der beiden Komponenten, aus denen sich diese ‚gemischte Liebe‘ zusammensetzt – der materielle, korrumpierbare, sterbliche Körper auf der einen, die geistige, unkorrumpierbare, unsterbliche Seele auf der anderen Seite – resultiert jedoch immer neues Leid. Da Körper wie Seele jeweils nach der Erfüllung ihres eigenen Begehrens streben und darum nie zusammenfinden, ist der Liebende hin- und hergeworfen zwischen extremen Gefühlen („delit i dolor“, „ira i amor“, „pau i guerra“ [53]). Zahlreiche Gedichte Marchs beschreiben denn auch die verheerenden Folgen, die sich für die geistige und seelische Unversehrtheit des Menschen aus dem Konflikt der Affekte ergeben. In der scholastischen Terminologie bezeichnet man diese als *passiones animae*: Liebe und Hass, Verlangen und Abscheu, Wonne und Schmerz, Hoffnung und Verzweiflung, Furcht und Mut sowie Zorn. [54] Vgl. LXXXVII,131–138:

---

[50] Vgl. XLV*,45–48: „Qui vol trobar amor qui null temps folgue,/ no la cerc lla on lo poder se vença,/ car tota res, perdent la sua causa,/ no és trobat de aquella algun ésser.“ // ‚Wer eine Liebe sucht, die niemals erlischt, der suche sie nicht dort, wo ihre Kraft besiegt wird [d.h. im Fleisch], denn alles, was den Ursprung seines Seins verliert, muss letztlich null und nichtig werden.‘

[51] ‚Das Fleisch begehrt Fleisch, dem kann man nicht widersprechen.‘

[52] Vgl. XLV*,49–52: „Alguns elets, en molt espocat nombre,/ qui solament d'amor d'espirit amen,/ d'aquesta amor participen amb àngel,/ e tal voler en per null temps se cansa.“ // ‚Einige Auserwählte, wenige an der Zahl, die allein mit der Liebe der Seele lieben, teilen diese Liebe mit den Engeln, und ihr reines Begehren läßt niemals nach.‘

[53] ‚Leid und Lust‘, ‚Liebe und Zorn‘, ‚Krieg und Frieden‘.

[54] Die ersten drei der oben genannten Gegensatzpaare sind dem *appetitus concupiscibilis* zuzuorden: je nachdem, ob die Urteilskraft ein wahrgenommenes Objekt positiv oder negativ bewertet, empfindet der Mensch Liebe (*amor*) oder Hass (*odium*). Diese Gefühle wiederum rufen sein Verlangen (*desiderium / concupiscentia*) oder seine Abscheu (*abominatio / fuga*) hervor, die sich, ist das Objekt des Begehrens einmal erreicht, in Wonne (*delectatio / gaudium*) oder Schmerz (*dolor / tristitia*) wandeln – letzteres dann, wenn es nicht gelingt, das ersehnte Objekt zu erlangen bzw. das verabscheute Objekt zu fliehen. Erscheint das Erreichen eines Gutes oder das Meiden eines Übels als unüberwindliches Hindernis, kommen die Leidenschaften des *appetitus irascibilis* ins Spiel: die Hoffnung (*spes*), die, wenn die Lage aussichtslos erscheint, in Verzweiflung (*desperatio*) mündet, und die Furcht (*timor*), die, fasst der Mensch neue Zuversicht, in Mut (*audacia*) sich wandelt. Diese Leidenschaften bedingen sich gegenseitig: der Mut gründet auf der Hoffnung, die Verzweiflung auf der Furcht. Der wichtigste dieser zweiten Gruppe der Affekte (und der einzige, der keinen Antagonisten hat) ist jedoch der Zorn (*ira*),

Über seine Augen entflammt der Mensch in dieser Liebe [sc. *amor mixte*] und verspürt dann das Verlangen, [sein Liebesobjekt] zu berühren, wodurch sein Begehren entweder wächst oder aber abnimmt. Wenn die Hoffnung das gesunde Maß nicht überschreitet [d.h. wenn sie nicht zur Verzweiflung wird], kann sie das Begehren aufrechterhalten, doch ist die Hoffnung verloren, ist auch die Liebe an ihrem Ende angelangt; Sohn und Enkel der Liebe sind das Verlangen und die Hoffnung, doch nah bei diesen ist immer auch die Furcht, die ständig Zwietracht stiftet. Von solchen Leidenschaften ist kein Liebender frei, gleich einer Schaukel schwenkt diese Liebe ständig hin und her [von einem Gefühl zum andern].[55]

Im Gegensatz zum *amor mixte* ist die geistige Liebe frei von diesen widersprüchlichen Affekten (vgl. den weiter oben zitierten Vers LXXXVII,150: „Por no acull, ne esperança, de costa.“[56]). Da also das körperliche Element die Ursache für alles Leid ist, muss es das Ziel des Liebenden sein, den Anteil der Seele am *amor mixte* zu erhöhen. Vgl. CXVII,117–120:

Diese Liebe heißt auch die dem Menschen gemäße Liebe, denn wie er ist sie aus seinen beiden Naturen [sc. Körper und Seele] zusammengesetzt. Schön oder hässlich ist sie, je nachdem, an welcher der beiden sie größeren Anteil hat, doch die Mischung aus beiden kann nicht aufgelöst werden.[57]

In Gedicht IV*, das mit seiner Inszenierung der Debatte zwischen den personifizierten Gegensätzen Verstand (*enteniment*) und Körper (*cos*) in der Tradition der im Mittelalter beliebten allegorischen Streitgedichte steht, bekundet der poetische Sprecher darum auch seinen Willen, eine allein auf die Tugend bedachte Form der Liebe zu praktizieren: „amar dretament“ (v. 16). Dass er an diesem Unterfangen letztlich doch immer wieder scheitert, liegt nicht allein an seiner eigenen Unzulänglichkeit: auch die von ihm geliebte Dame trägt Schuld daran. Dabei ist es in der Regel nicht ihre fehlende Zuneigung, die eine erfüllende Liebe unmöglich machte, sondern ihr Unvermögen, dem Mann auf seinem Weg zu tugendhafter Liebe zu folgen, mit ihm auf geistiger Ebene zu korrespondieren. Die Enttäuschung des Liebenden hierüber gibt Anlass zu manchen Tiraden, die aus heutiger

---

welcher den Menschen angesichts einer schwierigen oder aussichtslosen Situation befällt (für die *passiones animae* vgl. Thomas von Aquin, *STh* I^{a}II^{ae}, qq. 22–48).

55 „Per nostres ulls l'hom d'esta amor s'enflama,/ toc desijant, d'on voler creix o fina;/ temprat esper la voluntat afina/ e, perdut ell, amor de mort se clama;/ son fill e nét són desig i esperança,/ mas prop los ve paor, qui els fa gran brega:/ tals passions amador no les nega,/ aquest amor cau en esta balança.“

56 ‚Weder Furcht noch Hoffnung gehen an seiner [sc. des rein geistig Liebenden] Seite.‘

57 „Aquest és dit amor de home propi,/ car és compost de ses dues natures;/ bell és e lleig segons de qual més toca,/ mas no pot fer que reste menys de mescla.“ – Eine Liebe „menys de mescla“, ohne jene Mischung aus körperlichem und geistigem Begehren, vermag der Liebende nur im Zustand mystischer Ekstase zu erlangen, in welchem es ihm gelingt, seine duale Natur zu überwinden (vgl. das Gedicht XVIII*).

Sicht misogyn erscheinen, jedoch nur jene (medizinischen, theologischen, moralphilosophischen usw.) Topoi wiedergeben, welche das mittelalterliche Denken über die Frau bestimmten (LXXI,65–104):

> Wer sich in der Liebe auskennt, weiß, dass die Frau keinen festen Willen hat; ihr unzüchtiges Herz und ihr kranker Verstand trennen sie von der [wahren, geistigen] Liebe, doch sie merkt es noch nicht einmal. [...] Das wilde Tier ist vor seinem Trieb sicherer als die Frau, denn dieser regt sich bei ihm nur beim Paarungsakt selbst, wenn es jenes Verlangen spürt, das es zur Lust treibt. Bei der Frau aber weckt allein schon die Erinnerung an einen vergangenen Beischlaf ihr Verlangen nach einem wollüstigen Akt; und ihr Begehren ist umso größer, je mehr Lust sie bei jenem empfand. [...] Der Kopf der Frauen ist nichts wert, weil kein Gehirn darin ist; der Rest von ihnen taugt nur für das, zu dem er letztlich auch dient: Die menschliche Spezies pflanzt sich durch sie fort, und sie existieren nur, um ihrer Aufgabe, diese zu vermehren, nachzukommen.[58]

Das Bild der Frau in der Dichtung Marchs unterscheidet sich damit wesentlich von dem seiner literarischen Vorgänger. Weder ist sie die unerreichbare *domna* der Trobadors, noch die *donna angelicata*, welche die Dichter des italienischen *dolce stil nuovo* (Dante, Cavalcanti, Guinizelli usw.) besangen – jenes engelgleiche Wesen, das dem Liebenden den Weg zum Heil weist. Die geliebte Dame ist bei March eine Frau aus ‚Fleisch und Blut', mit all ihren Vorzügen und Fehlern. Die Rolle, die ihr zukommt, ist dabei durchaus zwiespältig: einerseits sucht das poetische Ich in der Liebe zu ihr seine sittliche Vervollkommnung und Glückseligkeit, andererseits jedoch steht ebendiese geliebte Frau aufgrund ihrer geistigen Limitationen seinem Streben nach einer vollkommenen Liebe im Wege.

Die Intensität seines Liebesgefühls und die bedingungslose Bereitschaft, für seine Liebe alles Leid und nicht zuletzt den Tod auf sich zu nehmen, also zum ‚Märtyrer der Liebe' zu werden – „per amar-vos martre" (XIII*,38) –, macht den poetischen Sprecher nicht nur der von ihm begehrten Dame, sondern allen anderen Liebenden überlegen. In einer Welt, in der Liebe und Tugend ihren Wert verloren haben, ist er der einzig noch verbleibende wahre Liebende (vgl. das Gedicht LX-

---

[58] „Qui en amor és ben apercebut/ sap que jamés dona tenc voler ferm;/ cor deshonest i enteniment enferm/ los tol amor, e no l'han percebut./ [...]/ L'animal brut serà molt pus segur/ d'est apetit que dona no serà,/ car solament en l'acte se mourà/ sentint aquell qui en lo plaer l'adur./ Ella, pensant en algun passat cas,/ mourà apetit en fet luxuriós,/ e son voler és aitant desijós/ tant quant en ell més se adelitàs./ [...]/ Llur cap no val, perquè no hi ha cervell,/ tot l'àls és bo segons a què serveix:/ llinatge d'hom, mijançant elles, creix;/ llur ésser fon per augmentar aquell." – Zum Bild der Frau in der Dichtung Marchs im Allgemeinen und im zitierten Gedicht LXXI im Besonderen vgl. Robert Archer, „Ausiàs March i les dones", in: Rafael Alemany (Hg.), *Ausiàs March: textos i contextos*, Barcelona 1997, S. 14–30.

XIX*). So kann er denn von sich behaupten: „Jo son aquell pus extrem amador“ [59] (XLVI,41).

***

Die Gedichte, in denen March sich vorwiegend moralischen und philosophischen Themen widmet, sind zahlenmäßig zwar geringer vertreten – man zählt zu diesen sogenannten *cants morals* gemeinhin die Gedichte LVII, C, CII, CIII, CIV, CVI, CVII*, CVIII, CX, CXII, CXIII, CXIV, CXVII, CXVIII, CXX und CXXI, aber auch XXVI, XXXI und XXXII*. [60] Aufgrund ihres Umfangs (in der Regel sind dies zwischen 92 und 288 Verse) nehmen sie aber gleichwohl einen bedeutenden Platz innerhalb seines Werkes ein. Wie schon in seinen liebestheoretischen Texten präsentiert sich der Dichter auch hier in der Rolle des weisen Lehrmeisters. Seine Abhandlungen können deshalb zuweilen schulbuchmäßig erscheinen und sich wie Moraltraktate in Versform lesen. In einigen Gedichten variiert March jedoch nüchtern argumentierende theoretische Passagen mit solchen, in denen das poetische Ich seine eigene Betroffenheit und Unzulänglichkeit zum Ausdruck bringt.

Das zentrale Thema der Liebesdichtung – das Spannungsverhältnis zwischen der körperlichen und der geistigen Natur des Menschen – wird, unter einem neuen Blickwinkel, auch in den moralisch-philosophischen Gedichten Marchs aufgegriffen: Alles menschliche Handeln wird von zwei Antriebskräften bestimmt, dem körperlichen Trieb und dem geistigen Verstand. Doch nur wenn letzterer die Oberhand behält, handelt der Mensch seiner Natur gemäß (*obra natural*) und folgt so seiner eigentlichen Bestimmung (*fi*). Vgl. XCIV,37–40:

> Wenn die Vernunft über den Trieb regiert, ist alles Handeln des Menschen naturgemäß, doch wenn das Gegenteil der Fall ist, verhält er sich seiner Natur zuwider und erreicht nicht das Ziel [sc. die Glückseligkeit], das er in allen Dingen sucht. [61]

Statt Erfüllung in dem einzig wahren Gut höchster Tugendhaftigkeit (*bé ver / bé honest*) zu suchen, strebt der Mensch nach dem flüchtigen Glück des sexuellen

---

[59] ‚Ich bin jener extremste aller Liebenden [d.h. ein Liebender, der bis zum Äußersten geht].‘ Fuster hat in Bezug auf die hyperbolisch-pathetischen Selbstaussagen des poetischen Sprechers den Begriff der „megalomania amorosa“ geprägt (Joan Fuster, „Ausiàs March, el ben enamorat“, in: J. F., *Misògins i enamorats* (Els Nostres Autors, 28; Biblioteca Joan Fuster, 6), hg. von Albert Hauf, Alzira 1995, S. 111–145).

[60] Die drei zuletzt genannten Gedichte setzen sich insofern von den übrigen ab, als sie zunächst in unpersönlicher Form über mehrere Strophen ein moralisches oder philosophisches Thema entwickeln, um dann ganz unvermittelt in einer Liebesbitte zu enden. Archer spricht deshalb von ‚hybriden Gedichten‘ (vgl. Robert Archer, „Tres poemes problemàtics (XXVI, XXXI, XXXII)“, in: R. A., *Aproximació a Ausiàs March. Estructura, tradició, metàfora* (Les Naus d'Empúries), Barcelona 1996, S. 89–108).

[61] „Quan la raó l'apetit senyoreja,/ és natural de l'hom tota sa obra,/ e lo revers sa natura li torba/ e no ateny la fi que en tots fets cerca.“

Akts und nach weltlichen Gütern (*béns del món*) wie Reichtum, Ruhm und Ehre. Er lässt sich von seinen Lastern (*vicis*) mitreißen und verkennt die wahre Tugend (*virtut*). Im Zusammenhang mit dem widernatürlichen, weil einzig auf die Bedürfnisse des Körpers ausgerichteten Verhalten des Menschen referiert March auch auf die scholastische Unterscheidung zwischen dem *delit sensual*, der sinnlichen Lust, und den *delits d'entendre*, den Wonnen des Geistes, wobei die sinnliche Lust ihrerseits unterschieden wird in ‚natürliches' Begehren (*delit natural*), das der Fortpflanzung der menschlichen Spezies dient, und ‚unnatürliches' Begehren (*delit no natural*), das auf keiner Notwendigkeit gründet. [62]

Die Habitus-Lehre, die ein zentraler Baustein der aristotelischen Ethik ist, bildet einen weiteren Schwerpunkt der moralisch-philosophischen Gedichte Marchs (vgl. CXVII, CXVIII, CXXI). Als Habitus bezeichnet man eine Verhaltensweise, die aufgrund ihrer ständigen Einübung quasi in die Natur des Menschen übergeht. Hat man erst einmal einen Habitus erworben, ist es nahezu unmöglich, diesen wieder abzulegen. Vgl. CXXI,25–32:

> Wer nie versucht hat, von einer Gewohnheit abzulassen, die schon ganz eingefahren und ob der langen Routine schon ganz ranzig ist, fühlt keine Qual, auch nicht jene, die verspürt, wer ganz verbogen ist und versucht, wieder gerade wie eine Spindel zu werden. Wer glaubt, es sei einfach, einen alten Habitus abzulegen, der hat es noch nie versucht: Da es ihm so leicht fiel, dieses Gewand anzulegen, glaubt er, er könne sich auch ganz einfach wieder seiner entledigen. [63]

Wer sich dem Laster hingibt, läuft also Gefahr, dieses zu seiner zweiten Natur zu machen. Und auch die Liebe kann zum Habitus werden, zu einer Disposition der Seele des Liebenden. March thematisiert das Problem des *habit d'amor* in zahlreichen Gedichten, am bekanntesten sind wohl seine Verse aus LXXVII (25–28), in denen er mit der doppelten Bedeutung des Wortes „hàbit" spielt (Habitus, die eingeübte Verhaltensweise, und Habit, das Kleidungsstück):

---

62 Vgl. CVI, 17–24: „Diversitats de delits en l'hom són./ Ha-n'hi alguns necessàriament:/ naturals són, l'espècie sostinent./ Altres que em pens que natura no els don,/ mas són per hom d'opinió estimats,/ los quals per si no han nulla valor,/ car en senyal de virtut és honor/ i els diners són per estima trobats." // ‚Im Menschen gibt es viele unterschiedliche Arten des Begehrens, und einige von diesen sind notwendig: sie sind natürlich, denn sie erhalten die menschliche Spezies. Andere aber, so dünkt mich, sind nicht naturgegeben, sondern werden von dem Menschen aufgrund einer [Fehl]beurteilung geschätzt; aus sich selbst heraus besitzen sie jedoch keinerlei Wert. So hält man zum Beispiel die Ehre für eine Tugend und Reichtum gilt als bewunderungswürdig.' – Thomas von Aquin spricht in diesem Zusammenhang von der *concupiscentia naturalis* und der *concupiscentia non naturalis* (*STh* $I^{a}II^{ae}$, q. 30, a. 3).

63 „Qui assajat no ha de jaquir l'ús,/ envellit ja e rànciu de temps llong,/ no sent l'afany, ne de aquell qui embronc/ està e vol se fer dret com lo fus./ No ha temptat de perdre hàbit vell/ qui fàcilment se pensa que es farà:/ puix al vestir plaentment lo trobà,/ al despullar, tal pensa trob aquell."

Amor, Amor: Ich habe mir aus Eurem Tuch einen Habit geschnitten und ihn meiner Seele übergezogen. Beim Anziehen erschien er mir sehr weit, doch einmal angelegt war er mir furchtbar eng.[64]

Ein weiteres Konzept der aristotelischen Tugendlehre, auf das March häufig rekurriert, ist das der Mesotes, der vernünftigen Mitte zwischen den Extremen (so ist etwa die Großzügigkeit das rechte Maß zwischen Geiz und Verschwendung). Diesen Weg der Mitte muss einschlagen, wer nach Tugend strebt (XXXII*,25–30):

In der Mitte zwischen den Extremen liegt die Tugend; nach diesem rechten Maß zu handeln ist sehr schwer, und viele kennen es noch nicht einmal; doch reicht es auch nicht aus, es zu kennen, um als guter Mensch zu gelten, vielmehr muss man sein ganzes Handeln nach diesem Maß ausrichten. So wenig wie man jemanden, der niemals freigebig ist, einen Verschwender nennen kann, so wenig ist, wer stets mit vollen Händen austeilt, ein Geizhals.[65]

Zur Gattung der *meditatio mortis* schließlich, der Reflexionen über den Tod und über die Haltung, die der Mensch gegenüber diesem einzunehmen habe, gehören die Gedichte LVII, CVII* und CXII.

***

Die Gedichte XCII–XCVII[66], besser bekannt unter dem Namen *cants de mort* (Totenlieder), bilden eine thematische Einheit (allerdings ist unklar, ob March sie als einen zusammenhängenden Zyklus konzipierte). Schon seine frühen Leser versuchten, zu bestimmen, wer die Frau gewesen sein könnte, deren Tod den Dichter zu diesen Trauergedichten inspirierte. Textinterne Hinweise lassen die Vermutung zu, er habe sie einer seiner beiden Ehefrauen zugedacht – so bezeichnet der poe-

---

64 „Amor, Amor, un hàbit m'he tallat/ de vostre drap, vestint-me l'espirit./ En lo vestir ample molt l'he sentit,/ e fort estret quan sobre mi és posat." – Garcilaso de la Vega hat diese Verse in einem seiner Sonette zitiert (XXVII,1–4) und damit zu großer Berühmtheit gebracht. Zum Habitus der Liebe in der Dichtung Marchs vgl. M. Teresa Gironés, „L'hàbit de l'amor ausiasmarquià: de la gènesi a la destrucció", in: *Llengua & Literatura* 15 (2004), S. 67–90.

65 „Entre els extrems al mig virtut atura,/ molt greu d'obrar i entre pocs conegut;/ per ell saber no és hom per bo tengut,/ mas fets obrant forans dins tal mesura./ Aitant és llarg l'hom menys de fer llarguesa/ com és escàs si no fall en despendre."

66 Pagès, der erste moderne Herausgeber von Marchs Werk, vertauschte die Reihenfolge der beiden letzten *cants de mort*: in den Manuskripten folgt auf die Gedichte XCII–XCV zunächst XCVII, und dann erst XCVI (in der Sekundärliteratur spricht man in Bezug auf Gedicht XCVI deshalb häufig von dem ‚sechsten' oder ‚letzten' der Totenlieder). Um Konfusionen zu vermeiden, wurde die von Pagès eingeführte Nummerierung auch von späteren Editoren beibehalten.

tische Sprecher die Verstorbene an einer Stelle als „muller aimia“[67] (‚geliebte Ehefrau‘, XCII*,179).[68] Von größerem Interesse als die Frage nach einem möglichen konkreten Anlass für die Abfassung der *cants de mort* ist jedoch, wie diese sich zur literarischen Tradition der Klagegedichte verhalten, in der sie stehen.[69] Während die mittellateinische Gattung des *planctus* (Klagelied) inhaltlich weniger stark festgelegt war und daher nicht nur die Klage über den Tod eines geliebten Menschen, sondern auch über eine militärische Niederlage oder einen politischen Missstand umfassen konnte, war der provenzalische *planh* in aller Regel einem verstorbenen Fürsten, Gönner oder Freund gewidmet. In seinem Aufbau folgte er einer weitgehend festgesetzten Ordnung: er begann mit der Aufforderung an die Zuhörer, den Tod des Verstorbenen zu beklagen, darauf folgte ein Lob auf den Toten (das für gewöhnlich den größten Teil des Gedichts einnahm) und den Abschluss schließlich bildete ein Gebet für sein Seelenheil.[70] Nur weni-

---

[67] Es handelt sich hier um ein Kompositum aus „muller“, der katalanischen Bezeichnung für Ehefrau, und „aimia“ (abgeleitet vom okzitanischen „amia“), das in der Liebesdichtung traditionell für die Geliebte stand. Auch die beiden letzten Verse des genannten Gedichts – „Lo jorn del Jui, quan prendrem carn e ossos,/ mescladament partirem nostres cossos.“ // ‚Am Tag des Jüngsten Gerichts, wenn wir Fleisch und Knochen annehmen, sollen unsere Körper untrennbar miteinander vereint sein.‘ (XCII*,249f.) – scheinen auf die biblische Definition der Ehe in *Mt* 19,4–6 anzuspielen: „non legistis quia qui fecit ab initio masculum et feminam fecit eos/ et dixit propter hoc dimittet homo patrem et matrem et adherebit uxori suae et erunt duo in carne una/ itaque iam non sunt duo sed una caro.“

[68] Allerdings herrscht in der March-Forschung Uneinigkeit darüber, welche der beiden Ehefrauen – seine erste Frau, Isabel Martorell, oder seine zweite, Joana Escorna – gemeint sein könnte (oder ob einige der Gedichte der ersten, die übrigen der zweiten Frau gewidmet sind). Auch gibt es Kommentatoren, die zumindest manche der Gedichte (z.B. XCVI*) einer dritten Frau gewidmet wissen wollen, da ihnen die in diesen vom poetischen Sprecher geäußerte Befürchtung, seine Geliebte könnte im Jenseits Höllenqualen erleiden, da er sie zu ihren Lebzeiten zu sündigem Leben verführt habe, unvereinbar mit der Konzeption der Ehe erscheint (vgl. Valentí Fàbrega i Escatllar, *Veles e vents. El conflicte eròtic en la poesia d'Ausiàs March*, Lleida 1998, S. 157).

[69] Vgl. für die folgenden Ausführungen zur Gattung des Klagegedichts Robert Archer, „Els cants de mort“, in: R. A., *Aproximació*, *op. cit.*, S. 48–73, hier: S. 53–59. Zu weiteren Aspekten der *cants de mort* vgl. Dominique de Courcelles, „Les *Cants de mort* d'Ausiàs March“, in: Georges Martin / Marie-Claire Zimmermann (Hg.), *Ausiàs March (1400–1459). Premier poète en langue catalane*, Paris 2000, S. 91–103, Francesc J. Gómez, „Per una nova lectura amorosa i consolatòria dels *Cants de mort* d'Ausiàs March“, in: *Llengua & Literatura* 19 (2008), S. 49–85, Sebastian Neumeister, „‚Car tan com dec no só passionat‘ oder wie man den Tod der Geliebten wider Erwarten überlebt“, in: Carolin Fischer / Carola Veit (Hg.), *Abkehr von Schönheit und Ideal in der Liebeslyrik*, Stuttgart / Weimar 2000, S. 66–78, und Marie-Claire Zimmermann, „Els *Cants de Mort* en l'obra d'Ausiàs March: el fracàs poètic i la desmitificació de l'escriptura“, in: *Estudis de Llengua i Literatures Catalanes* 14 (1987), S. 299–327.

[70] Diesem Grundschema folgte auch der *planctus*, allerdings waren für diesen noch weitere Elemente konstitutiv, auf die der provenzalische *planh* verzichtet: der Hinweis auf die edle Abstammung des Verstorbenen, die Beschreibung der Personen, die den Toten betrauern, die Beschrei-

ge der uns überlieferten Klagelieder behandeln den Tod einer Frau. Hier nehmen der Schmerz und die Trauer des poetischen Sprechers einen größeren Raum ein als dies im *planh* gemeinhin üblich war – auch wenn sich diese persönliche Betroffenheit in recht konventionellen Formen ausdrückt (etwa dem Wunsch, der Geliebten in den Tod zu folgen). March knüpft mit seinen Totengedichten an diese Tradition an, allerdings liegt der Fokus bei ihm – wie auch in seinem übrigen Werk – auf der Person des poetischen Ich, das versucht, die Natur seines Schmerzes zu ergründen und den psychologischen Prozess der Trauer zu begreifen. Auch fehlt in den *cants de mort* die für die Gattung des *planctus* und des *planh* konstitutive Hinwendung an ein Publikum (angesprochen werden allein der Geist der verstorbenen Frau und die Gottesmutter).

Einen aristotelischen Gedanken aufnehmend (*Rhet.* 1370b 25ff.) beschreibt March die Trauer als einen emotionalen Zustand, in dem sich der Schmerz über den Verlust des geliebten Menschen mit der Lust mischt, welche die Erinnerung an diesen verursacht. Vgl. XCII*,5–10:

> Was ich auch sehe und fühle, alles bereitet mir Schmerz, denn alles weckt die Erinnerung an Euch, die ich so sehr liebte. Doch wird, wer sich mein Leid genau und aufmerksam besieht, auch Lust darin finden, die mit dem Leid sich mischt. Derart genährt wird mein Schmerz gewiss von Dauer sein, denn ohne Lust, glaube ich, hat auch das Leid einmal ein Ende.[71]

Diese Lust ist es auch, die den poetischen Sprecher jeden Trost entschieden von sich weisen lässt. Seine Trauer soll erst mit seinem eigenen Tod ein Ende finden: „mon sentiment vull que muira, si mor“[72] (XCIII,76). Dabei ist er ist sich durchaus bewusst, dass er sich mit dieser Haltung in Opposition zu jenen ‚Weisen‘ befindet, welche – angefangen bei den Stoikern bis hin zu den Autoritäten der christlichen Trostliteratur – die exzessive und nicht enden wollende Trauer um einen verstorbenen Angehörigen als vernunftwidrig ablehnten (XCIII,57–60):

> Auch wenn ich mich der Worte der Weisen erinnere, die jene tadeln, die ihre Trauer in die Länge ziehen, und weiß, dass die Vernunft lehrt, dass die Trauer über den Verstorbenen diesen nicht wieder lebendig macht [. . .].[73]

---

bung der trauernden Natur und die Beschreibung des Leichnams und der Grabstätte. Außerdem thematisierten die Trobadors häufig persönliche Betroffenheit und Trauer, während dies in der mittellateinischen Tradition nur in Ausnahmefällen geschah.

71 „Tot quant jo veig e sent dolor me torna/ dant-me record de vós, qui tant amava./ En ma dolor, si prim e bé es cercava,/ se trobarà que delit s'hi contorna./ Doncs, durarà, puixs té qui la sostinga,/ car sens delit dolor crei no es retinga.“

72 ‚Mein Gefühl soll erst dann sterben, wenn auch ich sterbe.‘

73 „Per bé que els dits dels savis jo record,/ reptant aquells qui allarguen son dol,/ e jo sabí que bona raó vol/ que null remei és dolre's del qui és mort.“

Der Wunsch, die Trauer zu verlängern, statt sie, wie es der Vernunft entspräche, zu überwinden, ist nichts anderes als ein hyperbolischer Ausdruck für die grenzenlose Leidensbereitschaft des Liebenden und findet sich als solcher auch schon in einigen provenzalischen *planhs*. Bei March jedoch wird dieser Wunsch nicht allein durch die Konventionen des Genres motiviert. Wenn das poetische Ich von seinen Gefühlen für die geliebte Frau nicht ablassen möchte, dann auch, weil jetzt, da diese tot ist, zum ersten Mal die Möglichkeit einer reinen, gänzlich von der Last des Fleisches befreiten Liebe (*amor honest*) aufscheint. Durch ihren Tod hat sein sinnliches Begehren seine Ursache – den Körper der Geliebten – verloren; geblieben ist allein sein geistiges Verlangen nach ihr (XCIV,29–32):

> So setzt der Tod meinem niederen körperlichen Begehren ein Ende, welches auf den ihm entsprechenden Teil von jener, die der Tod von dieser Erde nahm, fixiert war [d.h. das Begehren, welches allein dem Körper der nunmehr toten Frau galt]. Und nun ist in mir das edle Begehren [der *appetitus intellectivus*] ohne Mischung [d.h. ohne mit dem *appetitus sensibilis* verbunden zu sein]. [74]

Der Tod der Geliebten eröffnet damit eine neue Perspektive auf die Liebesproblematik, die insbesondere in den längeren liebestheoretischen Passagen der Gedichte XCII* und XCIV entfaltet wird (mit ihren 250 bzw. 132 Versen sprengen diese auch aufgrund ihres Umfangs den Rahmen dessen, was die zeitgenössischen Poetiken für die Gattung des Klagegedichts vorschrieben). Der Tod der Geliebten ist aber zugleich auch Ursache eines neuen Konflikts: der Qual, nicht um das Schicksal zu wissen, das ihrer Seele bestimmt ist, und die Sorge, womöglich Schuld an ihrer Verdammnis zu sein. Während sich erstgenannter Aspekt in fast allen *cants de mort* in der Bitte an den Geist der Geliebten ausdrückt, auf die Erde zurückzukehren, um den poetischen Sprecher von der schrecklichen Ungewissheit zu befreien – „Vine a mi de dia o de nits;/ fes-me saber si pregar per tu cal!“ [75] (XCV,75f.) –, wird seine Angst, die Geliebte könne im Jenseits seinetwegen Höllenqualen erleiden, insbesondere in Gedicht XCVI* thematisiert. Vgl. XCVI*,17–24:

> Es nützt nichts, dass ich, zu Gott flehend, die Hände falte, denn entschieden ist schon, was ihr bestimmt ist: Ist sie im Himmel, so ist das Glück so groß, dass Worte es nicht fassen, doch ist sie in der Hölle, ist all mein Flehen vergebens. Wenn es so ist, dann lösche meinen Geist aus und wandle mein Sein in Nichts, und tue dies vor allem dann, wenn sie meinetwegen an diesem Ort weilt, denn sonst müsste ich vor Schmerz zerspringen. [76]

---

74 „Així la mort mon voler gros termena,/ aquell fermat en la part contrasemble/ d'aquella que la mort al món l'ha tolta./ L'honest voler en mi roman sens mescla.“

75 ‚Komm zu mir, egal ob bei Tag oder bei Nacht, und lass mich wissen, ob ich für Dein Seelenheil beten muss [d.h. ob Du im Fegefeuer bist]!‘

76 „Pregant a Déu les mans no em cal plegar,/ car fet és tot quant li pot avenir:/ si és al cel, no es

Wie die zitierten Verse zeigen, quält den poetischen Sprecher auch die Ohnmacht, am göttlichen Schiedsspruch nichts mehr ausrichten zu können. Dabei treibt ihn nicht nur die Sorge um das Seelenheil der Geliebten um, vielmehr weiß er, dass ihn dereinst das gleiche Schicksal erwartet wie sie: „car vostre bé o mal a mi és dat;/ del que haureu, jo en seré sofirent“ [77] (XCVI*,7f.). Der Tod der Geliebten ist Anlass zu Fragen nach dem eigenen Tod und Seelenheil. Nicht zuletzt dadurch, dass March in seinen Totengedichten theologisch-dogmatische Fragestellungen aufgreift, für die im traditionellen *planctus* oder *planh* kein Ort war, überschreitet er bewusst die Grenzen der Gattung. [78]

***

Die Themen Tod, Erlösung und Verdammnis stehen auch im Zentrum des Gedichts CV, das seit den March-Editionen des 16. Jahrhunderts den Namen *cant espiritual* (Geistlicher Gesang) trägt. Weit entfernt von den nüchtern-didaktischen Ausführungen seiner *cants morals* schlägt der Dichter in diesem Gebet einen sehr emotionalen, persönlichen Ton an. Getrieben von der Furcht vor ewiger Verdammnis und im Bewusstsein der Schuld, die er durch sein sündhaftes Leben auf sich geladen hat, wendet sich der poetische Sprecher an das Du Gottes. Schon im ersten Vers bekennt er, der Hilfe seines Schöpfers zu bedürfen, um seine Seele zu retten: „Puixs que sens Tu algú a Tu no basta,/ dóna'm la mà o pels cabells me lleva“ [79] (1f.). Zu sehr hat das Laster schon von ihm Besitz ergriffen – ist zu seinem Habitus geworden –, als dass er aus eigener Kraft auf den Pfad der Tugend zurückfinden könnte: „Tant són en mi envellits los mals hàbits/ que la virtut al gustar m'és amarga“ [80] (51f.). Schwerer jedoch als die Verfehlungen, die ihre Ursache in der Schwäche seines Fleisches haben, wiegt seine Unfähigkeit, aufrichtige Liebe für Gott zu empfinden: „Jo tem a Tu més que no et só amable“ [81] (57). Nicht die

---

pot lo bé expremir,/ si en infern, en foll és mon pregar./ Si és així, anul·le'm l'esperit,/ sia tornat mon ésser en no-res,/ e majorment si en lloc tal per mi és:/ no sia jo de tant adolorit.“

77 ‚Denn Euer Glück oder Leid wird dereinst auch das Meine sein; was Euch zugedacht, das werde auch ich erleiden.‘

78 Wenn die Trobadors für die verstorbene Geliebte beten, so geschieht dies doch stets in der Gewissheit, dass ihre Seele schon gerettet ist. Auch Dante und Petrarca, deren Gedichte auf den Tod Beatrices bzw. Lauras March gekannt haben könnte, zweifeln nie daran, dass die von ihnen so geliebte im Paradies ist, mehr noch, sie wissen, dass sie eben darum keine Schuld auf sich geladen hat, weil sie sich dem Verlangen des Mannes nach körperlicher Liebe stets widersetzte (vgl. den zweiten Teil der *Vita Nuova* Dantes bzw. die Gedichte *In morte di madonna Laura* des petrarkischen *Canzoniere*).

79 ‚Da keiner ohne Dich zu Dir gelangt, reich mir Deine Hand oder packe mich an den Haaren.‘

80 ‚So alt sind meine schlechten Gewohnheiten schon, dass allein der Geschmack der Tugend mir schon bitter ist.‘

81 ‚Ich fürchte Dich mehr als ich Dich liebe.‘

Liebe zu Gott, sondern die Furcht vor den Qualen der Hölle drängt ihn zur Bekehrung. Die schonungslose Gewissensprüfung und Selbstanklage des poetischen Ich bilden den Kern der vierundzwanzig Strophen des *cant espiritual.* Im Gegensatz zu den meisten anderen, den Regeln der rhetorischen *dispositio* verpflichteten Gedichten Marchs ist in diesem jedoch keine klare argumentative Struktur erkennbar. Vielmehr scheint sein Handlungsverlauf den wechselnden Seelenzuständen des poetischen Sprechers zu folgen, der zwischen quälender Angst und vorsichtiger Hoffnung schwankt. Durch diese inszenierte Spontaneität erhält der Reue-Monolog eine Aura von Unmittelbarkeit und Authentizität.

Formal gehört der *cant espiritual* zur mittelalterlichen Gattung des Beichtliedes (*lamentatio poenitentiae*), doch anders als etwa in Folquet de Marselhas *Senher Dieus, que fezist Adam* oder Peire d'Alvernhes *Deus, vera vida, verays* – zweien der uns überlieferten trobadoresken Lieder dieser Tradition – kann der reuige Sünder bei March nicht auf die göttliche Barmherzigkeit vertrauen.[82] Gott erscheint als unnahbarer himmlischer Richter, dessen Urteil sich dem Menschen nicht nur nicht erschließt, sondern ihm oft genug auch grausam erscheint. So klagt denn der poetische Sprecher in einem der dramatischen Höhepunkte des Gedichts Gott der Willkür an, weil dieser ihn erschaffen habe, obwohl er in seiner unfehlbaren Weisheit doch wissen musste, dass seine Seele zur Verdammung bestimmt war. Besser als die ewigen Höllenmartern zu erleiden, wäre es gewesen, nie geboren zu sein (193–200):

> Du schufest mich, damit ich meine Seele rette, und doch kann es sein, dass Du von mir das Gegenteil weißt. Wenn es so ist, warum hast du mich dann erschaffen, wo doch das Wissen in Dir unfehlbar ist? Ich flehe Dich an, verwandle mein Sein wieder zu Nichts, denn das ist besser als für alle Ewigkeit das dunkle Gefängnis. Ich glaube Dir, was Du von Judas gesagt hast: dass es für ihn besser gewesen wäre, nie geboren zu sein.[83]

---

[82] Zum *cant espiritual* und der mittelalterlichen Gattung des Beichtliedes vgl. Costanzo Di Girolamo, „Canti di penitenza: da Strónski a Ausiàs March", in: *Cultura Neolatina* 62 (2002), S. 193–209. Wie die March-Forschung herausgearbeitet hat, ist diese literarische Tradition jedoch nicht die einzige Inspirationsquelle des Dichters. Von mindestens ebenso großer Bedeutung sind die Bibel (hier vor allem das Buch Job, die Bußpsalmen, die Evangelien und die Apostelgeschichte) und die zeitgenössische geistliche Literatur, wie etwa das *Excitatorium mentis in Deum* des valencianischen Augustinermönches Bernat Oliver oder das *Commentarium in septem psalmos poenitentiales* von Papst Innozenz III. (beide Texte lagen auch in katalanischen Versionen vor und befanden sich, wie wir wissen, in der Bibliothek von Pere March).

[83] „Tu creïst me perquè l'ànima salve,/ e pot-se fer de mi saps lo contrari./ Si és així, ¿per què, doncs, me creaves,/ puix fon en Tu lo saber infal·lible?/ Torna a no-res, jo et suplic, lo meu ésser,/ car més me val que tostemps l'escur càrcer./ Jo crec a Tu com volguist dir de Judes/ que·l fóra bo no fos nat al món home."

Das theologische Problem, das diese Verse aufwerfen, ist das der Prädestination, des Glaubens an die Vorherbestimmtheit des menschlichen Schicksals.[84] Wie es das Beispiel des ‚guten Diebes' zeigt, den Jesus am Kreuz von seinen Sünden erlöste – „Mas jo em record que meritist lo Lladre/ – tant quant hom veu, no hi bastaven ses obres."[85] (29f.) –, entscheidet über das Seelenheil des Menschen nicht (oder nicht allein) sein Handeln („obres"), sondern die göttliche Gnade. Während Gott in seinem ewigen Ratschluss bestimmt hat, wer die Seligkeit erlangen wird und wer nicht, bleibt dieses Wissen dem Menschen verborgen: „Desig saber què de mi predestines:/ a Tu és present i a mi causa venible."[86] (151f.). Die Ängste des poetischen Sprechers, welche aus der Unsicherheit über das Schicksal, das Gott seiner Seele zugedacht hat, und der Aussicht auf ewige Verdammnis resultieren, bestimmen das gesamte Gedicht. Am Ende des *cant espiritual* steht mit der Erkenntnis, dass das Seelenheil nur durch Gottes Liebe zu erlangen sei, und mit der Bitte um die drei theologischen Tugenden Glaube, Hoffnung und Liebe, eine scheinbare Lösung seines inneren Konflikts. Doch bleibt auch in der Schlussstrophe ein bitterer Nachgeschmack: der poetische Sprecher vermag allein Tränen unvollkommener, in Gottesfurcht gründender Reue (*attritio*) zu vergießen, nicht aber solche vollkommener Reue (*contritio*), welche die Liebe zu Gott hervorbringt.[87]

5 Sprache, Poetik und Rhetorik

Es gehört zu den üblichen Gemeinplätzen, von March als dem ersten Dichter in katalanischer Sprache zu sprechen.[88] Darüber wird häufig übersehen, welch hohes Wagnis es bedeutete, die okzitanische *koiné* zugunsten einer Sprache aufzugeben, die zwar über eine literarische Tradition in der Prosa, nicht aber in der Dichtung

[84] Zur Bedeutung dieser Problematik bei March und in der iberischen Dichtung der ersten Hälfte des 15. Jahrhunderts überhaupt vgl. Robert Archer, „Ausiàs March and the ‚Baena' Debate on Predestination", in: *Medium Aevum* 62 (1993), S. 35–55.

[85] ‚Aber ich erinnere mich daran, dass Du den Dieb erlöst hast – obwohl doch, zumindest nach menschlichen Maßstäben, hierfür seine Werke nicht ausreichten.'

[86] ‚Ich sehne mich danach zu wissen, was Du mir vorherbestimmst hast: für Dich ist es Gegenwart, für mich liegt es in der Zukunft.'

[87] Neben den beiden bereits zitierten Abhandlungen vgl. für den *cant espiritual* des Weiteren Joan Fuster, „Divagació entorn del *Cant espiritual* d'Ausiàs Marc" (1983), in: J. F., *Misògins i enamorats*, *op.cit.*, S. 183–205, Modest Prats, *Sobre el* Cant espiritual *d'Ausiàs March*, Barcelona 1998, Josep Miquel Sobrer, *La doble soledat d'Ausiàs March* (Assaig Minor, 2), Barcelona 1987, S. 41–71, und Marie-Claire Zimmermann, „Ausiàs March i el *Cant espiritual*: poema i pregària", in: *Estudis de Llengua i Literatura Catalanes*, Barcelona 1981, vol. II, S. 241–269.

[88] Um genau zu sein: er verfasste seine Gedichte auf Valencianisch, einer der Varietäten der katalanischen Sprache, die sich vom Standardkatalanischem, dem *català oriental*, in einigen phonetischen, morphologischen und lexikalischen Merkmalen unterscheidet. Als Beispiele seien nur einige in Marchs Werk vorkommende lexikalische *valencianismes* genannt: *eixir* (anstelle von: sortir), *prompte* (aviat), *hui* (avui), *colp* (cop), *gitar* (foragitar) usw.

verfügte: eine poetische Sprache musste March sich erst formen.[89] Die Charakteristika dieser Sprache seien kurz zusammengefasst: Die Vielzahl von Hyperbata, Ellipsen, Inversionen und Anakoluthen, die wie Marchs Präferenz für Infinitivkonstruktionen und die Verwendung des Partizips Präsens auf den Einfluss lateinischer Modelle hinweisen, lassen seine Syntax oft dunkel und artifiziell erscheinen. Spuren der Lektüre Senecas, Ovids und Lukans (im lateinischen Original oder der katalanischen Übersetzung) finden sich auch in der Lexik: *cors* (anstelle von: cos), *màcula* (taca), *fèlix* (feliç) usw. March inkorporiert in seine Dichtungssprache sowohl Fachausdrücke aus Medizin, Naturphilosophie, Theologie und Moralphilosophie (*humors*, *complexió*, *accident*, *contrició*, *primer moviment*, *hàbit*) als auch Begriffe aus der Alltagssprache (*crosta de pà*, *cassola en forn*). Das höfische Vokabular (*mercè*, *drut*) ist im Gegensatz zur Dichtung seiner Vorgänger stark reduziert; auch finden sich nur vereinzelt provenzalische Lexeme: *hoc* (anstelle von: sí), *dellai* (allí) usw.[90] Ein weiteres Merkmal seiner Sprache ist die Verwendung von Archaismen (*tostemps*, *mills*, *cell*) und Kultismen (z.B. *suportable* für „que suporta“) sowie der Rückgriff auf volkstümliche Redewendungen (*anar a quatre peus*, *a gran bomba*).

Die Sprache der Gedichte Marchs, so sei noch einmal hervorgehoben, ist eine poetisch stilisierte, die nicht mit dem Katalanisch in eins gesetzt werden darf, das March und seine Zeitgenossen *sprachen*. Es ist bezeichnend, dass alle Editionen ab 1543 dem Text ein Glossar zur Klärung der ‚dunklen Begriffe‘ („vocables scurs“) beifügen. Offenbar mutete die Sprache des Dichters (die von den Herausgebern „llimosí“, also Lemosinisch [!] genannt wird), auch katalanischen Muttersprachlern schon fremd und archaisch an.

***

Wenn March sich durch die Wahl des Katalanischen als Dichtungssprache auch deutlich von seinen Vorgängern absetzt, bleibt er formal doch der trobadoresken Dichtungstradition verhaftet. Anders als zeitgenössische Dichter wie Jordi de Sant Jordi und Andreu Febrer, die in virtuoser Weise mit unterschiedlichen Metren und ausgefeilten Reimtechniken experimentieren, verzichtet er auf jede formale Artifizialität. Durch die Reduktion des poetischen Formeninventars auf einige wenige immer wiederkehrende Metren, Reimschemata und Strophenformen wird die

[89] Während man für das Okzitanische etwa über Reimwörterbücher verfügte, die alle möglichen Wortverbindungen aufführten – auch Ausiàs' Onkel Jaume hatte ein solches verfasst –, mussten diese Reime für das Katalanische erst gefunden werden. Außerdem galt es, die Syntax der Sprache an die Erfordernisse des Metrums (*decasíl·lab*) anzupassen.

[90] Aus Reimgründen behält er bisweilen auch die okzitanische Endung -s zur Markierung des Nominativ Singular bei: *hom ignoscents*, *delitós sojorns*, *voler sobrats* usw.

Aufmerksamkeit des Lesers auf die argumentative Struktur des Textes und seine rhetorische Ausgestaltung gelenkt.

March verwendet in seiner Dichtung fast ausschließlich den im katalanischen Raum schon im 14. Jahrhundert äußerst populären Zehnsilber (*decasíl·lab*), zumeist mit einer Zäsur nach der betonten vierten Silbe (die in einigen älteren Handschriften auch durch eine Leerstelle markiert ist). Es gibt nur einige wenige Gedichte, die von diesem metrischen Muster abweichen.[91]

Was das Reimschema betrifft, so liegen in seinen achtzeiligen Strophen (*octaves*) in der Regel umschlingende Reime (*cobles creuades*) vor, wobei der Schlussreim einer Strophe häufig auch den Anfangsreim der darauffolgenden bildet, nach dem Muster ABBACDDC, CEECFGGF, FHHFIJJI usw. In solchen Fällen spricht man von *cobles creuades capcaudades.*[92] Im Gegensatz zu den Anhängern des *trobar clus*, die besonderen Wert darauf legten, möglichst ausgefallene Reime (*rimes cares*) einzusetzen, greift March bewusst auf einfache Reime zurück. So verwendet er beispielsweise die eigentlich verpönten *rimes equívoques* – den Reim homophoner Worte von unterschiedlicher Bedeutung und grammatikalischer Kategorie, etwa „arma" einmal in seiner Verwendung als Substantiv (‚die Seele') und einmal als Verb (‚er bewaffnet') – und die sogenannten *rimes derivatives*, bei denen die Reimworte durch Ableitung oder Komposition gebildet werden („force"–„s'esforce"; „tempta"–„destempta" usw.). In den kürzeren Gedichten kombiniert er weibliche und männliche Reime, während in vielen seiner längeren Gedichte eine der beiden Reimformen überwiegt. In einigen Gedichten verzichtet March ganz auf den Reim; Beispiele für ein solches Gedicht in *estramps* (reimlose Verse) sind XVIII*, XLV* und CV*.

Die am häufigsten verwendete Strophenform ist die Kanzone (*cançó*) mit fünf oder sieben achtzeiligen Strophen und einer vierzeiligen Geleitstrophe, der sogenannten *tornada*, am Gedichtende.[93] In der *tornada* wendet sich der Dichter in

---

91 Das Gedicht XII, das aufgrund seines leicht okzitanisierenden Einschlags wohl einer frühen Schaffensphase zugeordnet werden kann, ist in Achtsilbern (*octosíl·labs*) verfasst; das Gedicht CXXVII, das zu der Gattung der *Lais* gehört, kombiniert Achtsilber und Viersilber (*tetrasíl·labs*) und das Gedicht CXXVIII schließlich besteht aus achtsilbigen Verspaaren, den sogenannten *noves rimades*. Auch die an Joan Moreno und Tecla de Borja gerichteten *demandes* variieren in der Metrik, wobei es möglich ist, dass March sich (vielleicht einer literarischen Konvention folgend) an das von seinen Adressaten bevorzugte Versmaß anpasste (das Gedicht CXXV verwendet Sieben- und Achtsilber, das Gedicht CXXIV Zehnsilber mit einer untypischen Zäsur nach der fünften Silbe).

92 Weniger häufig sind *cobles unisonants* (wörtlich: ‚gleichklingende Strophen', d.h. Gedichte, in denen alle Strophen nicht nur das gleiche Reimschema, sondern auch die gleichen Reime aufweisen); zwei Gedichte sind in *cobles singulars* verfasst (gleiches Reimschema in jeder Strophe, aber jeweils mit neuen Reimen gefüllt), und nur ein Beispiel gibt es für die *cobles dobles* (Verknüpfung von jeweils zwei Strophen durch die gleichen Reime).

93 Laut dem Regelwerk der Trobadors mussten in dieser *tornada* die Reime der vorangehenden

aller Regel an die unter einem Decknamen (*senyal*) verborgene Dame. Während diese *senyals* bei den Trobadors ursprünglich den Zweck erfüllten, das Liebesverhältnis geheim zu halten (*celar*), wurden sie mit der Zeit mehr und mehr zum poetischen Signum des Dichters. So wäre es denn auch müßig, ermitteln zu wollen, wer sich hinter den bei March am häufigsten gebrauchten *senyals* „Plena de seny" (wörtlich: ‚Du voll der Weisheit', in 19 Gedichten) und „Llir entre cards" (‚Lilie unter Disteln', in 35 Gedichten) verbirgt: ob eine oder mehrere Frauen oder gar ein abstraktes Konzept. Beide *senyals* sind religiös konnotiert: der erste spielt an auf die Verkündigung des Erzengels Gabriel – „Ave, *gratia plena*, Dominus tecum; benedicta tu in mulieribus" (Lk 1,28) –, bei dem zweiten handelt es sich um ein Zitat aus dem Hohelied (2,2): „Sicut *lilium inter spinas*, sic mea amica inter filias". Der *senyal* „Mon derrer bé" (‚Mein höchstes Gut') erscheint nur in zwei Gedichten (LXXXIX* und CIX); nicht um *senyals* im eigentlichen Sinne, sondern um Anrufungen des unbarmherzigen Gottes Amor, wie sie in der Liebesdichtung eine lange Tradition hatten, handelt es sich bei „O foll Amor" (‚Oh törichter Amor', in 10 Gedichten) und „Amor, Amor" (in 12 Gedichten).[94]

Die langen traktatähnlichen Gedichte heben sich nicht nur durch Thematik und Umfang vom übrigen Werk Marchs ab: Sie kommen entweder ganz ohne Tornada aus oder ersetzen diese durch eine Anrufung der Gottesmutter. Der reflexive Charakter der Texte kann auch noch dadurch unterstützt werden, dass die achtzeilige Strophe um ein Distichon erweitert wird, in dem das zuvor Gesagte sentenzenhaft zusammengefasst ist (in den frühneuzeitlichen Editionen ist dieser Doppelvers auch typographisch von dem zugehörigen Oktett abgesetzt).[95]

March verfasste ferner sechs *cobles esparses* (XXIX, LXXX*, LXXXI*, LXXXII, LXXXIII* und LXXXVI). Diese nur aus einer Strophe bestehende

---

vier Verse wiederholt werden, March hingegen führt den Reim häufig im Sinne der *coblas capcaudades* weiter, so dass der Gedichtschluss bei ihm weniger stark markiert ist als in der klassischen Kanzone.

94 Die mit *senyals* markierten Gedichte erscheinen in der handschriftlichen Überlieferung und in den Editionen untereinander vermischt. Riquer hat vorgeschlagen, alle Gedichte, die einen gemeinsamen poetischen Decknamen teilen, zu einer Gruppe zusammenzufassen, wobei er versuchte, in den so entstandenen „cicles poètics" (*Llir entre cards*; *Plena de seny*; *Mon darrer bé*; *Oh foll Amor*; *Amor, Amor*) eine jeweils gemeinsame thematische Ausrichtung auszumachen (Martí de Riquer, „Ausiàs March", in: M. d. R., *Història de la literatura catalana*, Barcelona 1964, vol. II, S. 471–567, hier: S. 491–523). Die Zyklentheorie Riquers hat sich jedoch in der March-Forschung nicht durchgesetzt.

95 Zu den Gedichten, die diese zehnzeiligen Strophen verwenden, gehören LXXXVI, LXXXVII, XCII*, CXII, CXIII, CXV, CXVI, CXVIII und CXIX. Zur Sentenz als Strukturelement der Dichtung Marchs vgl. Robert Archer, „La ‚sententia' com a element estructuritzant a la poesia d'Ausiàs March", in: Patrizio Rigobon / Carlos Romero Muñoz (Hg.), *Il falconiere del re. Atti della giornata di studio dedicata ad Ausiàs March (Ateneo Veneto, Sala Tommaseo, 8 aprile 2000)*, Venezia 2004, S. 7–22.

Gedichtform stellt insofern eine Herausforderung dar, als sie den Dichter dazu zwingt, seinen poetischen Gedankengang auf sehr engem Raum zu entfalten.[96]

***

In den Anfangsversen des Gedichts XXXIX* fordert March all jene, die Leid quält, dazu auf, seine Gedichte zu lesen: „llija mos dits, mostrants pensa torbada,/ sens alguna art, eixits d'hom fora seny".[97] Der Hinweis auf das Fehlen jeder Kunstfertigkeit („sens alguna art") gehört zu jenen Topoi, mit denen sich die Dichter zu allen Zeiten das Wohlwollen ihrer Hörer oder Leser zu sichern suchten (*captatio benevolentiae*). Und auch der Ort dieses Aufrufs – der Gedichtanfang – ist nicht beliebig gewählt. Wie die Rhetoriktraktate lehren, werden bereits in der Einleitung (*exordium*) die Weichen für den Erfolg oder Misserfolg einer Rede gelegt. Nur wem es gelingt, schon in den ersten Sätzen das Interesse des Publikums für das eigene Anliegen zu wecken und seine Sympathie zu gewinnen, erreicht sein Ziel: die Zuhörer zu belehren (*docere*), zu unterhalten (*delectare*) oder – wie im vorliegenden Fall – ihr Mitleid zu erregen (*movere*). Wie das angeführte Beispiel zeigt, war March, wie alle Dichter seiner Zeit, geschult in den Regeln der Rhetorik, der Kunst der wirkungsvollen Rede.[98] Diese hinterlässt ihre Spuren nicht nur in der *elocutio* (sprachlich-stilistische Ausgestaltung), sondern auch in der *dispositio* (Anordnung der Gedanken) seiner Gedichte. Fast alle Liebeskanzonen gängigen Umfangs (5–7 Strophen) folgen in ihrem Aufbau dem Grundschema: *exordium* (Einleitung mit *captatio benevolentiae*) – *propositio* (Ankündigung des Themas) – *narratio* und *probatio* (Durchführung des Themas, meist unter Rekurs auf beweiskräftige Exempel) – *peroratio* (Schlussteil, in dem noch einmal an das Gefühl der Leser appelliert wird). Aus den bereits erwähnten Gründen sind insbesondere die Gedichtanfänge in hohem Maße rhetorisch ausgestaltet. So häufen sich hier die Appellfiguren: rhetorische Fragen (XI, LXXVI), Ausrufe (XLVII*, LXVII), Imperative (XIII*, XXXIX*) usw. Eine weitere Möglichkeit, gleich zu Beginn die Aufmerksamkeit des Lesers zu wecken, besteht darin, bestimmte literarische (XLVI, LXIV*) oder philosophische Topoi (IV*, CXIII) aufzurufen oder

---

96 Zur Bedeutung der Esparsa im Werk Marchs vgl. Marie-Claire Zimmermann, „L'esparsa a l'obra d'Ausiàs March: un esquema bàsic de la poetizació", in: M.-C. Z., *Ausiàs March o l'emergència del jo* (Biblioteca Sanchis Guarner, 40), València / Barcelona 1998, S. 239–258.

97 XXXIX,5f.: ‚[Wen Leid quält,] der lese meine Verse, Produkte eines verwirrten Geistes, ohne jede Kunstfertigkeit, das Gestammel eines Mannes nur, der den Verstand verlor.'

98 Die Rhetorik nahm im mittelalterlichen Kanon der *artes liberales* einen besonderen Platz ein, was man an der Vielzahl rhetorischer Handbücher erkennen kann, die in Umlauf waren, aber auch an der Ausführlichkeit, mit der enzyklopädische Werke (etwa Brunetto Latinis *Tresor*) diese Lehre abhandeln. Mit ihren Spezialdisziplinen – der *ars dictaminis* (Briefstellerkunst), der *ars versificandi* (Poetik) und der *ars praedicandi* (Predigtlehre) – war die Rhetorik im Mittelalter in allen Bereichen des geistigen Lebens präsent.

bekannte Bibelstellen (LXXX*, LXXXIX*) zu zitieren. In manchen Fällen erfolgt am Gedichtanfang auch eine Bestimmung des anvisierten Leserkreises (LXXIX*, LXXXVII). Der argumentative Teil der Gedichte ist in der Regel freier in der Ausgestaltung, doch kann man auch hier einige Grundtypen ausmachen: narrative Texte (LXXIX*), deskriptive Texte (XXIII*) und solche, die auf Gegensätzen aufbauen (IV*, LXVIII*). Die Funktion der Tornada kann von Gedicht zu Gedicht variieren: mitunter erfüllt sie die Funktion einer *peroratio* (Appell an das Mitleid der Dame), andere Male offenbart sie die konkrete Liebessituation, die das Gedicht motiviert (die Abwesenheit der Frau; die Angst, sich ihr zu erklären usw.), in wieder anderen Fällen ist keinerlei Verbindung zu den vorangehenden Strophen erkennbar und sie erscheint lediglich als Reminiszenz an die Konventionen der Trobadorlyrik. [99]

Die längeren Gedichte Marchs lassen sich weniger leicht einem bestimmten Muster zuordnen. Zwar ist auch in ihnen eine große Sorgfalt bei der Ausgestaltung des *exordium* und der *peroratio* erkennbar, im inneren Gedichtteil können sich jedoch traktatähnliche, nüchtern argumentierende Passagen mit solchen abwechseln, in denen ein poetisches Ich sich pathetisch zu Wort meldet.

Die zum Zwecke des *ornatus* (Redeschmuck) von March am häufigsten verwendeten rhetorischen Figuren seien hier nur aufgezählt: Hyperbeln, Antithesen, Allegorien, Personifikationen, Paradoxa, Metaphern und Vergleiche. Letztere nehmen allein schon aufgrund ihrer Abundanz (in kaum einem Gedicht wird auf sie verzichtet) eine besondere Stellung in Marchs Werk ein und können getrost als das Markenzeichen des Dichters bezeichnet werden. [100] Der Vergleich (*similitudo*) wird eingesetzt, um der Rede besondere Ausdruckskraft zu verleihen und die Anschaulichkeit zu erhöhen. Zuweilen führt er eine unausgesprochene moralische Bewertung des Verhaltens des Sprechers ein, in anderen Fällen wieder dient er dazu, die individuelle Erfahrung des Sprechers zu generalisieren, sie zu einer allgemein nachvollziehbaren Erfahrung zu machen. Die beiden Konstituenten des Vergleichs, Bild und Gegenbild, die eine wie auch immer geartete gemeinsame Ähnlichkeit aufweisen (das *tertium comparationis*), werden syntaktisch durch eine Vergleichspartikel („axí com cell“, „sí com un“, „pren-me enaixí“ ...) zueinander in Beziehung gesetzt. In manchen Fällen kann sich ein Vergleich über

[99] Manches Mal stellt die Tornada aber auch einen diskursiven Bruch in Hinblick auf das zuvor Gesagte dar. Das Gedicht XXXII* ist ein Beispiel dafür: in den Strophen entwickelt March in unpersönlicher Form die aristotelischen Ideen über das Gute und die Mesotes; erst in der Tornada spricht ein poetisches Ich, das die Dame ‚Lilie unter Disteln‘ seiner übergroßen Scham versichert. Der Kontrast zwischen den beiden Diskursen fordert den Scharfsinn und die Interpretationsgabe des Lesers heraus (vgl. Robert Archer, „Tres poemes problemàtics (XXVI, XXXI, XXXII)“, in: R. A., *Aproximació*, *op. cit.*, S. 89–108).

[100] Zum rhetorischen Mittel des Vergleichs bei March vgl. Robert Archer, *The Pervasive Image. The Role of Analogy in the Poetry of Ausiàs March*, Amsterdam / Philadelphia 1985.

mehrere Strophen erstrecken (X*). Auch gibt es Gedichte, die auf einer ganzen Folge von Vergleichen aufgebaut sind (I* oder LXVIII*, wobei in letzterem Gedicht auf ein negatives Bild – „no·m pren axí“ – seine positive Umkehrung folgt: „Jo són aquell“). March bezieht seine Vergleiche aus den unterschiedlichsten Bereichen – Naturphänomene, Tierwelt, Metallurgie usw. –, besonders auffällig ist die hohe Zahl an Vergleichen aus der Welt der Medizin oder des Meeres. Eine schier unerschöpfliche Quelle bieten dem Dichter auch alle Formen menschlichen Verhaltens, wobei vor allem gesellschaftliche Randgestalten oder Menschen in Extremsituationen in Szene gesetzt werden: Kranke, Sterbende, Schiffbrüchige, Wahnsinnige, Todeskandidaten, Eremiten, Mütter, die ihren Kindern Gift verabreichen usw.

Wie die Forschung der letzten Jahrzehnte aufgezeigt hat, ist im Hinblick auf die rhetorische Gestaltung der Poesie Marchs der Einfluss der zeitgenössischen Predigtliteratur (in der mit ähnlich drastischen Vergleichen vor den Gefahren der Sünde gewarnt wurde) und der lateinischen *auctores* (deren tragische Figuren mit all ihrem Pathos Modell standen für das leidende Ich seiner Gedichte) unverkennbar.

Abschließend sei noch kurz auf einige Auffälligkeiten der Lyrik Marchs verwiesen. Im Gegensatz zu seinen literarischen Vorgängern verzichtet March fast vollständig auf Naturbeschreibungen (Bäume, Blüten, Bäche, Himmel) und den Topos des *locus amoenus.* [101] Auch findet man bei ihm keine Beschreibungen der Schönheit der Dame, wie sie später vor allem bei den Petrarkisten zum festen Motivkanon gehören sollten. Ins Auge springt dem Leser dafür die zentrale Stellung, die das ‚Ich‘, die erste Person Singular, in seinen Gedichten einnimmt – auffallend hoch ist die Zahl der Personal- und Possessivpronomen der ersten Person („jo“, „me“, „mon“, „ma“, „mes“) – und die mit der Fokussierung auf die seelische und geistige Verfassung des poetischen Sprechers auf thematischer Ebene korrespondiert. [102]

[101] Der für die Trobadorlyrik charakteristische Natureingang etwa findet sich bei ihm nur einmal (LXIV*,1–8); überdies gibt es Anzeichen dafür, dass der Dichter diesen Natureingang bewusst in Form einer Verkehrung des klassischen *locus amoenus*-Topos inszeniert hat: die beschriebene Landschaft ist eine düstere (herbstliche?), die Nachtigall singt ausdrücklich *nicht* usw. (vgl. Costanzo Di Girolamo, „Ausiàs March and the Troubadour Poetic Code“, in: Joseph Gulsoy / Josep M. Solà-Solé (Hg.), *Catalan Studies in Memory of Josephine Boer*, Barcelona 1977, S. 223–237).

[102] Zimmermann spricht in diesem Zusammenhang von der ‚Emergenz des *Ich*‘ in der Dichtung Marchs (Marie-Claire Zimmermann, *Ausiàs March o l'emergència del jo*, València / Barcelona 1998).

6 Textgeschichte

Das Werk Ausiàs Marchs ist in vierzehn Handschriften aus dem 15. und 16. Jahrhundert und fünf frühneuzeitlichen Editionen überliefert (vgl. Anhang). Über einen Autographen, d.h. eine vom Autor selbst angefertigte Niederschrift seiner Gedichte, verfügen wir nicht. Die frühesten Handschriften datieren um das Jahr 1480, mithin mehr als zwei Jahrzehnte nach dem Tod des Dichters.

Die handschriftlichen Textzeugen lassen sich nach zwei Gruppen unterscheiden: Handschriften, die Marchs Gedichte zusammen mit denen anderer Autoren überliefern (*AHLM*), und solche, die ausschließlich (oder fast ausschließlich) der Dichtung des Valencianers gewidmet sind (*FBDEGN*). Von nur geringer Relevanz für die Textkonstitution sind die Handschriften *C* und *I* (bei ihnen handelt es sich um *descripti*, also um Abschriften anderer Textzeugnisse: *C* ist Kopie der Edition *c*, *I* ist Kopie der Handschrift *A*), gleiches gilt für *O* und *M*, die nur ein bzw. sechs Gedichte Marchs enthalten. Das Vorhandensein monographischer Liederhandschriften – die katalanischen und provenzalischen Dichter des Mittelalters sind, bis auf wenige Ausnahmen, nur in Liedersammlungen überliefert – wie auch die verhältnismäßig hohe Zahl der uns erhaltenen Manuskripte, die doch nur einen Bruchteil der tatsächlich in Umlauf gewesenen repräsentieren, weisen darauf hin, dass die Zeitgenossen Marchs seiner Dichtung einen besonderen Status einräumten.

Die ersten gedruckten Werkausgaben erscheinen unter König Karl V. (Karl I. von Spanien) und dessen Sohn Philipp II. von Spanien. Wie sich dies schon für die Verbreitung der Handschriften rekonstruieren lässt, geht auch die Initiative für die Drucklegung der Gedichte Marchs von Personen aus, die unmittelbar mit dem Königshaus in Verbindung stehen (der Herausgeber der Ausgabe von 1555 etwa ist Juan de Resa, Hofprediger Philipps II.). Eine wichtige Rolle spielt dabei insbesondere der Admiral von Neapel Ferran Folch de Cardona, Herzog von Soma, der die Herausgabe sowohl der Handschriften *B* und *K* als auch der Ausgaben von 1543, 1545 und 1560 befördert.[103] Die *editio princeps* der Gedichte (Valencia 1539) bietet neben dem katalanischen Original auch Baltasar de Romanís (etwas ungelenke) Übersetzung ins Spanische, die folgenden Editionen (Barcelona 1543, 1545 und 1560 und Valladolid 1555) ergänzen den Text um ein Glossar. Die elegante, petrarkisierende Übersetzung von Jorge de Montemayor aus dem Jahr 1560 (Valencia, Joan Mey) schließlich macht March auch dem breiten spanischsprachigen Publikum zugänglich. Der Erfolg dieser Übersetzung – die sich allerdings auf

[103] Dieser Name ist auch in der spanischen Literaturgeschichte von Bedeutung: die Erstausgabe der Gedichte von Juan Boscán und Garcilaso de la Vega (die 1543 in Barcelona bei Carles Amorós, dem Verleger der March-Editionen von 1543 und 1545, erschien) ist der Herzogin von Soma, der Ehefrau Ferran Folchs, gewidmet.

die Liebesdichtung des Valencianers beschränkt – ist so groß, dass sie 1562 (Zaragoza, Bartolomé Nájera) und 1579 (Madrid, Francisco Sánchez) neu aufgelegt wird.

Dank der Editionen und der Übersetzungen von Romaní und Montemayor wird March zu einem der populärsten Autoren der Zeit, so dass der italienische Humanist und Dichter Lilio Gregorio Giraldi in seinem 1551 in Florenz erscheinenden *Dialogus posterior de poetis nostrorum temporum* schreiben kann: ‚Seine Gedichte werden von den Spaniern mit ebenso großem Eifer gelesen wie bei uns die Verse Petrarcas.‘ [104] Für die Dichter des *Siglo de oro* – von Juan Boscán, Garcilaso de la Vega, Fernando de Herrera, Diego Hurtado de Mendoza und Gutierre de Cetina bis hin zur Generation Lope de Vegas und Francisco Quevedos (dem auch sechs March-Übersetzungen zugeschrieben werden) – ist March ein bewundertes Vorbild, das gerne und häufig zitiert und imitiert wird. [105] Einen vorläufigen Höhepunkt erreicht die Verehrung des Dichters mit dem Erscheinen der lateinischen Übersetzung von Vicent Mariner im Jahr 1633 (Turnhout, Ludovicus Phillhet), die dem Werk Ausiàs Marchs gewissermaßen den humanistischen Ritterschlag verleiht.

Nach der Machtübernahme der Bourbonen im Jahr 1700 wird das Spanische zur einzigen Amtssprache des Territoriums und die katalanische Literatur führt nur mehr ein Nischendasein (früher gebrauchte man zur Bezeichnung dieses Zeitraums den inzwischen in die Kritik geratenen Begriff der *Decadència*). Erst im 19. Jahrhundert, im Zuge der romantischen Erneuerungsbewegung der *Renaixença*, besinnt man sich wieder auf die großen katalanischen Autoren des Mittelalters.

---

[104] „[Poemata Marci] ea religione ab Hispanis leguntur, ut a nostratibus Francisci Petrarchae rhythmi“ (L. G. G., *Due Dialoghi sui poeti die nostri tempi*, hg. von Claudia Pandolfi, Ferrara 1999, S. 160). Von Interesse für die Überlieferungsgeschichte des *corpus marquià* ist auch eine Bemerkung, die dem eben zitierten Satz unmittelbar vorangeht: „[. . .] cuius poemata iam diu delituissent, hoc tempore a viro illustri sunt edita“ // ‚seine Gedichte sind, nachdem sie schon lange Zeit in Umlauf waren, vor kurzem von einem bekannten Mann ediert worden‘. Auf welche Edition sich Giraldi genau bezieht (in Anbetracht des Erscheinungsdatums der *Dialogi* kommen nur die drei ersten March-Ausgaben in Frage) ist nicht auszumachen. Wichtiger erscheint ohnehin der hier enthaltene Hinweis auf die allgemeine Bekanntheit der Gedichte Marchs noch vor der Zeit ihrer Drucklegung.

[105] Vgl. Kathleen McNerney, *The Influence of Ausiàs March on Early Golden Age Castilian Poetry*, Amsterdam 1982. – Diese Bewunderung teilen natürlich auch die in katalanischer Sprache schreibenden Poeten der Zeit, wie Pere Serafí (der ein Einleitungsgedicht für die Edition von 1560 verfasste) oder Joan Pujol. Wenn deren Werk im Schatten ihrer spanisch dichtenden Kollegen steht, so liegt dies daran, dass das Katalanische nach der Vereinigung der Kronen von Kastilien und Aragon im Jahr 1479 als Literatursprache immer weiter verdrängt worden war. Wer als Dichter etwas auf sich hielt, schrieb im weitaus prestigeträchtigeren *castellano* (dafür entschied sich auch Juan Boscán, der einer Bürgerfamilie aus Barcelona entstammte und eigentlich Joan Boscà hieß; nicht zuletzt ihm ist es zu verdanken, dass Ausiàs March sich in Spanien als literarisches Modell durchsetzte).

Auch Ausiàs March, dessen Bedeutung als ‚Vater der katalanischen Lyrik' erkannt wird, erfährt wieder Wertschätzung: 1864, 1884 und 1888 erscheinen neue Editionen seines Werkes (die auf denen des 16. Jahrhunderts basieren).

Die erste kritische Textausgabe veröffentlicht Amadeu Pagès in den Jahren 1912–1914 unter dem Titel *Les obres d'Auzias March* (als Leithandschriften dienen ihm die Handschriften *F* und *D*). Auf dieser für das *Institut d'Estudis Catalans* besorgten Ausgabe basieren nicht nur alle später erscheinenden Editionen (Bohigas 1952–1959, Ferraté 1979 und Archer 1997), sie ist es auch, anhand derer die katalanischen Dichter des 20. Jahrhunderts – J. V. Foix, Josep Carner, Carles Riba, Vicent Andrés Estellés, Josep Palau i Fabre, Gabriel Ferrater – die Gedichte Marchs entdecken und neu interpretieren.

***

Die 128 Gedichte des *Corpus marquià* lesen wir heute in der von Pagès festgelegten und von späteren Herausgebern übernommenen Reihenfolge, die sich auf die vollständigsten Textzeugnisse (*FNBDK*) stützt. Es ist umstritten, ob diese Ordnung – die, mit einigen Abweichungen, auch in der übrigen handschriftlichen Tradition erkennbar ist – dem Autorwillen zuzuschreiben oder aber Produkt der Kompilatoren ist. Die gedruckten Ausgaben des 16. Jahrhunderts unterteilen die Gedichte Marchs nach thematischen Gesichtspunkten in *cants d'amor*, *cants morals*, *cants de mort* und *cant espiritual*.

Pagès war nicht nur überzeugt, die von ihm rekonstruierte Reihenfolge der Gedichte entspräche der Chronologie ihrer Abfassung, er glaubte auch, in den ‚zwei Bücher[n] aus Papier, im Folioformat, ungebunden, mit Gedichten' („Item, dos libres en paper, de forma de fulls, desquernats, ab cobles"), welche das dem Testament Marchs beigefügte Inventar verzeichnet, den Archetypus identifiziert zu haben, auf den alle überlieferten Handschriften zurückgingen. [106] Während Bohigas sich diesen Spekulationen gegenüber skeptisch zeigt, unterstützt Ferraté die Annahme eines vom Dichter selbst angeordneten Liederbuchs (*cançoner d'autor*). In seiner Ausgabe behält er die Reihenfolge Pagès' bei, gruppiert die Gedichte jedoch zu zwölf Einheiten („seqüències cronològiques") – sechs im ersten Teil des Werkes (I–CVII), sechs im zweiten (CVIII–CXXVII) –, die er unter Zuhilfenahme der Biographie des Dichters genau datiert (so kommt er etwa zu dem Schluss, die *cants de mort* müssten Isabel Martorell, Marchs erster Frau gewidmet sein). [107] Weitere Verfechter der Liederbuch-These findet man in Dilla, der Marchs Werk in

---

[106] Nach der Ansicht Pagès' gingen die frühesten Handschriften, die nur wenig von Marchs ‚Spätwerk' enthalten, auf das erste dieser Bücher (Gedichte I–CXI) zurück, während die vollständigeren Handschriften aus der Mitte des16. Jahrhunderts von dem zweiten der Bücher (Gedichte CXII–CXXVIII) abstammten.

[107] Die Gedichte LXXXVI, CI und CXXVIII verwirft Ferraté als unecht.

der Tradition pre-petrarkistischer *Canzoniere*-Modelle (wie etwa der *Vita Nuova* Dantes) sieht, und Beltrán, der erst in jüngster Zeit eine ausführliche Studie zur handschriftlichen Überlieferung des Corpus vorgelegt hat. [108]

An Stimmen gegen diese Position hat es nicht gefehlt. [109] Dabei berufen sich die Kritiker vor allem darauf, dass die Reihenfolge der Gedichte zwar in groben Zügen der Chronologie einer fiktiven Autobiographie entspräche (auf die Liebesgedichte der Jugend folgt die nachdenklichere, reifere Dichtung des Alters), es angesichts der fehlenden Verbindungen der Gedichte untereinander (von thematischen Blöcken, wie sie beispielsweise die *cants de mort* bilden, einmal abgesehen) aber einiger Erklärungskunst bedürfe, um das Werk als durchkomponierten Gedichtzyklus zu präsentieren. Auch gäbe es keine literarischen Modelle, an denen March sich bei der Komposition seines Liederbuchs hätte orientieren können. [110]

In der Tat scheint es überzeugender, die überlieferte Ordnung der Gedichte nicht auf den Autor selbst zurückzuführen, [111] sondern als das Ergebnis eines Rezeptionsprozesses zu betrachten (Di Girolamo spricht in diesem Zusammenhang von einer ‚graduellen Sedimentierung der Texte im Übergang von einer Kopie zur anderen‘ [112]). Wie Cabré und Turró gezeigt haben, steht dieser Prozess im Zeichen des in Italien einsetzenden Petrarkismus: Die Kompilatoren des späten 15. und der ersten Hälfte des 16. Jahrhunderts bemühten sich, das Werk des Valencianers – so gut dies eben möglich war – dem Schema des wirkmächtigen *Can-*

[108] Vgl. Xavier Dilla, *En passats escrits. Una lectura de la poesia d'Ausiàs March*, Barcelona 2000, und Vicenç Beltrán, *Poesia, escriptura i societat: els camins de March*, Castelló / Barcelona 2006.

[109] Vgl. insbesondere Robert Archer, „Ausiàs March en sus manuscritos“, in: Antonio Vilanova (Hg.), *Actas del X Congreso de la Asociación Internacional de Hispanistas*, Barcelona 1992, vol. I, S. 103–110, und Costanzo Di Girolamo, „El ‚cançoner‘ d'Ausiàs March“, in: *Canelobre (Revista de l'Institut de Cultura Juan Gil-Albert)* 39/40 (1998–1999), S. 69–76.

[110] Wie bereits erwähnt, war es im katalanischsprachigen Raum noch bis zur zweiten Hälfte des 15. Jahrhunderts üblich, mehrere Dichter in einer Liedersammlung zu vereinen. Nur das Werk weniger Autoren (wie z.B. Cerverí de Girona oder Guiraut Riquier) ist uns in Form eines eigenständigen Liederbuchs überliefert, aber auch in diesen Kompositionen hat die Ordnung nach Gattungen stets den Vorrang vor der fiktiven Chronologie der Texte. Die Rezeption des *Canzoniere* Petrarcas, der bald zum Modell der pseudobiographischen Liebesdichtung werden sollte, setzt in Spanien recht eigentlich erst mit Juan Boscán ein.

[111] Damit ist selbstverständlich nicht gesagt, dass March an seinem Lebensende nicht die Absicht gehabt haben könnte, seine in Form von losen Liederblättern bereits in Umlauf befindlichen Gedichte zu einem Liederbuch zu ordnen – wenn man der Annahme Pagès' folgt, bei den im Testament genannten Büchern handle es sich tatsächlich um Marchs Werk, könnte man sogar argumentieren, dass dieser Prozess der Ordnung, Überarbeitung und Auslese von Gedichten bei seinem Tod offensichtlich noch nicht abgeschlossen war, da die Folioseiten noch ungebunden waren („desquernats“). Weniger spekulativ ist es jedoch, davon auszugehen, dass die Ordnung, welche die (immerhin erst Jahrzehnte nach dem Tod des Dichters entstandenen) Handschriften präsentieren, nicht auf March selbst, sondern auf seine Kompilatoren zurückgeht.

[112] Di Girolamo, „El ‚cançoner‘“, *op. cit.*, S. 73.

zoniere anzupassen (Proömialgedicht > leidenschaftliche Liebe und Liebesleid > Tod der Geliebten > Konversion und Reue).[113] Dieser nachträgliche Eingriff in die Textorganisation würde erklären, warum die Gedichte, so wie wir sie in der von Pagès vorgelegten Ausgabe lesen, zwar einem chronologischen Faden folgen, die Struktur des Werkes in seiner Gesamtheit jedoch so unausgeformt erscheint.

Wenn nicht der Fund weiterer Textzeugnisse die Sachlage eines Tages in einem anderen Licht erscheinen lässt, besteht vorerst kein Anlass, von der von Pagès vorgeschlagenen und inzwischen etablierten Ordnung der Gedichte Abstand zu nehmen. Bevor man sich jedoch vorschnell ein Urteil über das Werk Marchs als Ganzes bildet, gilt es, die besonderen Umstände seiner textuellen Überlieferung zu beachten.

[113] Lluís Cabré / Jaume Turró, „‚Perché alcun ordine gli habbia ad esser necessario': la poesia 1 d'Ausiàs March i la tradició petrarquista", in: *Cultura Neolatina* 55 (1995), S. 117–134. – Vor diesem Hintergrund wird auch verständlich, warum einige Handschriften und Editionen (BCbcde) – und nicht von ungefähr sind dies solche, die auf Betreiben des Admirals von Neapel erscheinen (Neapel war eines der Zentren der Petrarca-Rezeption) – mit dem Gedicht XXIX* *Qui no és trist, de mos dictats no cur* beginnen: genau wie das petrarkische Vorbild (*Voi ch'ascoltate in rime sparse il suono*) hebt auch dieses mit einer Leserapostrophe an und scheint darum ungleich geeigneter, den *cançoner* Marchs zu eröffnen.

Hinweise zu Gedichtauswahl, Text und Übersetzung

Die vorliegende Anthologie versucht ein möglichst repräsentatives Bild der Dichtung Marchs zu vermitteln. Zugleich orientiert sie sich an dem poetischen Kanon, der sich in den Jahrhunderten der March-Rezeption herausgebildet hat.[114] Um dem Leser die Orientierung zu erleichtern, wurden die Gedichte nach thematischen Gesichtspunkten angeordnet. Den Anfang macht eines der raren Gelegenheitsgedichte: das Herrscherlob LXXII. March beweist in diesem Gedicht nicht nur seine Meisterschaft in einem Genre, das strengen Regeln unterworfen war, er präsentiert sich auch als ein Dichter, der die Werte und Verhaltensnormen der höfischen Gesellschaft vollständig verinnerlicht hat. Seine Liebesdichtung ist mit drei *esparses* und einundzwanzig Kanzonen vertreten, darunter auch zwei seiner liebestheoretischen Gedichte: XLV und CXXIII. Es folgen die Gedichte XXIII und XLII, die innerhalb des Werkes – wie auch in dieser Anthologie – eine Sonderstellung einnehmen. Beim Erstgenannten handelt es sich um den einzigen Frauenpreis (*elogi*), den der Dichter verfasste. Das zweite, welches in seiner Misogynität weit über die frauenkritische Haltung hinausgeht, die sich auch in anderen Gedichten Marchs findet, gehört zu der im Mittelalter populären Gattung der Frauenschelte (*maldit*).[115] Die moralisch-philosophische Dichtung und die Totengedichte werden mit jeweils zwei Gedichten berücksichtigt.[116] Den Abschluss bildet der *cant espiritual* (CV).

Als Textgrundlage der Anthologie dient die von Pere Bohigas besorgte Edition (Barcelona [1]1952–1959), deren Graphie jedoch modernisiert wurde,[117] um

---

[114] Auch wurde versucht, Überschneidungen mit anderen vorliegenden deutschsprachigen Übersetzungen wenn möglich zu vermeiden; das sind insbesondere die von Hans-Ingo Radatz herausgegebene zweisprachige March-Anthologie (Frankfurt a.M. 1993), welche die Gedichte I, XI, XIII, XXIII, XXVIII, XXIX, LXXVI, LXXVII, LXXXII und CV enthält, und die March-Monographie von Sabine Sattel (Frankfurt a.M. 1993), in der die Gedichte I, XIII, XXIII, XLVI und LXXXVII übersetzt und kommentiert sind.

[115] Vgl. hierzu Robert Archer, „Formes del desamor: blasme de dones i maldit", in: Rafael Alemany Ferrer (Hg.), *Ausiàs March i el món cultural del segle XV*, Alacant 1999, S. 59–75.

[116] Gemessen an der Bedeutung, die dem sogenannten ‚Spätwerk' Marchs zukommt, ist diese Auswahl sicher zu begrenzt. Es hätte jedoch den Rahmen dieser Anthologie gesprengt, weitere der – oftmals sehr langen – moralisch-philosophischen Gedichte aufzunehmen (die im Übrigen auch in den katalanischen Anthologien in der Regel keine Berücksichtigung finden) oder die gesamten *cants de mort* zu präsentieren. Dennoch kann die Textauswahl dem Leser ein Bild von der Art der Probleme und Gedanken vermitteln, die March in anderen seiner Gedichte auf größerem Raum entwickelt.

[117] Dabei habe ich mich an den Editionskriterien der von Francesc J. Gómez und Josep Pujol herausgegebenen March-Anthologie (Barcelona 2008) orientiert. Diese modernisiert die Gedichte gemäß der aktuellen Orthographie, lässt jedoch folgende Ausnahmen zu: bei der Akzentsetzung hat das Kriterium des Metrums und des Klangs Vorrang vor dem der grammatischen Norm; bei Verbformen der ersten Konjugation ohne Flexionsaffix wird die im heutigen Balearisch gängige

dem mit mittelalterlichen Schreibkonventionen unvertrauten Leser die Lektüre der Gedichte nicht unnötig zu erschweren. Auch wurde, wo dies geboten schien, verändernd in den Text Bohigas' eingegriffen (dies betrifft insbesondere die Interpunktion sowie die Groß- und Kleinschreibung; in einigen wenigen Fällen auch Textvarianten).

Einige Bemerkungen zur Übersetzung, die den katalanischen Text begleitet: Die hohe sprachliche und gedankliche Komplexität der Dichtung Marchs stellt den Übersetzer nicht nur vor eine große Herausforderung, sie lehrt ihn auch Bescheidenheit. Will man sich dennoch nicht in den Topos der ‚Unübersetzbarkeit von Lyrik' flüchten, gilt es zu entscheiden, welche Art der Übersetzung dem besonderen Charakter des Werkes am ehesten gerecht wird und darüber hinaus sowohl den Bedürfnissen eines allgemein interessierten Publikums als auch den Anforderungen einer akademischen Leserschaft entgegenkommt. Poetische Übersetzungen, die danach streben, das Versmaß und den Reim des Originals nachzubilden, zahlen für dieses Höchstmaß an formaler Treue oftmals den Preis der Ungenauigkeit und semantischen Verkürzung. [118] Interlineare Übersetzungen, die sich streng an den vorgegebenen Wortlaut halten, verunklaren den Sinn häufig mehr als

---

Schreibung verwendet (also: *trob*, *crid*, *cuid* usw.); im Fall der palatalen Frikative des Altkatalanischen wird die mittelalterliche Graphie *-j-* beibehalten (anstelle der modernen, affrikativen Schreibung *-tj-*, d.h. *desija* anstelle von *desitja*), gleiches gilt für die auf *-a* endenden Feminina (die nach der heutigen Norm mit *-e* transkribiert werden müssten, hier aber: *febra* anstelle von *febre*) sowie für die altkatalanischen Konjunktionen *puixs* und *mas*; wenn allein das Metrum, nicht aber die Norm nach der enklitischen Form eines Pronomens oder Artikels verlangt, werden diese in ihrer Vollform belassen (also: *somni es* anstelle von *somni·s*) – die einzige Abweichung von dieser Regel stellt das Dativpronomen *li* dar, das in seiner ungekürzten Form die Silbenzahl verändern würde (daher: *qui enyorament no·l creix*, und nicht: *qui enyorament no li creix*). Ich danke den Herausgebern der genannten Anthologie, dass sie mir den Text der von ihnen edierten Gedichte zur Verfügung gestellt haben (soweit diese der hier präsentierten Auswahl entsprachen, wurden sie – mit geringfügigen Änderungen – übernommen); mein besonderer Dank gilt Francesc J. Gómez, der sich bereit erklärte, die von mir selbst edierten Gedichte Korrektur zu lesen (für etwaige Fehler und Fehlinterpretationen trage ich selbstverständlich die alleinige Verantwortung).

118 Den Versuchen, die Poetizität der Dichtung Marchs durch eine Übersetzung in Versform nachzuempfinden (vgl. Radatz 1993, Di Girolami 1998, Micó 2004 und Archer 2006), stehe ich eher skeptisch gegenüber, bedeutet doch die vermeintliche Annäherung an die poetische Sprache des Dichters häufig, sich von dieser nur noch weiter zu entfernen. Dies scheint mir u.a. bei der von Radatz vorgelegten deutschen Übersetzung der Fall zu sein, die mit ihrer Wahl des Blankverses zwar ein Gefühl für die ‚Lyrikhaftigkeit' des Textes weckt, zugleich aber auch Assoziationen an den poetischen Stil der deutschen Klassik hervorruft – mit dem Marchs Dichtung offenkundig wenig gemein hat. Die Leistung Radatz', dem auch das Verdienst zukommt, die erste deutschsprachige Anthologie der Gedichte Marchs herausgebracht zu haben, soll damit keineswegs geschmälert werden. Die hier vorgelegte Übersetzung verfolgt aber ein anderes, bescheideneres Ziel, indem sie sich im Wesentlichen als Brücke zum Kunstwerk versteht.

dass sie diesen erschließen helfen.[119] Einen Kompromiss zwischen den skizzierten Alternativen stellt die vorliegende Prosaübersetzung dar, welche versucht, die widerständliche Diktion Marchs nicht über Gebühr zu glätten,[120] den Leser zugleich aber auch nicht mit den Schwierigkeiten des Textes allein zu lassen – d.h. eine Übersetzung, welche sich immer auch als eine Interpretation des Gedichtes versteht. Eine Lektüre des Originals kann und will sie jedoch nicht ersetzen. Wer einen Eindruck von der Musikalität der Sprache Marchs und ein Gefühl für seinen Einsatz von Rhythmus und Reim bekommen möchte, wird nicht umhin kommen, auch die katalanischen Verse zu lesen.

Die Anthologie will eine Hilfestellung bei der Lektüre einer Dichtung bieten, die sich dem heutigen Leser nicht auf Anhieb erschließt. Aus diesem Grund sind den Gedichten Anmerkungen beigefügt, in denen zentrale Begriffe und Zusammenhänge erläutert werden oder Hinweise zur deutschen Übersetzung erfolgen. Dieser Anmerkungsapparat verdankt sich in weiten Teilen der March-Kritik der letzten hundert Jahre, welche den Weg zum besseren Verständnis des Werkes geebnet hat. Um den Leser jedoch nicht mit Information zu überhäufen, wurde in den Anmerkungen auf Hinweise zur Sekundärliteratur verzichtet. In der Bibliographie finden sich neben den (wenigen) deutschsprachigen Veröffentlichungen zur Dichtung Marchs auch diejenigen Sekundärtexte aufgeführt, die mittlerweile zu den Klassikern der Forschungsliteratur gehören, sowie Sammelbände aus jüngster Zeit, die dem Interessierten einen Eindruck davon vermitteln, mit welchen Problemen und Aspekten seines Werkes sich die aktuelle Forschung beschäftigt (wiederum aus Gründen der Übersichtlichkeit wurden Titel, die sich mit Spezialaspekten von Marchs Dichtung beschäftigen und die bereits in den Fußnoten des Einführungsteils zitiert wurden, nicht noch einmal im Literaturverzeichnis aufgeführt).

---

[119] Vgl. etwa die spanische Übersetzung Ferreres' (Madrid 1982).

[120] So habe ich die häufigen Wortwiederholungen und Fachtermini, über die man auch bei der Lektüre des katalanischen Textes stolpert, in der deutschen Übersetzung erhalten und komplizierte Satzkonstruktionen, die auch den muttersprachlichen Leser zu besonderer Aufmerksamkeit zwingen, nur dann aufgelöst, wenn sie das Verständnis im Deutschen zu stark erschwerten. Diese strukturelle Nähe zum Original soll es Lesern, die einer romanischen Sprache mächtig sind, ermöglichen, die deutsche Übersetzung am katalanischen Text nachzuvollziehen. – Wenn für bestimmte Schlüsselbegriffe der Dichtung Marchs gelegentlich unterschiedliche Übersetzungen verwendet wurden, so geschah dies nicht aus Gründen der Variatio, sondern weil es im Deutschen keine genaue Entsprechung gab, die alle Konnotationen des Originals abdeckte. So kann etwa der Begriff „delit“ bei March die Wonnen des Geistes, sexuelle Lust, Freude, Vergnügen oder Glück bezeichnen (in der Regel wurde der deutsche Ausdruck gewählt, der dem jeweiligen Kontext am ehesten entsprach; nur in den Fällen, in denen „delit“ unmittelbar in Verbindung mit „dolor“ erscheint, gab ich der Übersetzung ‚Lust und Leid‘ den Vorzug, da diese die Anapher im katalanischen Text auch im Deutschen nachbildet).

Anhang: Handschriften und Editionen des 15. und 16. Jahrhunderts

Im Folgenden werden die Siglen verwendet, mit denen der erste moderne Herausgeber der Gedichte Marchs, Amadeu Pagès, die überlieferten Handschriften und Editionen bezeichnet hat. [121]

Handschriften

A PARIS, Bibliothèque Nationale, ms. esp. 225. Letztes Drittel des 15. Jahrhunderts. Vermutlich im Umfeld des Notars und Dichters Antoni Vallmanya in Barcelona entstanden. Enthält 66 Gedichte von March.

B PARIS, Bibliothèque Nationale, ms. esp. 479. Datierung (durch den Kopisten Pere Vilasaló): Barcelona, den 9. März 1541. Auftragsarbeit für den Admiral von Neapel Ferran Folch de Cardona, Herzog von Soma. Enthält 122 Gedichte von March.

C EL ESCORIAL, Biblioteca del Escorial, ms. L.iij.26. Mitte des 16. Jahrhunderts. Kopie der Edition *c* (Barcelona 1545). Enthält 122 Gedichte von March.

D MADRID, Biblioteca Nacional, ms. 2985. Mitte des 16. Jahrhunderts. Textgrundlage der Edition von Pagès für die in Handschrift *F* nicht oder unvollständig überlieferten Gedichte. Enthält 127 Gedichte von March.

E MADRID, Biblioteca Nacional, ms. 3695. Datierung (durch den Kopisten Jeroni Figueres): Valencia, den 1. Mai 1546. Textgrundlage der Edition *d* (Valladolid 1555) und der spanischen Übersetzung von Jorge de Montemayor (1560). Enthält 126 Gedichte von March sowie eine Vita des Dichters und einen „diccionario de las voces más diffíciles en Lemosín".

F SALAMANCA, Biblioteca Universitaria, ms. 2244. Ende des 15. oder Anfang des 16. Jahrhunderts. Textgrundlage der Edition von Pagès. Enthält 108 Gedichte von March und den *Laberinto de Fortuna* von Juan de Mena.

G VALENCIA, Biblioteca Universitària, ms. 210. Besteht aus drei Teilen (von drei unterschiedlichen Händen): G^1 und G^3 (welcher nur das Gedicht CXII enthält) datieren Ende des 15. Jahrhunderts, G^2 Mitte des 16. Jahrhunderts. Enthält insgesamt 107 Gedichte von March (davon einige doppelt).

H ZARAGOZA, Biblioteca Universitaria, ms. 210. Zweite Hälfte des 15. Jahrhunderts. Vermutlich im Umfeld des Hofs von Fürst Karl von Viana in Bar-

[121] Für eine ausführliche Beschreibung der Handschriften vgl. die Einleitung der von Pagès besorgten Ausgabe (Barcelona 1912–1914) sowie die Einleitung zum Appendix-Band, den Archer parallel zu seiner Edition der Gedichte Marchs (Barcelona 1997) herausgegeben hat (und in der er einige Fehleinschätzungen Pagès' berichtigt).

celona entstanden. Enthält 79 Gedichte von March (davon mehrere unvollständig).

I BARCELONA, Biblioteca de Catalunya, ms. 10. Kopie der Handschrift *A* (aber mit veränderter Gedichtanordnung, außerdem fehlt das Gedicht LXXXII). Enthält 67 Gedichte von March.

K BARCELONA, Biblioteca de Catalunya, ms. 2025. Datierung (durch den Kopisten Pere Vilasaló): Barcelona, den 23. April 1542. Auftragsarbeit für den Admiral von Neapel Ferran Folch de Cardona, Herzog von Soma. Enthält 106 Gedichte von March.

L BARCELONA, Biblioteca de Catalunya, ms. 9. Ende des 15. oder Anfang des 16. Jahrhunderts. Enthält 22 Gedichte von March.

M BARCELONA, Biblioteca de l'Ateneu Barcelonès, ms. 1. Zweites Drittel des 15. Jahrhunderts. Vermutlich im Umfeld des Notars und Dichters Joan Fogassot in Barcelona entstanden. Enthält 6 Gedichte von March.

N NEW YORK, Hispanic Society of America, ms. B 2281. Ende des 15. Jahrhunderts. Enthält 99 Gedichte von March (eines davon unvollständig).

O CAMBRIDGE, Trinity College, R. 14–17. Enthält nur ein unvollständiges Gedicht von March (CXXVI).

Editionen

a VALENCIA, 1539 (Juan Navarro): *Las obras del famosissimo philosofo y poeta Mosen Osias Marco, cavallero valenciano de nacion Catalan.* Erstausgabe. Widmung an Ferdinand von Aragon, den Herzog von Kalabrien. Thematische Unterteilung: „cántica de amor", „cántica moral", „cántica de muerte" und „cántica spiritual". Enthält 46 Gedichte und eine spanische Übersetzung von Baltasar de Romaní (auf jede Strophe im Original folgt jeweils die Übersetzung Romanís). Die Tornades fehlen.

b BARCELONA, 1543 (Carles Amorós): *Les obres de Mosen Ausias March.* Herausgabe befördert durch den Admiral von Neapel Ferran Folch de Cardona, Herzog von Soma. Thematische Unterteilung: „Obres de amor", „Obres de mort" und „Obres morals". Enthält 122 Gedichte und katalanische Glossen auf dem Rand (Erklärung der „vocables scurs").

c BARCELONA, 1545 (Carles Amorós): *Les obres del valerós y extrenu cavaller, vigil y elegantissim poeta Ausias March.* Herausgabe befördert durch den Admiral von Neapel Ferran Folch de Cardona, Herzog von Soma. Korrigierter Wiederabdruck der Edition *b* in kleinerem Format. Anstelle der Marginalien ein separates Glossar in Katalanisch und Spanisch.

d VALLADOLID, 1555 (Sebastián Martínez): *Las obras del poeta mosen Ausias March.* Widmung an Gonzalo Fernández von Córdoba, den Herzog von Sessa. Herausgegeben von Juan de Resa, dem Hofprediger von König Philipp II. (Korrektur der vorangegangenen Editionen auf der Basis der Handschrift *E*). Thematische Unterteilung: „Cantos de amor“ (gefolgt von allen Esparses), „Obras morales“, „Canto espiritual“ und „Obras de muerte“. Enthält 144 Gedichte und ein Glossar.

e BARCELONA, 1560 (Claudi Bornat): *Les obres del valeros cavaller y elegantissim poeta Ausias March.* Widmung an den Admiral von Neapel Ferran Folch de Cardona, Herzog von Soma. Thematische Unterteilung: „Cants de amor“ (gefolgt von den Esparses und der poetischen Korrespondenz), „Obras morals“, „Cant spiritual“ und „Obras de mort“. Enthält 144 Gedichte und eine leicht erweiterte Fassung des Glossars der Edition *c*.

Bibliographie

Textausgaben

Les obres d'Auzias March, hg. von Amadeu Pagès, 2 vols., València ^{2}1991 [Barcelona ^{1}1912–1914].

Ausiàs March, *Poesies*, hg. von Pere Bohigas (Els nostres Clàssics, col. B, 19), Barcelona ^{3}2000 [5 vols., ^{1}1952–1959].

Ausiàs March, *Les poesies*, hg. von Joan Ferraté (Quaderns Crema, Sèrie Gran, 1), Barcelona ^{2}1994 [^{1}1979].

Ausiàs March, *Obra completa*, hg. von Robert Archer, 2 vols., Barcelona 1997.

Anthologien und Übersetzungen

Ausiàs March, *Selected Poems*, hg. und ins Engl. übers. von Arthur Terry, Austin 1976.

Ausiàs March, *Obra poética completa*, hg. und ins Span. übers. von Rafael Ferreres, 2 vols., Madrid 1982.

Ausiàs March, *A Key Anthology*, hg. und ins Engl. übers. von Robert Archer, Sheffield 1992.

Ausiàs March, *Gedichte*, hg. und ins Deut. übers. von Hans-Ingo Radatz, Frankfurt a.M. 1993.

Ausiàs March, *Pagine del Canzoniere*, hg. und ins Ital. übers. von Costanzo di Girolamo (Biblioteca medievale, 7), Milano / Trento 1998.

Ausiàs March, *Chants de mort*, hg. und ins Franz. übers. von Dominique de Courcelles (Ibériques), Paris 1999.

Ausiàs March, *Tria de poemes*, hg. und ins mod. Kat. übers. von Francesc J. Gómez und Josep Pujol, Barcelona 1999.

Ausiàs March, *Páginas del Cancionero*, hg. von Costanzo di Girolamo, ins Span. übers. von José María Micó (La Cruz del Sur), Madrid / Buenos Aires / Valencia 2004.

Ausiàs March, *Verse translations of thirty poems*, hg. und ins Engl. übers. von Robert Archer, Barcelona / Woodbridge 2006.

Ausiàs March, *Per haver d'amor vida*, hg. von Francesc J. Gómez und Josep Pujol (Biblioteca Barcino, 3), Barcelona 2008.

Sekundärliteratur (eine Auswahl)

Rafael Alemany (Hg.), *Ausiàs March: textos i contextos*, Barcelona 1997.

Rafael Alemany (Hg.), *Ausiàs March i el món cultural del segle XV* (Symposia Philologica, 1), Alacant 1999.

Robert Archer, *Aproximació a Ausiàs March. Estructura, tradició, metàfora* (Les Naus d'Empúries), Barcelona 1996.

Lola Badia, *Tradició i modernitat als segles XIV i XV. Estudis de cultura literària i lectures d'Ausiàs March* (Biblioteca Sanchis Guarner, 25), Barcelona 1993.

Otto Viktor Martin Denk, „Ausias March“, in: ders., *Einführung in die Geschichte der altcatalanischen Literatur*, München 1893, S. 367–389.

Joan Ferraté, *Llegir Ausiàs March* (Assaig, 12), Barcelona 1992.

Joan Fuster, *Misògins i enamorats* (Els Nostres Autors, 28; Biblioteca Joan Fuster, 6), hg. von Albert G. Hauf, Alzira 1995.

Albert G. Hauf (Hg.), *Lectures d'Ausiàs March (15 de gener – 10 de desembre 1997)*, València 1998.

Georges Martin / Marie-Claire Zimmermann (Hg.), *Ausiàs March (1400–1459). Premier poète en langue catalane*, Paris 2000.

Isabel Müller, „‚Creixent saber, l·ignorança·s desperta'– Ausiàs Marchs *Cant CXIII* und die Grenzen des menschlichen Wissens“, in: *Zeitschrift für Katalanistik* 22 (2009).

Sebastian Neumeister, „Amor und Fortuna bei Ausiàs March (Lied XXIV)“, in: Dietrich Briesemeister / Axel Schönberger (Hg.), *Ex nobili philologorum officio. Festschrift für Heinrich Bihler zu seinem 80. Geburtstag*, Berlin 1998, S. 133–142.

Sebastian Neumeister, „‚Car tan com dec no só passionat‘ oder wie man den Tod der Geliebten wider Erwarten überlebt“, in: Carolin Fischer / Carola Veit (Hg.), *Abkehr von Schönheit und Ideal in der Liebeslyrik*, Stuttgart / Weimar 2000, S. 66–78.

Amédée Pagès, *Auzias March et ses prédécesseurs. Essai sur la poésie amoureuse et philosophique en Catalogne aux XIVe et XVe siècles*, Paris 1912 (Nachdruck: Genève 1974).

Pere Ramírez Molas, *La poesia d'Ausiàs March. Anàlisi textual, cronologia, elements filosòfics* (Phil. Diss. Universität Basel), Basel 1970.

Sabine Sattel, *Ausiàs March: Katalanische Lyrik im 15. Jahrhundert*, Frankfurt a.M. 1993.

Josep Miquel Sobrer, *La doble soledat d'Ausiàs March* (Assaig Minor, 2), Barcelona 1987.

Karl Vossler, „Ausías March und andere“, in: ders., *Poesie der Einsamkeit in Spanien*, München ^{2}1950, S. 43–48.

Marie-Claire Zimmermann, *Ausiàs March o l'emergència del jo* (Biblioteca Sanchis Guarner, 40), València / Barcelona 1998.

Gelegenheitsdichtung

LXXII

I Paor no em sent que sobreslaus me vença
lloant aquell qui totes llengües lloen,
guardant honor a aquell eternal ésser
on tota res en ell és pus perfeta
que en si no és, obrant quant pot natura;
ans he paor que mon parlar no cumpla
en publicar part de sa justa fama,
tal com requer i els mèrits seus l'atracen.

II L'hom envejós son ofici reposa,
car d'egualtat amb ell negú pareja;
en ell pensant, cascú si justifica
tallant de si l'amor a sa persona.
Tant són en ell les virtuts manifestes
que és d'ira cec l'hom qui bé no les veja:
per los migs va, que en los extrems no toca.
En temps dels déus, en vida l'adoraren.

III E Déus, veent la perllongada honta
que els grans senyors en contra d'ell cometen
tenints amb fraus e tiranes maneres
les parts del món, los pocs e grans realmes,
ha dat voler al justificat home
que en breu espai haja la monarquia.
Clar lo nomén amb aquesta altra ensenya:
com de tot cert és dels hòmens pus savi.

IV Per ço que mills a totes gents se mostre,
mostrant-lo a aquells qui vaques e bocs guarden:
ell és aquell qui en sa joventut tendra
sobrà en aquells qui saviesa colen
e, despocat de nombre de gent d'armes,
les multituds d'aquelles ha fet retre.
Tot quant pot fer virtut de fortalesa
dins un cos d'hom, en lo seu ho demostra.

LXXII

Ich fürchte mich nicht davor, mich in überschwänglichen Lobeshymnen zu verlieren, wenn ich den lobpreise, den alle Zungen loben, und jenem ewigen Wesen die Ehre erweise, in dem alles vollkommener ist als das, was die Natur mit ihrer Kraft hervorzubringen vermag. Eher noch fürchte ich, meine Worte reichten nicht hin, um wenigstens etwas von dem gerechten Ruhm zu künden, der ihm gebührt und den seine Verdienste einfordern.

Der Neider lässt von seinem Handwerk ab, denn keiner vermag sich mit ihm zu messen; ihn vor Augen wird ein jeder zum Gerechten und weist weit von sich jede Eigenliebe. So offenkundig sind seine Tugenden, dass blind vor Zorn sein muss, wer sie nicht sieht. Er wählt den Weg der Mitte und meidet die Extreme. Zu Zeiten der alten Götter wäre er gewiss schon zu Lebzeiten als Gott verehrt worden.

Und Gott, die schändlichen Ränke sehend, die jene großen Herren lange Zeit schon gegen ihn schmieden, die mit Betrug und tyrannischem Gebaren auf allen Erdenteilen über kleine und große Reiche herrschen, gab dem gerechten Mann den Willen ein, bald schon nach der Monarchie zu greifen. Auch dieser andere Titel gebührt ihm ohne Zweifel: unter den Menschen ist er gewiss der Weiseste.

Damit ein jeder verstehe, von wem ich spreche, und ihn auch jene, die Kühe und Ziegen hüten, erkennen: Er ist es, der in zarter Jugend schon alle überragte, die sich dem Studium der Weisheit hingaben, und der, mit einer Handvoll Soldaten nur, ganze Heerscharen zum Rückzug zwang. Alles, was die Tugend der Tapferkeit im Körper eines Menschen zu vollbringen vermag, wird in ihm offenbar.

V En gran defalt és lo món de poetes
per embellir los fets dels qui bé obren;
nós freturants de bella eloqüença,
l'orella d'hom afalac no pot rebre.
D'aquest valent una gran trompa sona
que els indians amb un poc no eixorda;
oen-la aquells qui són a Tramuntana
i els de Ponent e de Llevant los pobles.

VI Foll és aquell qui fa juí en los hòmens
segons que d'ells la fortuna ordena;
aquells afers que no són en l'arbitre,
colpa no hi cau, si vénen per contrari.

Es fehlt der Welt an großen Dichtern, die es vermöchten, die Taten jener, die gut handeln, in schöne Worte zu kleiden. Denn mangelt es uns an schöner Beredsamkeit, vernimmt das Ohr des Menschen die Lobesworte nicht. Doch der Lobpreis auf diesen tapferen Mann erschallt so laut, dass nicht viel fehlt, und die Inder werden davon taub. Den Klang dieses Jubelhorns hören die Völker in Nord, West und Ost.

Ein Narr ist, wer einen Menschen danach beurteilt, was Fortuna ihm bestimmt hat, denn in jenen Dingen, auf die der freie Willen keinen Einfluss hat, trifft keinen Schuld, wenn sich Widrigkeiten einstellen.

Liebesdichtung

I

I Així com cell qui en lo somni es delita
e son delit de foll pensament ve,
ne pren a mi, que el temps passat me té
l'imaginar, que altre bé no hi habita.
Sentint estar en aguait ma dolor,
sabent de cert que en ses mans he de jaure,
temps d'avenir en negun bé em pot caure:
aquell passat en mi és lo millor.

II Del temps present no em trobe amador,
mas del passat, que és no res e finit.
D'aquest pensar me sojorn e em delit,
mas, quan lo perd, s'esforça ma dolor,
sí com aquell qui és jutjat a mort
e de llong temps la sap e s'aconhorta,
e creure·l fan que li serà estorta
e el fan morir sens un punt de record.

III Plagués a Déu que mon pensar fos mort
e que passàs ma vida en dorment!
Malament viu qui té lo pensament
per enemic, fent-li d'enuigs report;
e, com lo vol d'algun plaer servir,
li'n pren així com dona amb son infant,
que, si verí li demana plorant,
ha tan poc seny que no el sap contradir.

IV Fóra millor ma dolor soferir
que no mesclar poca part de plaer
entre aquells mals qui em giten de saber
com del passat plaer me cové eixir.
Las! Mon delit dolor se converteix,
dobla's l'afany aprés d'un poc repòs,
sí col malalt qui per un plasent mos
tot son menjar en dolor se nodreix.

I

Wie einem, der im Traum in Wonnen schwelgt, und dessen Wonne doch allein von Hirngespinsten rührt, ergeht es mir: die Vergangenheit hält meine Vorstellungskraft so fest gefangen, dass ich an nichts anderes mehr denken kann. Schon spüre ich, wie der Schmerz mir auflauert, und weiß gewiss, dass ich in seine Hände fallen muss. Von der Zukunft kann ich nichts Gutes erwarten: jene vergangene Zeit ist mir die beste.

Das Hier und Jetzt ist mir verhasst, allein die Vergangenheit liebe ich, auch wenn sie nichts ist und vorüber; an diesem Gedanken tröste und labe ich mich, doch verliere ich ihn, wird mein Schmerz nur umso größer. Nicht anders ergeht es einem zum Tode Verurteilten, der lange Zeit schon weiß, was ihm bevorsteht, und sich mit seinem Schicksal abgefunden hat, und den man auf einmal glauben macht, die Strafe sei erlassen, nur um ihn dann doch sterben zu lassen, ohne eine letzte Beichte.

Wenn es Gott nur gefiele, meine Gedanken abzutöten, und ich mein Leben schlafend verbringen könnte! Schlecht ergeht es dem, dessen schlimmster Feind die eigenen Gedanken sind, die ihm unablässig seine Sorgen ins Gedächtnis rufen. Und gewährt ihm sein Verstand doch einmal ein wenig Freude, handelt er nicht anders als eine Mutter, die ihrem Kind, das weinend Gift erbittet, in ihrer Tollheit diesen Wunsch nicht abschlagen kann.

Besser wäre es, meinen Schmerz zu ertragen, als ein wenig Lust zu mengen unter jene Qualen, die mich fast um den Verstand bringen, wenn ich vom Gedanken an die vergangenen Freuden ablassen muss. Ach! Wie wird die Lust mir dann zum Leid! Größer ist meine Pein noch nach der kurzen Rast, so wie bei einem Kranken, dem nach einem verbotenen Leckerbissen das Essen zur schmerzvollen Qual wird.

V Com l'ermità qui enyorament no·l creix
d'aquells amics que tenia en lo món
e, essent llong temps que en lloc poblat no fon,
per fortuit cas un d'ells li apareix
qui los passats plaers li renovella,
sí que el passat present li fa tornar,
mas, com se'n part, l'és forçat congoixar:
lo bé, com fuig, amb grans crits mal apella.

VI Plena de seny, quan amor és molt vella,
absença és lo verme que la guasta
si fermetat durament no contrasta
e creure poc, si l'envejós consella.

So ergeht es auch dem Einsiedler, der nach langer Zeit fernab der Menschen keine Sehnsucht mehr spürt nach den Freunden, die er in der Welt hatte. Aber wenn der Zufall einen von ihnen zu ihm führt, der die vergangenen Freuden in ihm wachruft und so die Vergangenheit wieder gegenwärtig macht, muss ihn, wieder alleine, unvermeidlich große Traurigkeit befallen: Das Glück, das entschwindet, ruft mit lauter Stimme das Unglück herbei.

Hochweise Dame: Währt die Liebe schon lange Zeit, ist Abwesenheit der Wurm, der an ihr nagt, wenn sich ihm Beständigkeit nicht firm widersetzt und der Rat des Neiders kein offenes Ohr findet.

IV

I Així com cell qui desija vianda
per apagar sa perillosa fam
e veu dos poms de fruit en un bell ram
e son desig egualment los demanda,
no el complirà fins part haja elegida,
sí que el desig vers l'un fruit se decant,
així m'ha pres dues dones amant,
mas elegesc per haver d'amor vida.

II Sí com la mar se plany greument e crida
com dos forts vents la baten egualment,
u de llevant e altre de ponent,
e dura tant fins l'un vent ha jaquida
sa força gran per lo més poderós,
dos grans desigs han combatut ma pensa,
mas lo voler vers u seguir dispensa.
Jo el vos public: amar dretament vós.

III E no cuideu que tan innocent fos
que no veés vostre avantatge gran:
mon cos no cast estava congoixant
de perdre lloc qui l'era delitós.
Una raó fon amb ell de sa part
dient que en ell se pren aquesta amor,
sentint lo mal o lo delit major,
sí que, ell content, cascú pot ésser fart.

IV L'enteniment a parlar no vénc tard
e planament desféu esta raó
dient que el cos, amb sa complexió,
ha tal amor com un llop o renard,
qui llur poder d'amar és limitat,
car no és pus que apetit brutal.
E si l'amant veeu dins la fornal,
no serà plant, e molt menys defensat.

IV

Wie einem, der, schon halbtot, nach Nahrung lechzt, um seinen Hunger zu stillen, und an einem schönen Zweig zwei Früchte sieht, die er gleichermaßen begehrt, sein Verlangen aber erst befriedigen kann, wenn er sich für eine der beiden entschieden hat, ergeht es mir: Ich liebe zwei Frauen, doch will ich eine Liebe, die Leben verspricht, muss ich eine Entscheidung treffen.

So wie dem Meer, das laut klagt und brüllt, wenn zwei Winde es gleichermaßen peitschen, der eine von Ost, der andere von West – ihr Kampf dauert an, bis einer der Winde, dem anderen, mächtigeren, unterliegt –, erging es meinem Verstand, denn zwei starke Verlangen bestürmten ihn. Doch mein Wille befahl, nur einem der beiden zu folgen. Ich verkünde es geradeheraus: Euch auf rechte Weise zu lieben.

Und glaubt nur nicht, ich sei so töricht, dass ich keine Augen für Eure Vorzüge hätte: mein unkeuscher Körper grämte sich, den Ort zu verlieren, der ihm doch so lustvoll war. Darum brachte er zu seinen Gunsten folgendes Argument vor: In ihm nähme diese Liebe ihren Anfang, denn er sei es, der Leid oder höchste Lust verspüre. Deshalb würden, wenn er befriedigt sei, alle Teile Erfüllung finden.

Der Verstand zögerte nicht, seinerseits das Wort zu ergreifen und diesen Gedankengang vollständig zu verwerfen: Der Körper könne von Natur aus nur wie ein Wolf oder ein Fuchs lieben, deren Liebesvermögen beschränkt sei, da sie nur ihrem animalischen Trieb folgten. Ist der Liebende erst einmal im Feuer der Leidenschaften, ist keiner da, ihn zu beklagen oder gar zu verteidigen.

V Ell és qui venç la sensualitat.
Si bé no és en ell prim moviment,
en ell està de tot lo jutjament:
cert guiador és de la voluntat.
Qui és aquell qui en contra d'ell reny?
Que voluntat, per qui el fet s'executa,
l'atorg senyor; e, si amb ell disputa,
a la perfí se guia per son seny.

VI Diu més avant al cos, amb gran endeny:
„Vanament vols e vans són tos desigs,
car dins un punt tos delits són fastigs,
romans-ne las, tot jorn ne prens enseny.
Amb tu mateix delit no pots haver:
tant est grosser que amor no n'és servit;
volenterós acte de bé és dit,
e d'aquest bé tu no saps lo carrer.

VII Si bé complit lo món pot retener,
per mi és l'hom en tan sobiran bé;
e qui, sens mi, esperança el reté
és foll o pec e terrible grosser."
Aitant com és l'enteniment pus clar
és gran delit lo que per ell se pren,
e son pillard és subtil pensament,
qui de fins pasts no el jaqueix endurar.

VIII Plena de seny, no pot Déu a mi dar,
fora de vós, que descontent no camp.
Tots mos desigs sobre vós los escamp,
tot és dins vós lo que em fa desijar.

Der Verstand ist es, der die Sinnlichkeit besiegt. Auch wenn der erste Impuls nicht von ihm ausgeht, obliegt ihm doch alle Entscheidung: dem Willen ist er ein sicherer Führer. Wer maßte es sich an, sich gegen ihn zu erheben? Der Wille, durch den jede Handlung ausgeführt wird, erkennt ihn als seinen Herren an, und selbst wenn er einmal mit ihm im Streit liegt, richtet er sich am Ende doch stets nach dem Verstand.

Und dann sagte er dem Körper noch mit großer Geringschätzung: „Vergeblich begehrst du und nichtig ist all dein Verlangen, denn all deine Lust bereitet dir sogleich Ekel, und nichts bleibt dir als Überdruss – das lehrt dich die Erfahrung stets aufs Neue. Mit dir selbst kannst Du keine Erfüllung finden: Du bist so plump, dass du für die Liebe nicht taugst. Denn wahrhaft zu lieben bedeutet, Gutes tun zu wollen, doch der Weg zu diesem Gut ist dir unbekannt.

Und wenn es in dieser Welt das vollendete Glück gibt, so kann der Mensch doch nur durch mich zu diesem höchsten Gut gelangen; und wer darauf hofft, es ohne mich zu erreichen, ist entweder ein Narr oder ein Tor und furchtbar plump.“ Je ungetrübter der Verstand ist, desto größer ist die Wonne, die man durch ihn erlangt. Und sein Knappe ist der feinsinnige Gedanke, der ihn die geistige Nahrung nicht entbehren lässt.

Hochweise Dame: Gott kann mir, außer Euch, nichts geben, das mir Freude brächte. All mein Verlangen gilt alleine Euch, in Euch ist die Quelle für mein Verlangen.

V

I Tant he amat que mon grosser enginy,
per gran treball de pensa, és subtil.
Lleixant a part aquell sentiment vil
que en jorn present los enamorats ciny,
só tan sabent que sé ben departir
amor d'aquell desig no virtuós,
car tot desig retent hom congoixós
no és vera amor ne per tal se deu dir.

II Així com Déu, qui no el plac descobrir,
estant enclòs en lo virginal ventre,
e, quan isqué defora d'aquell centre,
mai lo Satan lo poc ben discernir,
ans, quan en Ell veia el cos de natura,
creia de cert aquell no ésser Déu,
mas, ja retut son esperit en creu,
sabé el mester que paradís procura:

III per mals parlers, he tret saber e cura
de retenir lo foc d'amor sens fum,
e per açò he cartejat volum
d'aquell saber que sens amor no dura.
Viscut he molt sens ésser conegut
per molts senyals que fictes he mostrats,
mas, quan seré per hom foll publicats,
serà ben cert lo tard apercebut.

IV Sia en vós aitant de bé caigut,
obrant en vós arreglada mercé,
que veent-mi despullat de tot bé,
no em despreeu pel dan a mi vengut;
e, si per vós he nom de foll atés
e contra mi só restat malmirent,
sia per vós cregut savi sabent,
puixs que per vós mon seny hauré despés.

V

So sehr habe ich geliebt, dass mein plumper Geist durch der Gedanken Arbeit feinsinnig geworden ist. Beiseite lass ich jenes niedere Gefühl, das in diesen Zeiten die Liebenden umschlingt; so großes Wissen habe ich mir erworben, dass ich die Liebe genau zu unterscheiden vermag von jenem untugendhaften Verlangen, denn alles Verlangen, das dem Menschen Gram bereitet, ist keine wahre Liebe und verdient diesen Namen nicht.

So wie Gott, der sich nicht offenbaren wollte, als er im jungfräulichen Schoß verborgen war, und den, als er heraustrat aus jener Mitte, Satan nicht zu erkennen vermochte – vielmehr war er sicher, dass der menschliche Körper, den er in Ihm sah, nicht Gott sein könne –, und erst als jener seinen Geist am Kreuz aufgab, erkannte Satan das Mysterium, das den Weg zum Paradies öffnet:

So wie Gott, habe auch ich der üblen Reden wegen die Kunst und Sorge erlernt, das Feuer der Liebe ohne Rauch zurückzuhalten, und habe dafür im Buch jenes Wissens gelesen, das ohne Liebe nicht währt. Lange habe ich gelebt, ohne erkannt zu werden, da ich meine Mitmenschen mit falschen Zeichen täuschte, doch wenn mich dereinst alle Welt einen Narren schimpft, wird sicher sein, was man so spät bemerkt.

Oh möge dann in Euch so viel Güte sein und möge gerechte Barmherzigkeit Euer Handeln leiten, dass Ihr mich, wenn ich bar allen Glücks bin, nicht verachtet für das Unglück, das auf mich kam; und wenn ich Euretwegen den Namen eines Narren erlange und mich schon selbst verachte, dann sei ich doch in Euren Augen klug und weise, denn allein wegen Euch werde ich meinen Verstand verloren haben.

V Si, per amar a vós, havia atés
honor e béns, bellea i saviesa,
l'amor que us he tendria per ofesa
si, tal semblant, en vós no paregués.
Ma voluntat en si tal càrrec porta
que no serà sens la vostra contenta,
e, fora vós, no em pens que mai consenta
que null desig li sodegue la porta.

VI Plena de seny, natura no em comporta
que tal dolor no decresca ma vida.
Si Déu pregàs, ma veu seria oïda;
oïu-la vós, pus veritat reporta.

Hätte ich ob meiner Liebe zu Euch Ehre und Güter, Schönheit und Weisheit erlangt, so müsste es der Liebe, die ich für Euch hege, eine Kränkung sein, wenn Ihr für mich nicht die gleichen Gefühle empfändet. Mein Wille trägt an einer solchen Last, dass er ohne den Euren nicht glücklich sein kann, und keinem anderen Verlangen als dem Euren, glaube ich, würde er es je gestatten, an seine Tür zu klopfen.

Hochweise Dame: Die Natur lässt es nicht zu, dass so großer Schmerz mir das Leben nicht verkürze. Wenn ich Gott anflehte, so würde meine Stimme gewiss erhört. Erhört auch Ihr sie also, da sie doch Wahrheit verkündet.

VII

I Sí com rictat no porta béns amb si,
mas val aitant com cell qui n'és senyor,
amor no val mas tant com l'amador:
manxa bufant, orgue fals no ret fi.
Amor val poc com tot enamorat
ha falsedat en son pits fals enclosa,
o és ajunt amb una tal esposa:
peguea és son dret nom apellat.

II Amor no pot haver desordenat
ço que Déus fa, natura mijançant,
car home pec no pot ser fin amant
ne lo subtil contra sa qualitat.
Mal prendrà, pinta en l'aigua, sa figura:
molt menys amor prendrà lo no dispost;
ne pot estar l'aigua dins un lloc rost:
així amor en cap d'hom foll atura!

III Per ben amar amb angoixosa cura,
en temps passat eren lladoncs volguts;
Ovidi el prous dix que amor és crescuts
per altra amor demostrant sa factura.
Verdader fon son dit e sos presics
tant quant amor fon prop de coneixença,
mas en est cas entre ells ha malvolença,
tal que no creu null temps sien amics.

IV Si fóssem nats, vós e jo, entre els antics,
lai quan amor amant se conqueria
sens praticar alguna maestria,
lo vostre cor no fóra tan inics.
En vós conec gran disposició
de fer tot ço que gentilea mana,
mas criament veig que natura engana,
car viure amb mals és d'hom perdició.

VII

So wie Reichtum allein kein Garant für Glück ist, sondern nur so viel wert wie sein Besitzer, ist auch die Liebe nur so viel wert wie der Liebende selbst: Du kannst die Bälge noch so treten, eine verstimmte Orgel bekommt davon doch keinen reinen Klang. Wertlos ist die Liebe, wenn der Verliebte in seiner falschen Brust Falschheit verbirgt oder daherkommt mit jener Gefährtin, die man zu Recht die Torheit nennt.

Die Liebe kann die Ordnung nicht zerstören, die Gott vermittels der Natur den Dingen gibt. Aus diesem Grund kann ein grobschlächtiger Mensch weder ein vollkommener Liebender sein noch feinsinnig, wenn es seiner Natur nicht entspricht. Malst du sein Antlitz ins Wasser, wird es sich dort nicht lange halten, um wie viel weniger die Liebe in einem, der zur Liebe nicht fähig ist! So wenig wie Wasser auf einem Abhang verweilt, so wenig die Liebe im Kopf eines Narren!

Aufrichtiges Lieben und angstvolle Sorge wurden in früheren Zeiten mit Wertschätzung belohnt; schon der edle Ovid hat gesagt, dass die Liebe durch die Liebe des anderen noch zunimmt, wenn diese von gleicher Art ist. Wahr waren seine Worte und seine Lehre, solange die Liebe und die Erkenntnis sich nahe standen, doch in unseren Tagen herrscht unter ihnen so große Zwietracht, dass ich fürchte, sie werden niemals mehr zu Freunden.

Wären wir beide, Ihr und ich, zu Zeiten der Alten geboren, als man sich die Liebe noch durch Lieben erwarb, ohne auf irgendwelche Listen zurückzugreifen, so wäre Euer Herz nicht so ungerecht. Ich erkenne in Euch eine gute Veranlagung, alles das zu tun, was Euer edler Stand gebietet, doch sehe ich auch, wie die Erziehung die Natur betrügt, denn mit Lastern zu leben, führt den Menschen unweigerlich ins Verderben.

V Per mal grair ne per mala saó
mon cor no pot amor desemparar;
devotament los me plau remembrar
aquells passats, a qui don Déus perdó.
E com seré traspassat d'aquest món,
lletres diran sobre la mia tomba:
„Plena de seny, no tingau a gran bomba,
car per vós muir e vaig no sabent on."

VI Enveja és tal que tot primer confon
a tots aquells qui amb si la s'ajusten;
los envejats un poc ne molt no gusten
aquell mal tast que els envejosos fon.
Tal és amor, car jo, qui la m'ajust,
sent grans dolors dant-me folls moviments
e vós haveu d'açò tals sentiments
com fort destral ha de tallar molt fust.

VII Sí com Adam pres mal del vedat gust
com sa muller li mostrà mal camí,
dient: „Adam, mengem d'aquest bocí
e semblarem a Déu, qui és tot just",
ne pren a mi, car mon seny ha cregut
la voluntat fent-li promissió
que, ben servint, aconsegria do
que per null temps tal no fon conegut.

VIII Per mal servir no crec l'haja perdut,
car, si els treballs hagués soferts per Déu,
cos gloriós fóra en lo regne seu,
e ja plorant sovint me trobe mut.
Si em fos donat aquest temps en entendre
los grans secrets enclosos en natura,
no fóra al món cosa que em fos escura;
dels fets divins gran part ne pogra atendre.

IX Plena de seny, tot mon seny vull despendre
amant a vós sens algun grat consegre,
e durarà fins que del riu de Segre
l'aigua corrent amunt se puga estendre.

Doch weder Undank noch die dekadente Zeit können mein Herz dazu bewegen, von meiner Liebe zu lassen; voller Andacht gedenke ich jener Liebenden der alten Zeit, denen Gott vergeben möge. Und wenn ich dereinst von dieser Welt scheide, sollen folgende Worte auf meinem Grabstein stehen: „Hochweise Dame, mein Tod sollte Euch nicht überraschen, denn schließlich sterbe ich Euretwegen und gehe von dieser Welt, ohne zu wissen, wohin."

Der Neid ist so beschaffen, dass er vom ersten Moment an all jene verstört, die von ihm befallen sind; die Beneideten jedoch spüren nichts von der Bitterkeit, die ihre Neider erfüllt. So verhält es sich auch mit der Liebe: Denn ich, der ich von ihr befallen bin, verspüre große Schmerzen, die mich fast um den Verstand bringen, während Ihr für alles das nicht mehr Mitgefühl empfindet, als eine starke Axt für den Stapel Holz, den sie spaltet.

Wie Adam, dem der verbotene Bissen nicht wohl bekam, nachdem sein Weib ihn mit diesen Worten auf den falschen Weg geführt: „Adam, lass uns davon essen, dann werden wir Gott, dem Gerechten, gleich", ergeht es auch mir. Denn mein Verstand hat dem Willen Glauben geschenkt, als dieser ihm versprach, dass er sich durch treuen Dienst Lohn erwerben würde, von nie gekannter Höhe.

Dass dieser Lohn ausblieb, kann gewiss nicht an meinem Dienst liegen, denn hätte ich für Gott all diese Pein ertragen, würde mein Körper in seinem Reich die Seligkeit schauen – stattdessen aber kann ich vor Weinen oft nicht sprechen. Hätte ich all diese Zeit verwandt, um die großen Geheimnisse zu ergründen, die in der Natur verborgen sind, so gäbe es heute nichts in der Welt, das ich nicht verstünde; selbst Gottes unerforschliche Wege vermöchte ich – wenn auch nie ganz – zu durchschauen.

Hochweise Dame: All meinen Verstand will ich allein der Liebe zu Euch widmen, auch wenn mich dafür kein Lohn erwartet, und meine Liebe wird so lange währen, bis der Fluss Segre mit seinen Wassern stromaufwärts fließt.

VIII

I Ja tots mos cants me plau metre en oblit,
foragitant mon gentil pensament,
e fina amor de mi es partrà breument
e, sí com fals drut, cercaré delit.
Així es conquer en aquest temps aimia;
cobles e lais, danses e bon saber
lo dret d'amor no poden conquerer:
passà lo temps que el bo favor havia.

II Seguiré el temps amb afanyós despit,
sí col dansant segueix a l'esturment
e mostra bé haver poc sentiment
si per un temps dansa rostit bullit.
En temps passat mudança no sentia
– d'açò em reprenc e em tinc per molt grosser –
cuidant saber tot quant era mester:
foll és perfet qui es veu menys de follia.

III Sí com l'infant qui tem mal esperit
com li defall companyia de gent,
prenia a mi, qui dubtava el turment
que em dava Amor, acostant-se la nit;
e desigé ço que ésser no poria,
car fermetat en él no pot haver,
puixs no és pus que destemprat voler
e dura tant com la passió el guia.

IV Sí com aquell qui està al bosc escondit,
robant les gents, matant lo defenent,
e cuida ser a Déu humil servent,
faent retret del temps qui l'ha servit,
n'ha pres a mi, que vós, Amor, servia,
passant afanys, esperant lo plaer,
amant molt ferm amb un escur esper.
Puixs he pecat, jo meresc punit sia.

VIII

Schon möchte ich alle meine Lieder der Vergessenheit anheim geben und alle edlen Gedanken von mir weisen. Nicht mehr lange, und die aufrichtige Liebe wird vollends von mir scheiden: wie ein falscher Liebhaber werde ich meinem Vergnügen nachgehen. Auf diese Weise erobert man in diesen Zeiten die Frauen; Verse und Lieder, Tänze und gute Sitten werden nicht mit Liebe belohnt: Vergangen ist die Zeit, da man dem wahren Liebenden noch Huld erwies.

Ich werde dem Zeitgeist folgen, wenn auch mit gramvoller Verachtung; wie der Tänzer, der dem Instrument zwar folgt, doch dabei so wenig Geschick zeigt, dass er zuweilen ganz aus dem Takt kommt. In vergangenen Zeiten verspürte ich keinen Wankelmut – was ich nun bereue und mich deswegen einen Dummkopf schimpfe. Dabei glaubte ich damals, alles Nötige zu wissen, doch jener, der sich für weise hält, ist selbst der größte Narr.

Wie dem Kind, das einen bösen Geist fürchtet, wenn es nicht von Menschen umgeben ist, erging es mir: Ich fürchtete mich vor den Qualen, die Amor mir bei Anbruch der Nacht bereitete, und ersehnte das, was nicht sein kann. Denn Beständigkeit kann es in Amor nicht geben, ist er doch nicht mehr als ungestüme Begierde, die nur so lange währt, wie die Leidenschaft, die sie entfachte.

Wie einer, der, im Wald versteckt, die Menschen ausraubt und jeden tötet, der sich wehrt, sich aber gleichwohl für einen treuen Diener Gottes hält und diesem vorrechnet, wie lange er schon in seinen Diensten steht, verhielt ich mich, als ich Euch, Amor, diente: alle Mühen ertrug ich in Erwartung des künftigen Glücks; liebte ohne Wankelmut, wenn auch nur mit schwacher Hoffnung. Da ich gesündigt habe, verdiene ich Strafe.

V Molt me reprenc com d'Amor he mal dit
ne diré mal de dona al món vivent
e, si lo sol és cald naturalment,
si no és fred, no deu ser corregit.
Per què d'Amor jo mal ja no diria,
que en ell no és de ben fer lo poder,
car fermetat de dona hi és mester,
e, si la ves, per déu l'adoraria.

VI Per sa bondat, preg la verge Maria
que en son servir canvie mon voler,
mostrant-me clar com han perdut carrer
los qui en amor de les dones han via.

Es reut mich nun, dass ich schlecht von Amor sprach, auch werde ich, solange ich lebe, niemals wieder schlecht von den Frauen sprechen, denn da die Sonne von Natur aus warm ist, soll man ihr nicht vorwerfen, sie sei nicht kalt. Warum sollte ich schlecht von Amor sprechen, wo es doch nicht in seiner Macht liegt, Gutes zu bewirken; dafür bedürfte es erst einer Frau ohne Wankelmut – fände ich eine solche: wie einen Gott wollte ich sie verehren!

Die Jungfrau Maria bitte ich in ihrer Güte, sie möge meinen Willen wandeln, auf dass ich ihr nur diene, und mir das abschreckende Beispiel jener vor Augen halten, die vom rechten Weg abkamen, weil sie ihr Glück in der Liebe zu Frauen suchten.

X

I Sí com un rei, senyor de tres ciutats,
qui tot son temps l'ha plagut guerrejar
amb l'enemic, qui d'ell no es pot vantar
mai lo vencés menys d'ésser-ne sobrats,
ans, si al matí l'enemic lo vencia,
ans del sol post pel rei era vençut,
fins que en les hosts contra el rei fon vengut
un soldader qui lo rei desconfia;

II lladoncs lo rei perdé la senyoria
de les ciutats, sens ulla posseir,
mas l'enemic dues li'n volc jaquir
dant fe lo rei que bon compte en retria
com a vassall, la renda despenent
a voluntat del desposseïdor;
de l'altra vol que no en sia senyor
ne sia vist que li vinga en esment.

III Llong temps Amor per enemic lo sent,
mas jamés fon que em donàs un mal jorn
que en poc instant no li fes prendre torn
foragitant son aspre pensament.
Tot m'ha vençut amb sol esforç d'un cos
ne l'ha calgut mostrar sa potent força;
los tres poders que en l'arma són me força,
dos me'n jaqueix, de l'altre usar no gos.

IV E no cuideu que em sia plasent mos
aquest vedat, ans n'endure de grat;
si bé no puc remembrar lo passat,
molt és plasent la càrrega a mon dors.
Jamés vençó fon plaer del vençut
sinó de mi, que em plau que Amor me vença
e em tinga pres amb sa invisible llença,
mas paren bé sos colps en mon escut.

X

Mir ergeht es wie einem König, der über drei Städte herrscht und der sein ganzes Leben damit verbracht hat, einen Feind zu bekriegen, der sich keines Sieges über ihn rühmen konnte, dem nicht sogleich eine Niederlage gefolgt wäre: gewann der Feind die Schlacht am Morgen, so ward er noch vor Sonnenuntergang vom König besiegt. Dies sollte sich erst ändern, als in das Heer der Feinde ein Söldner eintrat, der den König bezwang;

da verlor der König die Herrschaft über seine Städte, keine einzige blieb in seinem Besitz; doch wollte der Feind ihm zwei von ihnen überlassen, wenn der König sich verpflichtete, sie als sein Vasall mit gutem Gewinn zu bewirtschaften und den Ertrag allein gemäß den Anordnungen des neuen Herrschers zu verwenden; die dritte Stadt jedoch sollte er weder regieren noch sollte sie ihm jemals wieder in den Sinn kommen.

Lange Zeit ist Amor nun schon mein Feind, doch niemals geschah es, dass er mich in Bedrängnis brachte, ohne dass ich ihn nicht sogleich zum Rückzug gezwungen und den bitteren Gedanken an ihn vertrieben hätte. Doch nun hat ihm ein einziger Körper genügt, um mich ganz zu besiegen, und er musste dafür noch nicht einmal seine mächtige Kraft unter Beweis stellen. Die drei Vermögen, die in der Seele sind, hat er bezwungen; zwei von ihnen hat er mir überlassen, das dritte wage ich nicht zu gebrauchen.

Doch denkt nur nicht, dieser verbotene Bissen sei mir lieb – oh nein: ich faste gern; auch wenn ich mich an das, was vergangen ist, nicht erinnern kann, ist diese Last meinem Rücken doch sehr angenehm. Noch nie empfand ein Besiegter Gefallen an seiner Niederlage, mir jedoch gefällt, dass Amor mich besiegt hat und nun in seinem unsichtbaren Netz gefangen hält; seine Hiebe machen sich gut auf meinem Schild.

V De fet que fui a sa mercé vengut,
l'enteniment per son conseller pres
e, mon voler, per alguazir lo mès,
dant fe cascú que mai serà rebut
en sa mercé lo companyó membrar,
servint cascú llealment son ofici,
sí que algú d'ells no serà tan nici
que en res contrast que sia de amar.

VI Plena de seny, vullau-vos acordar
com per amor vénen grans sentiments
e per amor pot ser hom innocents
e mostre-ho jo qui n'he perdut parlar.

Von dem Moment an, da ich ihm Untertan ward, nahm Amor meinen Verstand sich zum Berater und meinen Willen ernannte er zu seinem Vollstrecker. Beide mussten schwören, dass sie kein Erbarmen mit ihrem früheren Gefährten, dem Gedächtnis, zeigen und jeder treu seine Pflicht erfüllen werde, und dass keiner von ihnen je so töricht sein werde, sich dem zu widersetzen, was die Liebe gebietet.

Hochweise Dame: Bitte erinnert Euch daran, dass die Liebe großes Leid verursacht und dass ein Mensch aus lauter Liebe alles vergessen kann, was er je wusste. Ich selbst bin dafür der lebende Beweis, habe ich doch sogar das Sprechen verlernt.

XIII

I Colguen les gents amb alegria festes,
lloant a Déu, entremesclant deports;
places, carrers e delitables horts
sien cercats amb recont de grans gestes!
E vaja jo los sepulcres cercant,
interrogant ànimes infernades,
e respondran, car no són companyades
d'altre que mi en son continu plant.

II Cascú requer e vol a son semblant;
per ço no em plau la pràtica dels vius:
d'imaginar mon estat són esquius,
sí com d'hom mort de mi prenen espant.
Lo rei xiprà, presoner d'un heretge,
en mon esguard no és malauirat,
car ço que vull no serà mai finat,
de mon desig no em porà guarir metge.

III Cell Tixion qui el buitre·l menja el fetge
e per tostemps brota la carn de nou
e en son menjar aquell ocell mai clou,
pus fort dolor d'aquesta em té lo setge,
car és un verm qui romp la mia pensa,
altre lo cor, qui mai cessen de rompre,
e llur treball no es porà enterrompre
sinó amb ço que d'haver se defensa.

IV E si la mort no em dugués tal ofensa,
fer mi absent d'una tan plasent vista,
no li graesc que de terra no vista
lo meu cos nu, qui de plaer no pensa
de perdre pus que lo imaginar
los meus desigs no poder-se complir.
E, si em covcon darrer jorn finir,
seran donats térmens a ben amar.

XIII

Das Volk mag freudig Feste feiern und Gottes Lob vermengen mit vergnüglichem Zeitvertreib, sich auf Plätzen, Straßen und in lieblichen Gärten tummeln und dem Gesang der großen Heldentaten lauschen! Ich aber gehe, die Gräber aufzusuchen, um die verdammten Seelen zu befragen; ihrer Antwort bin ich sicher, denn in ihrer ständigen Klage begleitet sie kein anderer außer mir.

Ein jeder sucht und begehrt seinesgleichen; deshalb gefällt mir der Umgang mit den Lebenden nicht: Sie scheuen sich davor, sich meinen Zustand auch nur vorzustellen, und grauen sich vor mir wie vor einem Toten. Der König von Zypern, Gefangener eines Heiden, kann sich, verglichen mit mir, glücklich schätzen, denn das, was ich begehre, werde ich niemals erlangen. Von meinem Verlangen kann mich kein Arzt heilen.

Stärker noch als der Schmerz des Tityos, an dessen Leber sich ein Geier weidet – und immer wieder wächst das Fleisch nach, so dass jener Vogel sein Mahl niemals beendet –, ist der Schmerz, der mich belagert, denn ein Wurm zernagt mir den Verstand und ein anderer das Herz, und niemals hören sie auf zu nagen und nichts vermag ihr Treiben aufzuhalten als das, was mir versagt bleiben muss.

Und wenn zu sterben nicht bedeutete, auf immer von diesem schönen Anblick getrennt zu werden, würde ich es dem Tod danken, wenn er meinen nackten Körper mit Erde bedeckte, denn dieser verlöre dadurch allein die Freuden seiner Phantasie – mein Verlangen kann ja doch keine Erfüllung finden. Und wenn es an der Zeit ist, mein Leben zu beschließen, dann wird mit mir auch die wahre Liebe ein Ende haben.

V E si en lo cel Déu me vol allogar,
part veure Ell, per complir mon delit
serà mester que em sia dellai dit
que d'esta mort vos ha plagut plorar,
penedint-vos com per poca mercé
mor l'innocent e per amar-vos martre:
cell qui lo cos de l'arma vol departre
si ferm cregués que us dolríeu de se.

VI Llir entre cards, vós sabeu e jo sé
que es pot bé fer hom morir per amor.
Creure de mi que só en tal dolor,
no fareu molt que hi doneu plena fe.

Und wenn Gott mich in den Himmel aufnehmen wollte, so reichte doch nicht allein, Ihn dort zu schauen, um meine Wonne vollkommen zu machen. Dazu müsste man mir dort droben erst sagen, dass Ihr meinen Tod beweint habt und es Euch reut, dass wegen Eurer Huldlosigkeit ein Unschuldiger starb, als Märtyrer aus Liebe zu Euch: Einer, der für Euch nur zu gerne den Körper von der Seele trennte, wenn er nur fest daran glauben könnte, dass ihr um ihn trauern würdet.

Lilie unter Disteln: Ihr wisst wie ich, dass ein Mensch aus Liebe sterben kann. Glaubt mir, so ernst steht es um mich. Das mindeste, was ihr tun könnt, ist meinen Worten vollstes Vertrauen zu schenken.

XV

I Si prés grans mals un bé em serà guardat,
mos guais e plants delits se convertran:
aprés los mals, los béns mellors parran,
e bé no val mas tant com és preat.
Rei pot ser dit lo pobre dins sa pensa
per un petit do que·l sia ofert,
e lo ric hom de llarguesa desert,
gran suma d'or pobretat no·l defensa.

II Mon pensament, embolt en amor, pensa
com tot son bé d'aquest lloc pusca traure;
no piadós, Amor lo veu mort jaure;
durar no deu lo comport d'esta ofensa.
Per mal de mi, romp sos costums Amor
e fa mentir los qui d'ell han escrit;
experiment en mi és defallit:
Amor desdiu ser en tal cas senyor.

III Sí com lo sol escalfa amb sa calor
totes les parts que són dejús lo cel,
escalfa Amor cascun cor de bon zel
sinó el de vós, qui és ple de fredor.
D'on ve lo glaç qui tanta fredor porta
faent contrast al cald que Amor gita?
Los ermitans fa sortir de l'ermita;
los grans delits s'entren per esta porta.

IV Del foc d'Amor Fedra no fonc estorta:
requerre volc Hipòlit, son fillastre,
e Lançalot hac en amor tal astre
que fon request per dona qui en fo morta.
Oh cruels fats! Vós qui fés jutjament
que jo amàs un cor de carn tan dur,
feu-lo ser moll, manau-li que no dur
que amb ull cast denegue mon talent!

XV

Wenn man mir nach all dem Leid doch noch Gutes gewährte, würden meine Schreie und Klagen sich in Freudenjubel wandeln: Nach Schlechtem erstrahlt das Gute nur umso heller, denn ein Gut ist nur so viel wert, wie man ihm Wert beimisst. In Gedanken glaubt der Arme sich reich wie ein König, einer kleinen Gabe wegen, die man ihm schenkte, den reichen Mann jedoch, dem jede Freizügigkeit fehlt, wird auch ein Berg von Gold nicht vor Armut schützen.

Mein ganzes Denken kreist nur um die Liebe und sinnt darauf, in ihr das wahre Gut zu finden; doch Amor, der Unbarmherzige, sieht es schon tot am Boden liegen. Lange vermag ich diese Kränkung nicht mehr zu ertragen. Zu meinem Unglück hat Amor mit seinen Gewohnheiten gebrochen und schimpft so jene Lügner, die über ihn geschrieben. Alles Erfahrungswissen hat in meinem Fall keine Gültigkeit: Amor verneint, mein Herr zu sein.

Wie die Sonne, die mit ihren warmen Strahlen den ganzen Erdkreis unter dem Himmel wärmt, entflammt auch Amor jedes gute Herz in Leidenschaft, nur Eures nicht, denn es ist voller Kälte. Woher nur kommt dieses Eis, das so kalt ist, dass es selbst der Wärme widersteht, die Amor verströmt? Selbst Eremiten verlassen seinetwegen ihre Klause, durch sein Tor halten alle großen Freuden Einzug.

Vom Feuer Amors blieb Phädra nicht verschont, die ihren Stiefsohn Hippolytos begehrte, und Lanzelot ward in der Liebe das Schicksal beschieden, von einer Frau so sehr begehrt zu werden, dass sie für ihre Liebe sogar den Tod in Kauf nahm. Oh grausame Parzen! Eure Entscheidung war es, dass ich ein hartes Herz lieben sollte – so macht es denn weich und befehlt ihm, meine Gefühle nicht mehr mit keuschem Blick zurückzuweisen!

V Amor és tal que fets injusts consent,
mas jamés fon tan injust com aquest,
car jo guaiment, mon cervell romp lo test,
e vós sou prop que em siau malvolent.
Ma pensa és en vos amar embolta,
és-li forçat, d'altra part no la tiren,
e vostres ulls en guardar mi no es giren
e mostren bé que pensa teniu solta.

VI Si amat só, festa en deu ésser colta,
car en lo món un cos serà guanyat:
així lo cel fa gran solemnitat
com de l'infern una arma en pot ser tolta.
Los cantadors amb melodia canten,
los trobadors a fer dictats acuiten,
los aldeans salten, córreguen, lluiten,
los amadors d'amar bé no s'espanten.

VII Plena de seny, molts hòmens són qui es vanten
que han ben vist Amor e conegut
portants d'aquell escrits en llur escut;
no l'han sentit, e de sos fets s'espanten.

Amor hat immer schon Unrecht zugelassen, doch nie war er so ungerecht wie in meinem Fall, denn ich leide so sehr, dass der Kopf mir schier vor Schmerzen zerspringt, Ihr jedoch seid nicht weit davon entfernt, mich zu verabscheuen. Mein Denken kreist allein um Euch, Euch zu lieben bin ich gezwungen und nach nichts anderem steht mir der Sinn. Eure Augen jedoch wollen mir keinen einzigen Blick zuwerfen: Sie beweisen, dass Eure Gedanken frei von Liebe seid.

Und wenn ich eines Tages geliebt würde, dann müsste ein Fest gefeiert werden, denn dann wäre auf Erden ein Körper gewonnen: Auch im Himmel werden solche Feierlichkeiten begangen, wenn eine Seele der Hölle entrissen werden konnte. Dann mögen Sänger liebliche Melodien singen, Dichter herbeieilen, um Verse zu schmieden, Dorfbewohner springen, rennen und raufen, und Liebende sich nicht länger vor der wahren Liebe fürchten.

Hochweise Dame: Viele Männer gibt es, die sich brüsten, Amor gesehen und erfahren zu haben, und die seine Zeichen auf ihren Schilden tragen. Doch sie haben ihn nie wirklich gespürt und erschaudern vor seiner Macht.

XVIII

I Fantasiant, Amor a mi descobre
los grans secrets que als pus subtils amaga,
e mon jorn clar als hòmens és nit fosca
e visc de ço que persones no tasten.
Tant en Amor l'esperit meu contempla
que par del tot fora del cos s'aparte,
car mos desigs no són trobats en home
sinó en tal que la carn punt no el torbe.

II Ma carn no sent aquell desig sensible
e l'esperit obres d'amor cobeja:
d'aquell cec foc qui els amadors s'escalfen,
paor no em trob que jo me'n pogués ardre.
Un altre esguard lo meu voler pratica
quan en amar vós, dona, se contenta,
que no han cells qui amadors se mostren
passionats e contra Amor no dignes.

III Si fos Amor substança raonable
e que es trobàs de senyoria ceptre,
béns guardonant e punint los demèrits,
entre els mellors sols me trobara fènix,
car jo tot sols desempare la mescla
de lleigs desigs qui amb los bons s'embolquen.
Càstig no em cal, puixs de assaig no em tempten:
la causa llur en mi és feta nul·la.

IV Sí com los sants sentints la llum divina
la llum del món conegueren per ficta,
e, menyspreants la glòria mundana,
puixs major part de glòria sentiren,
tot enaixí tinc en menyspreu e fàstic
aquells desigs qui complits amor minva,
prenint aquells que de l'esperit mouen,
qui no és lassat, ans tot jorn multiplica.

XVIII

In meiner Phantasie enthüllt mir Amor die großen Geheimnisse, die er selbst vor den Feinsinnigsten verbirgt; mein heller Tag ist den Menschen dunkle Nacht, und ich lebe von dem, was Sterbliche nicht kosten. Meine Seele ist so tief in der Kontemplation Amors versunken, dass es mir scheint, sie wolle sich ganz von meinem Leib trennen; denn mein Verlangen ist von einer Art, wie man es nur in einem Menschen findet, den sein Fleisch nicht in Aufruhr versetzt.

Mein Fleisch spürt kein sinnliches Verlangen und meine Seele begehrt nur Werke der Liebe; darum brauche ich keine Furcht davor zu haben, von jenem blinden Feuer erfasst zu werden, das die Liebenden entflammt. Mein Wille, der seine Erfüllung allein in der Liebe zu Euch, meine Dame, findet, verfolgt eine andere Absicht als jene Liebenden, die von falscher Leidenschaft getrieben, sich Amors nicht würdig erweisen.

Wäre Amor eine vernunftbegabte Substanz und hätte er das Zepter der Herrschaft und die Macht, das Gute zu belohnen und das Schlechte zu bestrafen, so wäre ich unter den Besten gewiss der Phönix, denn ich allein trenne die Mischung aus niederen und guten Begierden, die sich miteinander vermengen. Ich bedarf keines Tadels: Die niedere Lust versucht erst gar nicht, mich zu verführen, denn in mir ist ihre Ursache ausgelöscht.

Wie die Heiligen, die, als sie das himmlische Licht erblickten, das Licht der Welt als falsch erkannten und die weltliche Herrlichkeit verachteten, da sie weit größere Herrlichkeit geschaut, verspüre auch ich nur Verachtung und Überdruss für jene Begierden, die, einmal befriedigt, die Liebe zum Versiegen bringen; darum lasse ich mich von jenem Verlangen leiten, das in der Seele seinen Anfang nimmt, denn diese Liebe ermattet nie, vielmehr gewinnt sie täglich an Kraft.

V Sí com sant Pau Déu li sostragué l'arma
del cos perquè ves divinals misteris
– car és lo cos de l'esperit lo carçre
e tant com viu amb ell és en tenebres –,
així Amor l'esperit meu arrapa
e no hi acull la maculada pensa,
e per ço sent lo delit qui no es cansa,
sí que ma carn la vera amor no em torba.

VI Pren-me'n així com a aquell filosofe
qui, per muntar al bé qui no es pot perdre,
los perdedors llançà en mar profunda,
creent aquells l'enteniment torbassen.
Jo, per muntar al delit perdurable,
tant quant ha el món gros plaer de mi llance,
creent de cert que el gran delit me torba
aquell plaer que en fastig, volant, passa.

VII Als naturals no par que fer-se pusquen
molts dels secrets que la deitat s'estoja,
que revelats són estats a molts martres
no tan subtils com los ignorants i aptes.
Així primors Amor a mi revela
tals que els sabents no basten a comprendre,
e, quan ho dic, de mos dits me desmenten,
dant a parer que folles coses parle.

VIII Llir entre cards, lo meu voler se tempra
en ço que null amador sap lo tempre.
Ço fai Amor, a qui plau que jo senta
sos grans tresors: sols a mi els manifesta.

Wie Gott, der dem heiligen Paulus die Seele vom Leib trennte, damit er die himmlischen Mysterien schaue – denn der Leib ist das Gefängnis der Seele, und solange sie mit ihm vereint ist, lebt sie in Finsternis –, hat auch Amor meine Seele mir entrissen, die unreinen Gedanken jedoch verschmäht. Aus diesem Grund empfinde ich eine Verzückung, die niemals nachlässt, und mein Fleisch trübt diese wahre Liebe nicht.

Mir ergeht es wie jenem Philosoph, der, um zum höchsten Gut zu gelangen, das nie vergeht, all seine vergänglichen Güter ins tiefe Meer schleuderte, im festen Glauben, diese trübten ihm den Verstand. Auch ich schleudere all die nichtigen Freuden dieser Welt weit von mir, um zu jener höchsten Verzückung zu gelangen, die kein Ende kennt, denn ich bin mir sicher, dass jene Lust, die wie im Flug vergeht und nur Verdruss bereitet, die vollkommene Verzückung trübt.

Unvereinbar mit der Vernunft erscheinen den Naturphilosophen viele der Geheimnisse, welche die Gottheit vor den Menschen verborgen hält, vielen Märtyrern jedoch offenbarte (die weniger feinsinnig waren als die Gelehrten, denen die Erleuchtung verwehrt blieb). So offenbart Amor auch mir Subtilitäten, welche die Gelehrten nicht zu erfassen vermögen. Und wenn ich davon spreche, widerlegen sie meine Worte und geben mir zu verstehen, dass ich nur Torheiten sage.

Lilie unter Disteln: Mein Begehren findet sein Maß in dem, dessen Maß kein Liebender kennt. Das alles hat Amor bewirkt, dem es gefällt, dass ich seine großen Schätze schaue: mir allein offenbart er sie.

XXVII

I Sobresdolor m'ha tolt l'imaginar;
l'enteniment no es dol ni es pot esbatre:
aitant és dolç que l'ha calgut abatre,
e mon afany, plorant, no es pot mostrar.
No trob remei, car ma dolor és tanta
que mon voler en parts ne tinc partit
ne en sol un lloc lo'm trobe aünit
sinó en morir e viure que es decanta.

II Sí com l'hom flac qui l'és forçat triar
amb qual de dos hòmens forts s'ha combatre,
no sap pensar amb qual deja debatre
e, espaordit, sos comptes no pot far,
ne pren a me, que lo viure m'espanta
e lo morir me serà gran despit:
com viure vull, la mort prenc en delit;
com vull morir, la vida tinc per santa.

III Sí com aquell qui és verí donant
al mestre seu e, quan veu sa dolor,
ha pietat del mal de son senyor
e sobre aquell vol ésser ajudant,
vós, pensament, per qui mon seny s'absenta
per los treballs dant-li alterament,
a son afany donau acorriment,
puixs que sos mals per mijà vostre els senta.

IV Jo contrafaç nau en golf perillant,
l'arbre perdent e son governador,
e per contrast de dos vents no discorr;
los mariners embadalits estan
e cascú d'ells la sua carta tempta
e són discords en llur acordament:
u volgra ser prop terra passos cent,
l'altre tan lluny com vent pot dar empenta.

XXVII

Übergroßer Schmerz hat mir die Vorstellungskraft geraubt; mein Verstand vermag das weder zu betrauern noch sich dagegen aufzulehnen: er ist so schwach, dass er sich unterwerfen musste; und alle Tränen reichen nicht aus, das ganze Ausmaß meines Leids zu offenbaren. Kein Mittel kann mir helfen, denn mein Schmerz ist so groß, dass mein Wille hin- und hergerissen ist zwischen zwei Extremen und sich nie ganz auf eine Seite schlägt: mal neigt er mehr zum Sterben, mal zum Leben.

Wie einem schwachen Mann, der für einen Kampf zwischen zwei starken Männern wählen muss, und nicht weiß, mit welchem von beiden er kämpfen soll, und ganz verängstigt zu keinem Schluss kommt, ergeht es mir: Mich graut vor dem Leben und das Sterben wäre mir eine Qual. Entscheide ich mich fürs Leben, erscheint der Tod mir süß, entscheide ich mich zu sterben, ist mir das Leben heilig.

So wie einer, der seinem Herren heimlich Gift verabreicht, doch seine Schmerzen sehend von Mitleid für ihn ergriffen wird und ihm sogleich zu Hilfe eilen will, ist es nun an Euch, Gedanken, meinem Verstand, den Ihr mit Euren Sorgen so sehr gequält, dass ich ihn fast verlor, in seinem Leid Linderung zu verschaffen, denn Euretwegen leidet er solche Schmerzen.

Mir ergeht es wie einem Schiff, das verloren auf hoher See treibt, ohne Mast und Steuermann, und das, zwei gegensätzlichen Winden ausgesetzt, seinen Kurs nicht halten kann. Die Seeleute sind wie benommen, ein jeder befragt seine Karte, doch uneins sind sie, was zu tun ist: Der eine möchte hundert Fuß nah am Ufer sein, der andere so weit weg, wie der Wind ihn trägt.

V Ma voluntat, amb què en la mar fui mes,
fallida és, e pogra'm fer ajuda;
ja ma raó de son lloc és caiguda;
mos pensaments contraris m'han atés;
ja mos desigs no saben elegir
vida ne mort, qual és la millor tria.
Natura en mi usa de maestria
e pren la mort per major dan fugir.

VI Plena de seny, no es pot ben soferir
vida i dolor sens prendre algun espai.
Lo meu desig se converteix en glai,
quan me record que res vos haja dir.

Mein Wille, mit dem ich ins Meer der Liebe geworfen ward, und der mir jetzt Beistand sein könnte, ließ mich im Stich; und auch meine Vernunft ist von ihrem hohen Platz gefallen. Gegensätzliche Gedanken bestürmen mich; schon weiß mein Verlangen nicht mehr, welche Wahl die bessere wäre: Leben oder Tod. Deshalb hat die Natur mein Schicksal in ihre Hände genommen und für den Tod gestimmt, um größeres Leid zu verhindern.

Hochweise Dame: Keiner vermag ein Leben voller Schmerz zu ertragen, wenn er nicht auch einmal zur Ruhe kommt. Mein Verlangen verwandelt sich in Schrecken, wenn ich daran denke, dass ich mich Euch erklären muss.

XXXIX

I Qui no és trist de mos dictats no cur,
o en algun temps que sia trist estat,
e lo qui és de mals passionat
per fer-se trist no cerque lloc escur:
llija mos dits, mostrants pensa torbada,
sens alguna art eixits d'hom fora seny.
E la raó que en tal dolor m'empeny,
Amor ho sap, qui n'és causa estada.

II Alguna part, e molta, és trobada
de gran delit en la pensa del trist;
e, si les gents amb gran dolor m'han vist,
de gran delit ma arma fon companyada.
Quan simplement Amor en mi habita,
tal delit sent que no em cuid ser al món,
e, com sos fets vull veure de pregon,
mescladament amb dolor me delita.

III Prest és lo temps que faré vida ermita
per mills poder d'Amor les festes colre.
D'est viure estrany algú no es vulla dolre,
car per sa cort Amor me vol e em cita.
E jo, qui l'am per si tan solament,
no denegant lo do que pot donar,
a sa tristor me plau abandonar
e per tostemps viure entristadament.

IV Traure no pusc de mon enteniment
que sia cert e molt pus bell partit
sa tristor gran que tot altre delit,
puixs hi recau delitós llanguiment.
Alguna part de mon gran delit és
aquella que tot home trist aporta,
que, planyent si, lo plànyer lo conforta
més que si d'ell tot lo món se dolgués.

XXXIX

Wer nicht traurig ist und wer's auch niemals war, der achte nicht auf meine Worte, doch wer von Leid gequält wird, der suche keinen dunklen Ort, um seiner Traurigkeit zu frönen: der lese meine Verse nur, Produkte eines verwirrten Geistes, ohne jede Kunstfertigkeit, das Gestammel eines Mannes, der den Verstand verlor. Der Grund dafür, dass ich in solchem Schmerz versinke, ist Amor wohl bekannt, ist er doch die Wurzel meines Übels.

Etwas – und nicht zu wenig – von süßer Lust findet man auch in den Gedanken des Traurigen, und wenn die Leute mich in tiefem Schmerz versunken sahen, dann war doch diese Lust stets Gefährte meiner Seele. Wenn Amor in seiner reinen Form in mir weilt, spüre ich so großes Ergötzen, dass ich die Welt um mich herum vergesse, doch will ich seinem Wirken auf den Grund gehen, dann mischt sich Leid unter meine Lust.

Die Zeit ist nahe, da ich das Leben des Eremiten wählen werde, um besser noch die Feste Amors zu begehen. Bemitleidet mich nicht, ob dieses abgeschiedenen Lebens, denn Amor selbst verlangt nach mir und ruft mich an seinen Hof. Und ich, der ich ihn allein um seinetwillen liebe und keine Gabe ausschlage, die er mir reicht, gebe mich mit Freude seiner Traurigkeit hin und will für immer traurig leben.

Ich kann nicht anders als immerfort daran zu denken, dass die große Traurigkeit, die Amor verspricht, gewiss ein sehr viel besseres Los ist als jede andere Lust, denn lustvoll ist die Schwermut, die sie begleitet. Und etwas von der süßen Lust, die ich empfinde, spürt jeder, der traurig ist, denn wer sein Leid klagt, findet in der Klage größeren Trost als im Mitleid der ganzen Welt.

V Ésser me cuid per moltes gents représ
puixs que tant llou viure en la vida trista;
mas jo, qui he sa glòria a l'ull vista,
desig sos mals, puixs delit hi és promés.
No es pot saber, menys de l'experiença,
lo gran delit que és en lo sols voler
d'aquell qui és amador verdader
e ama si veent-se en tal volença.

VI Llir entre cards, Déu vos don coneixença
com só per vós a tot extrem posat:
amb mon poder Amor m'ha enderrocat,
sens aquell seu d'infinida potença.

Ich fürchte, viele werden mich dafür tadeln, dass ich das traurige Leben in höchsten Tönen lobe, doch ich, der ich Amors Herrlichkeit mit eigenen Augen gesehen, ersehne seine Qualen, denn sie versprechen höchste Lust. Wer dies nie selbst verspürt hat, wird nicht verstehen, welch große Lust dieses reine Begehren dem wahren Liebenden bereitet, der sich selbst dafür liebt, dass er auf diese Weise begehrt.

Lilie unter Disteln: Gott möge Euch Kenntnis davon geben, in welch extremer Situation ich mich Euretwegen befinde: Mit meiner eigenen Kraft hat Amor mich gestürzt, nicht mit der seinen, deren Macht keine Grenzen hat.

XLV

I Los ignorants Amor e sos exemples,
creents que els fets d'aquell són estats faula,
reprenen mi perquè em transport en altre,
prenint delit en franc arbitre perdre.
A llur semblant, un gran miracle sembla,
e majorment alguns pus forts articles:
descreen mort ésser de grat soferta
e que en dolor d'amor delit se mescle.

II Foc amagat, nodrit dins en les venes,
faent gran fum per via dreta i torta,
ira dins pau e turment molt alegre,
llum clar e bell amb si portant tenebres:
aquests contrasts los fins amadors senten
dins en un temps Amor dins ells alloga;
e tots aquells no creents ser possible,
sol d'ésser nats natura pren vergonya.

III Veent lo cel ma natura disposta,
volc influir dos poders separables
a mi vinents amb manera diversa,
cascú prenent la part a ell condigna:
faent amar simplement la mia arma
lo seu semblant, sentit de vici munde,
e l'altra part en mi no roman solta
i en son voler son decret l'arma posa.

IV Aquella amor que es diu voluntat bona
e solament esguarda part honesta,
aquesta amor ha fet a mi amable
per mon semblant e el mijançant ministre.
E l'altra amor, que en delit s'entitola
e d'honestat és enemic rebel·le,
ma arma e cos per ell prenen ses armes,
aportants pau e guerra tot ensemble.

XLV

Jene, die nichts wissen von Amor und seinen Exempeln und glauben, dass seine Taten nichts als Ammenmärchen sind, tadeln mich, weil ich mich in einen anderen verwandle und Gefallen daran finde, den freien Willen zu verlieren. In ihren Augen scheint dies ein großes Wunder, und unerklärlicher noch erscheinen ihnen einige stärkere Glaubensartikel: So können sie nicht glauben, dass man den Tod mit Freuden auf sich nimmt und dass sich unter Liebesleid auch Lust mengt.

Verborgenes Feuer, das, genährt in den Venen, großen Rauch verströmt nach allen Seiten, Zorn im Frieden und freudige Qual, morgenhelles Licht, das Dunkelheit verbreitet: Von solchen Gegensätzen werden die wahren Liebenden ergriffen, von allen zugleich, denn so gibt Amor sie ihnen ein. Und all jener, die das nicht für möglich halten, schämt sich die Natur, und wünscht, sie wären nie geboren.

Der Himmel erkannte mein Naturell und meine Veranlagung und entschied, mich dem Einfluss zweier Mächte auszusetzen, die nicht zu meinem Wesen gehörten, sondern in unterschiedlicher Weise auf mich kamen; eine jede nahm sich den Teil von mir, der ihr entsprach: die erste bewirkte, dass meine Seele in reiner Liebe zu ihrem Gegenüber entbrannte, frei von allem lästerlichen Begehren, die zweite, dass auch der andere Teil von mir nicht frei von Liebe blieb, obgleich auch sein Begehren dem Dekret der Seele unterworfen war.

Jene Liebe, die man gutes Begehren nennt, und die allein den sittsamen Teil berührt, jene Liebe hat mich dazu gebracht, dass ich die Seele liebe, die der meinen gleicht, und den Diener, der ihre Befehle ausführt. Doch wegen der anderen Liebe, die man Lust nennt, und die der Sittsamkeit ein widerspenstiger Feind ist, greifen meine Seele und mein Körper zu den Waffen und bringen mir zugleich Frieden und Krieg.

V Aquesta amor per nostres senys nos entra
e fa present al comú seny, e passa
lo presentat, per sos migs, a l'entendre,
d'on voler creix tant com l'hom s'hi delita.
Mas, perquè en grau delitós l'amant puge
dins en l'hostal que Venus lo alleuja,
totes virtuts e seny de la persona
són desijats en servitud de l'acte.

VI Cells qui amor bestialment pratiquen
sens acollir en part delit d'entendre,
sol per la carn llur apetit se lliga,
que sinó brut plaer no els acompanya.
Qui vol trobar amor qui null temps folgue,
no la cerc lla on lo poder se vença,
car tota res, perdent la sua causa,
no és trobat de aquella algun ésser.

VII Alguns elets, en molt espocat nombre,
qui solament d'amor d'espirit amen,
d'aquesta amor participen amb àngel,
e tal voler en per null temps se cansa.
Los qui amor amb cos e arma senten,
amant lo cos e més la part de l'arma,
grau de amor homenívol atenyen:
sobre dos colls lo jou d'amor aporten.

VIII Puixs arma i cos donen ésser a l'home,
prop de forçat és entre ells lo complaure.
Ame lo cos a son semblant conforme,
ne fa a reptar si els infinits no cerca.
Nostre esperit a son semblant cobege
e, de aquell, tots los actes que n'ixen.
Mas los volers que d'aquests composts naixen
són més punyents que d'alguna amor simple.

Diese Liebe dringt über unsere Sinne in uns ein und gelangt von hier in den Gemeinsinn, der das Wahrgenommene über seine Helfer an den Verstand weiterleitet, wo das Begehren in dem Maße wächst, wie der Mensch sich daran ergötzt. Doch will der Liebende die Stufe höchster Lust erreichen im Haus der Venus, muss er nicht nur den Körper, sondern auch die Tugenden und den Verstand der Geliebten begehren, auf dass sich der Liebesakt erfülle.

Jene, die wie wilde Tiere lieben, ohne auch einen Teil der Wonne im Verstand zu finden, fixieren ihr Begehren allein auf das Fleisch und können nichts als tierische Lust empfinden. Wer eine Liebe sucht, die niemals erlischt, der suche sie nicht dort, wo ihre Kraft besiegt wird, denn alles, was den Ursprung seines Seins verliert, muss letztlich null und nichtig werden.

Einige Auserwählte, wenige an der Zahl, die allein mit der Liebe der Seele lieben, teilen diese Liebe mit den Engeln, und ihr reines Begehren lässt niemals nach. Wer hingegen die Liebe verspürt, die zugleich Körper und Seele erfasst, und den Körper liebt, doch mehr noch den Teil der Seele, erreicht die Stufe der Liebe, die dem Menschen gemäß ist: auf zwei Schultern trägt er das Joch der Liebe.

Da Seele und Körper dem Menschen sein Wesen verleihen, müssen beide wohl oder übel miteinander auskommen. Mag der Körper ruhig lieben, was ihm gleicht und ihm in seiner Form entspricht, er verdient keinen Tadel dafür, dass er nicht nach dem Unendlichen strebt. Unsere Seele jedoch begehre Ihresgleichen und alle Dinge, die in diesem ihren Ausgang nehmen. Das Verlangen aber, das aus der Verbindung beider erwächst, ist stärker als das der einfachen Liebe.

IX De la virtut és nostra vida exempta,
sí que lo cos venç a l'arma batalles,
i els pocs volers lo seny de l'hom no tempra,
e, doncs, quant menys los qui gran força porten!
E tal amor lo juí no escolta,
tant de la carn benivolença capta.
Amb cor segur de vençre aquella tempta;
ses blanes mans los forts diamants pasten.

X Si bé amor les passions avança
en ser primer, lo desig li da força;
e puixs delit lo sosté dins son regne:
fallint aquest, defall d'amor lo ceptre.
No sia entés present deshonest acte,
car fina amor d'altra amor se contenta;
si no l'ateny, viu d'esperança sola,
e la gran por segueix lo seu contrari.

XI Cell qui d'amor del tot no es lleixa vençre,
sí que raó de son consell no llunya,
no mereix pas la corona de martre
d'aquells passius no havents altre compte
sinó pensar haver llur vida terme
finit aquell qui en tal extrem los mena,
creent de ferm los fets del món ser ombra
d'aquell sol clar qui tot llur cor escalfa.

XII Oh bona amor, a qui mort no triümfa,
segons lo Dant història reconta;
e negun seny presumir no s'ocupe
contra tu fort victòria consegre;
e cossos dos amb una arma governes
per la virtut que d'amistat s'engendra!
Cell qui de tu lo terme pensa atényer
no sap de tu: d'ignorança és deixeble.

So bar jeder Tugend ist unser Leben, dass der Körper die Seele ohne Mühe in der Schlacht bezwingt und der Verstand noch nicht einmal die schwachen Begierden zu zügeln vermag – um wie viel weniger dann jene, die von Kraft nur so strotzen! Eine solche Liebe hört nicht auf den Richtspruch des Verstandes, sondern versucht vielmehr, das Wohlwollen des Fleisches zu erlangen. Ihres Sieges sicher, fordert sie die Seele heraus; in ihren weichen Händen werden selbst harte Diamanten zu Wachs.

Die Liebe geht allen anderen Leidenschaften voran, doch erst das Verlangen bestärkt sie in ihrer Stellung als der ersten; und die Wonne schließlich ist es, die ihr die Herrschaft erhält: verliert diese sich, verliert die Liebe ihr Zepter. Doch verstehe man hierunter keinen unzüchtigen Akt, nein: die wahre Liebe begnügt sich mit der Liebe ihres Gegenübers. Und bleibt ihr diese verwehrt, lebt sie allein von der Hoffnung, und auf diese folgt ihr Gegenspieler, die Angst.

Wer sich der Liebe nicht vollständig unterwirft und den Rat der Vernunft nicht weit von sich weist, der verdient die Krone des Märtyrers nicht, die nur jenen Leidenden gebührt, die nicht anders können als zu denken, ihr Leben werde ein Ende haben, wenn das vergeht, was sie in solch extreme Lage brachte; denn sie glauben fest daran, dass die irdischen Dinge nur Schatten jener hellen Sonne sind, die ihnen das Herz entflammt.

Oh Du wahre Liebe, über die der Tod nicht siegt, wie Dante uns in seiner Geschichte erzählt; kein Mensch von Verstand soll sich erdreisten, gegen Deine Festung einen Sieg erringen zu wollen. Zwei Körper beherrschst Du mit einer einzigen Seele, allein durch die Kraft, die aus der Freundschaft erwächst. Wer glaubt, er könnte Dein Ende erreichen, der kennt Dich nicht: der Unwissenheit ist er ein ergebener Schüler.

XIII Llir entre cards, tres són les grans carreres
on veritat per negun temps passeja:
ira i amor amb si no la consenten,
e l'altra és natural ignorança.

Lilie unter Disteln: Es gibt drei große Wege, auf denen die Wahrheit niemals verkehrt: Zorn und Liebe dulden sie nicht an ihrer Seite, der dritte Weg ist die Unwissenheit des Menschen.

XLVII

I Bé em meravell com l'aire no s'altera
e com lo foc per feixuc pes no cau,
e com no es mou la que feixuga jau,
fermant son lloc en la pus alta espera.
Major senyal no pot mostrar lo món,
e digne molt que l'hom se'n meravell;
amb un poc més, hauré creure per ell
que periran tots quants en lo món són.

II A mon juí, ses lleis Amor confon,
experiment ja del tot és errant.
Tot amador ama per son semblant
– lo contrafer en per null temps no fon.
Vós, qui bastant sou per un món regir,
porà's bé fer que ameu l'home pec?
Per acte lleig sentiment haureu cec?
No haveu pus excusa en lo meu dir!

III Mon creure ferm no pot bé soferir
un cas tan fort, e per moltes raons.
Mas també sé que la carn ha esperons
e no us veig fre bastant a retenir;
e, d'altra part, Amor, per sa furor,
secretament, sens compte lo cos lliga
en actes tals quals honestat castiga.
E pot-se fer ameu de tal amor?

IV Si ver serà, preg Déu que la calor
de tots los focs creme la vostra carn
– si no teniu en un terrible escarn
que no vençau una tan gran error.
Mas vostre cos per ventura es delita
usar dels fruits que na Venus conrea?
Mas vostre seny deuria haver ferea
de fer tals fets, e gents n'han ja sospita.

XLVII

Ich kann es kaum glauben, dass die Luft ihre Form nicht verändert und dass das Feuer unter seiner schweren Last nicht hinabstürzt, und dass jene, die schwer am Boden liegt, sich nicht bewegt, um in der höchsten Sphäre ihren Platz zu suchen. Ein größeres Zeichen kann die Welt nicht geben als dieses, das alle Menschen in Staunen versetzen sollte. Es fehlt nicht viel, dass es mich glauben macht, der Menschheit nahe schon das Ende.

Meinem Urteil nach vertauscht Amor seine eigenen Gesetze, und alle Erfahrung geht in die Irre. Jeder Liebende liebt seinesgleichen – noch nie gab es eine Abweichung von dieser Regel. Wie ist es nur möglich, dass Ihr, die Ihr würdig wäret, eine Welt zu regieren, einen Nichtsnutz liebt? Ist es der schändliche Akt, der Euch blind gemacht hat? Nichts kann das entschuldigen, und auch mein Lied soll Euch nicht mehr verschonen!

Mir fällt es schwer, daran zu glauben, dass Ihr Euch einem so schändlichen Treiben hingebt, und das aus vielerlei Gründen. Doch weiß ich auch, dass das Fleisch Sporen hat, und sehe keine Zügel, die stark genug wären, Euch zurückzuhalten. Und auch Amor leistet seinen Beitrag: In seiner blinden Raserei fesselt er den Körper heimlich und unbemerkt an Akte, welche die Sittlichkeit verurteilt. Wie könnt Ihr nur auf solche Weise lieben?

Sollte dies wirklich wahr sein, dann bitte ich Gott, die Flammen aller Feuer mögen Euer Fleisch verbrennen – wenn es Euch selbst nicht wie blanker Hohn erscheint, dass Ihr zu schwach seid, einen so schweren Fehler zu bezwingen. Doch vielleicht ergötzt sich Euer Körper ja daran, von den Früchten zu kosten, die im Garten der Venus wachsen? Euer Verstand jedoch sollte sich vor solchen Eskapaden in Acht nehmen, denn die Leute hegen schon Verdacht.

V Per tal dolor no faré vida ermita:
palesament serà ma vida activa
e de parlar no tendré llengua esquiva,
e ver parlar de si gran dolçor gita.
Cells qui sabran mon ver complanyiment,
tots planyeran mi per ma causa justa,
e planyiment de si amor ajusta,
e reprendran natura, si ho consent.

VI Oh foll Amor, de vós no son content,
e ja molt menys dels fets de la que am.
No sé de qui haver pus honest clam;
per no errar, maldic-vos igualment.

Ich werde dieses Schmerzes wegen nicht wie ein Eremit leben, nein: ich werde vor aller Augen ein aktives Leben führen, und meine Zunge wird sich nicht scheuen, offen zu sprechen, denn wahres Sprechen ist frei von jeder Schmeichelei. Und alle, die den Grund meiner berechtigten Klage erfahren, werden mich ob meiner gerechten Sache beklagen, denn eine Klage weckt stets der Menschen Mitgefühl. Und sie werden die Natur dafür tadeln, dass sie so etwas zulässt.

Oh törichter Amor: Ihr gebt mir keinen Grund zur Freude, und weniger noch das Verhalten der Dame, die ich liebe. Ich weiß nicht, über wen ich mich mit größerem Recht beklagen soll – um nicht zu irren, verfluche ich Euch beide.

LIX

I Sí col malalt que el metge lo fa cert
que no es pot fer que de la mort escap
si doncs no beu de verí un anap,
e lo perill no li està cobert,
ne pren a mi, qui vull experiment
molt perillós, e sens ell no pusc viure;
lo dilatar, per mort se pot escriure,
e tem l'assaig amb la mort egualment.

II Qui és aquell estimant lo turment
e lo perill en què ma arma està,
veent-se prop d'on creu que tost perdrà
ço per què fon venguda al món present?
En dubte estic: la mia mà tremola,
que no consent que mate mi mateix,
e, d'altra part, mort certa no em jaqueix.
Jo em desesper de ma esperança sola.

III En lo meu coll ja veig penjar la mola
e lo gran fons on seré trabucat
si doncs mercé no vol haver tallat
la corda fort – mas coltell no esmola.
Mercé deman amb veu espaordida,
mostrant negar al qui per mi és request.
Vós, no guardeu que mostre paoruc gest,
mas pietat sia en vós complida.

IV Puixs que per vós pot ésser ben sentida
la part d'amor que jo no puc mostrar,
vullau un poc la pensa empatxar
en quin fil prim penja la mia vida.
Jo son aquell qui del carçre l'han tret
i amb torbat pas va prendre cruel mort,
que no he pus remei ne altre conhort
sinó mercé del qui el juí ha fet.

LIX

Wie einem Kranken, dem der Arzt versichert, er könne dem Tod nur entkommen, wenn er einen Becher Gift trinke, und der wohl weiß um die Gefahr, ergeht es mir: Ich möchte einen Versuch wagen, der viele Gefahren birgt, ohne den das Leben mir jedoch unmöglich ist; ein Aufschub käme dem Tod gleich, aber den Versuch fürchte ich genauso wie den Tod.

Wer vermöchte abzuschätzen, in welch großer Qual und Gefahr sich meine Seele befindet, die den Augenblick schon nahen sieht, da sie das verlieren wird, weshalb sie auf die Erde gekommen? Ich bin voller Zweifel: meine Hand zittert, denn sie will nicht zulassen, dass ich mir das Leben nehme, doch auch der sichere Tod will mich nicht verschonen. Hoffnungslos verzweifle ich an meiner einzigen Hoffnung.

An meinem Hals sehe ich einen Mühlstein hängen und vor mir den Abgrund, in den man mich stürzen wird, wenn die Gnade sich nicht erbarmt, den starken Strick zu zerschneiden – doch sehe ich sie kein Messer wetzen. Um Gnade flehe ich mit verschreckter Stimme, verberge es aber derjenigen, der mein Flehen gilt. Ihr aber, achtet nicht auf meine angstvollen Gesten, sondern erbarmt Euch meiner!

Da Ihr den Teil meiner Liebe, den ich nicht zeigen kann, doch sehr wohl wahrnehmt, verschwendet einen Gedanken daran, an welch seidenem Faden mein Leben hängt. Ich bin der, den man aus dem Kerker gezerrt und der mit unsicherem Schritt dem grausamen Tod entgegengeht: Kein Ausweg bleibt mir und kein anderer Trost, als die Gnade dessen, der mein Urteil sprach.

V Jamés d'amor fon un cas tan estret
com és aquell del qual no puc fugir:
per u són cert de la vida finir,
l'altre és verí per apagar ma set.
Oh vós, qui sou causa de mon perill
e fins ací no mereixeu gran culpa:
poca mercé per avant vos enculpa
si per defalt d'aquella prenc exill!

VI Llir entre cards, no veu degun perill
fin amador, e, si el veu, punt no el tem.
Tot cas és poc, essent lo pus extrem.
La torre gran li sembla gra de mill.

Nie ward ein Liebesfall so gefährlich wie dieser, dem ich doch nicht zu entfliehen vermag: Ein Weg führt in den sicheren Tod, der andere ist Gift, um meinen Durst zu stillen. Oh Ihr, die Ihr der Grund für die Gefahr seid, in der ich schwebe, und bislang keine Schuld auf Euch geladen habt: Von nun an werdet Ihr Eurer geringen Gnade wegen beschuldigt werden, wenn ich, weil sie mir nicht zuteil ward, das Exil des Todes wähle!

Lilie unter Disteln: Der wahre Liebende sieht keine Gefahr, und wenn doch, dann fürchtet er sie nicht. Und jede Tat, ist sie auch noch so extrem, ist unbedeutend in seinen Augen. Der hohe Turm scheint ihm klein wie ein Hirsekorn.

LXIV

I Lo temps és tal que tot animal brut
requer amor, cascú trobant son par.
Lo cervo brau sent en lo bosc bramar,
e son fer bram per dolç cant és tengut;
agrons e corbs han melodia tanta
que llur semblant, delitant, enamora.
Lo rossinyol de tal cas s'entrenyora,
si lo seu cant sa enamorada espanta.

II E, doncs, si em dolc, lo dolre'm és degut
com veig amats menys de poder amar
e lo grosser per apte veig passar:
amor lo fa ésser no conegut.
E d'açò em ve piadosa complanta
com desamor eixorba ma senyora,
no coneixent lo servent qui l'adora
ne vol pensar qual és sa amor ne quanta.

III No com aquell qui son bé ha perdut,
metent a risc si poria guanyar,
he vós amat, que em volguésseu amar:
delliberat no só en amor vengut.
Tot nu me trob, vestit de grossa manta;
ma voluntat, Amor la té en penyora,
e ço de què mon cor se adolora
és com no veu ma fretura, que és tanta.

IV Llir entre cards, amb milans caç la ganta
i, amb lo branxet, la llebre corredora
– assats al món cascuna és vividora.
E mon pits flac lo Passi de Rams canta.

LXIV

Jetzt ist die Zeit, da jedes vernunftlose Tier nach Liebe sucht und sich mit seinesgleichen paart. Den wilden Hirsch höre ich im Wald schon röhren, und sein dumpfes Röhren scheint der Hirschkuh lieblicher Gesang; Reiher und Raben singen so süße Melodien, dass ihre Weibchen sich, verzückt, sogleich verlieben. Die Nachtigall jedoch versinkt in Trauer, denn ihr Gesang verschreckt die Geliebte.

Was Wunder also, dass ich mich vor Schmerz verzehre, denn ich muss mit ansehen, wie solche Liebe erlangen, die zu lieben selbst nicht fähig sind, und sehe, wie der plumpe Tölpel als Kavalier durchgeht: Die Liebe bewirkt, dass man seine wahre Natur nicht erkennt. Hierin liegt der Grund für meine bemitleidenswerte Klage: ihre Lieblosigkeit ließ meine Herrin erblinden, so dass sie den Diener nicht erkennt, der sie verehrt, und keinen Gedanken verschwendet an die Art und Stärke seiner Liebe.

Ich bin nicht wie jener, der all sein Hab und Gut verlor, weil er es, in der Hoffnung auf Gewinn, aufs Spiel setzte. Ich habe Euch geliebt, ohne auf Eure Liebe zu hoffen: frei von jedem Kalkül war meine Liebe. So finde ich mich nun ganz nackt, bedeckt nur von einem groben Tuch; meinen Willen behält Amor als Pfand, und was meinem Herzen den größten Schmerz bereitet, ist, dass er nicht sieht, wie groß meine Not ist.

Lilie unter Disteln: Mit Milanen jage ich den Storch und mit einem Schoßhund den flinken Hasen – beide werden wohl noch lange leben. Derweil singe ich mit schwacher Brust die Palmsonntagspassion.

LXVIII

I No em pren així com al petit vailet
qui va cercant senyor qui festa·l faça
tenint-lo cald en lo temps de la glaça
e fresc d'estiu, com la calor se met,
preant molt poc la valor del senyor
e concebent desalt de sa manera,
veent molt clar que té mala carrera
de canviar son estat en major.

II Jo son aquell qui en lo temps de tempesta,
quan les més gents festegen prop los focs
e pusc haver amb ells los propris jocs,
vaig sobre neu, descalç, amb nua testa,
servint senyor qui jamés fon vassall
ne·l vénc esment de fer mai homenatge,
e en tot lleig fet hagué lo cor salvatge:
solament diu que bon guardó no em fall.

III Plena de seny, lleigs desigs de mi tall:
herbes no es fan males en mon ribatge.
Sia entés com dins en mon coratge
los pensaments no em davallen avall.

LXVIII

Ich bin nicht wie der kleine Page, der auf der Suche nach einem Herren ist, bei dem es sich gut leben lässt – der ihm Wärme spendet in der Zeit des kalten Frostes und Kühle im Sommer, wenn die Hitze einsetzt –, und der seinen eigenen Herren gering schätzt, Abscheu empfindet vor seinem Verhalten, und sich darüber im klaren ist, dass er, ihm dienend, nie zu einem besseren Stand gelangen wird.

Ich bin derjenige, der ich in der Zeit des Sturmes, wenn die meisten Leute sich nah an den Feuerstellen vergnügen, statt mich zu ihnen zu gesellen im heiteren Spiel, über Schnee gehe, mit nacktem Fuß und barem Haupt, und einem Herren diene, der nie Vasall war, noch dem es je in den Sinn gekommen wäre, Ehrerbietung zu zeigen, und der jede niedere Tat mit grausamem Herzen bestraft. Allein: er verspricht mir, dass es mir nicht an Belohnung fehlen soll.

Hochweise Dame: Alles niedere Verlangen reiße ich von mir: an meinem Ufer gedeiht kein Unkraut. Und dies sei so verstanden, dass in meinem Herzen keine Gedanken sind, die mich in die Niederungen (des Begehrens) stürzen.

LXXIV

I Als fats coman tot quant serà de mi,
puixs só estolt de ma elecció;
mon seny és mort, a qui Déu no perdó,
puixs al començ del tot me derrenclí.
Ja no és temps tenir frens al voler,
malalta és ma bona voluntat,
e vaig en lloc on no vull ser portat;
só descontent de tot quant pusca fer.

II Sí com a l'hom no li basta poder,
paralitic, quan és en peus llevat,
anar al lloc on vol ésser anat,
ans cau, o tort va contra son mester,
ne pren a mi, que faç lo que no em plau
i aquell voler de la raó és vençut
e, si el complac, mon delit és perdut,
per què sens cor faç quant de mi vejau.

III Sí com als vents és donada la nau
mentre és debat als mariners vengut
– lladoncs la nau son camí ha tengut
per senya tal qual ans del contrast jau –,
ne pren a mi, car mon enteniment
ha gran debat amb lo voler del cos;
determenar llur debat clar no gos,
proejant lo temps, l'apetit vaig siguent.

IV Passà lo temps que fui d'Amor content,
si bé tostemps sentí ses grans dolors,
mescladament dolçors amb amargors;
creia rei ser veent-me d'ell sirvent.
Jo fui content de sos mals sens los béns,
per bé que el mal sens bé no pot venir,
mas jo emprenc per ell més que morir.
Malament viu qui en mal fer no té frens!

LXXIV

Dem Schicksal überlasse ich, was aus mir wird, denn meiner freien Wahl bin ich beraubt; mein Verstand ist tot – möge Gott ihm nicht vergeben, ließ er mich doch vom ersten Anbeginn im Stich. Nun ist es zu spät, um meinem Verlangen Zügel anzulegen: krank ist mein guter Wille. Ich gehe an einen Ort, an den ich nicht zu gehen begehre; und mich verdrießt, was auch immer ich tue.

Wie dem Gelähmten, der nicht genügend Kraft hat, um, hilft man ihm auf die Beine, an den Ort zu gehen, an den er zu gehen begehrt, sondern hinfällt oder in die falsche Richtung taumelt, ergeht es mir: ich tue, was mir nicht gefällt. Das Verlangen meiner Vernunft ist besiegt, und wollte ich ihm dennoch folgen, verlöre ich meine Lust, weshalb nun alles, was ich tue, mir im Innersten widerstrebt.

Wie dem Schiff, das den Winden überlassen bleibt, während die Seeleute miteinander streiten – das Schiff behält den Kurs bei, auf dem es vor dem Streit gesegelt –, ergeht es mir: Mein Verstand ist in großem Streit mit dem Verlangen meines Körpers; doch ich wage es nicht, ihren Streit zu entscheiden – stattdessen rudere ich gegen den Sturm und folge meiner Begierde.

Vergangen ist die Zeit, da Amor mich beglückte – wenn ich auch seinetwegen stets große Schmerzen litt, denn seine Süße war vermengt mit Bitterkeit; ich glaubte mich König und war doch nur sein Sklave. Glücklich war ich mit dem Schlechten, ohne je Gutes von ihm zu erhalten, obwohl doch das Schlechte nie ohne das Gute sein kann. Und trotzdem würde ich für ihn weit mehr als nur den Tod auf mich nehmen. Schlecht ergeht es dem, der im schlechten Handeln keine Zügel kennt!

V Oh tu, Amor, qui ton poder m'estens
així fortment que no et puc resistir,
ix fora mi, puixs en plaer no gir
ma voluntat a fer tos manaments!
Vulles haver en contra mi ergull!
Lleixa vassall qui no et vol per senyor!
Quin moviment venç aquesta dolor
fent-me jaquir ben fer, de què em despull?

VI Aquest meu fet bona fi no l'acull,
e lo present és ple de gran tristor;
aquesta ve del dan avenidor
que de present lo tinc davant mon ull.
Jo el soferré, si amb cor molt ardit
la que jo am per mi passa lo mal
sens penedir – qui es penit grat no val.
Lladoncs la mort no em serà sens delit.

VII Llir entre cards, gran és lo meu delit
mentre no pens lo que poríeu fer;
tot acte és prop de lla on és poder,
si al voler governa l'apetit.

Oh Amor, der Du mir Deine Macht aufzwingst mit solcher Kraft, dass ich mich Dir nicht zu widersetzen vermag: Weiche von mir! Ich finde keinen Gefallen daran, meinen Willen Deinen Befehlen zu unterwerfen! Zeige mir gegenüber doch wenigstens etwas Stolz und lasse ab von einem Vasall, der Dich nicht als seinen Herren will! Was ist das nur für ein innerer Drang, der stärker noch ist als mein Schmerz und bewirkt, dass ich dem guten Handeln ganz entsage?

Ich weiß, mich erwartet kein gutes Ende, und meine Gegenwart ist voller Traurigkeit, denn schon jetzt habe ich vor meinem Auge, was mir die Zukunft an Leid verspricht. Ich bin bereit, alles zu ertragen, wenn jene, die ich liebe, um meinetwillen leidet mit unerschrockenem Herzen und ohne jede Reue – denn wer sein Tun bereut, verdient keinen Dank. Dann nur wäre der Tod mir lustvoll.

Lilie unter Disteln: Groß ist meine Lust, solange ich nicht daran denke, was Ihr tun könntet; nicht weit entfernt ist der Akt von der Potenz, wenn die Begierde über den Willen herrscht.

LXXIX

I Oh vós, mesquins qui sots terra jaeu
del colp d'Amor amb lo cor sangonent,
e tots aquells qui amb cor molt ardent
han bé amat, preg-vos no us oblideu!
Veniu plorant, amb cabells escampats,
oberts los pits per mostrar vostre cor
com fon plagat amb la sageta d'or
amb què Amor plaga els enamorats.

II Los colps d'Amor són per tres calitats,
e veure's pot en les fleixes que fir,
per què els ferits són forçats de sentir
dolor del colp segons seran plagats.
D'or e de plom aquestes fleixes són,
e d'un metall que s'anomena argent.
Cascú d'aquests dóna son sentiment
segons que d'ells diferença ha en lo món.

III En aquell temps que primer d'aquest fon,
les fleixes d'or Amor totes llançà
e, desmembrat, una se n'aturà
amb què em ferí, de què viure abandon.
De fleixes tals molts passats foren mort,
ja no té pus què fer guerra mortal.
Amb les d'argent sol basta fer senyal,
mas los plagats de morir són estorts.

IV Amb les de plom són hui tots sos deports,
e son poder no basta traure sang.
Amor, veent lo seu poder tan manc,
ha trencat l'arc: jo en faç al món reports.
Amb cor sencer crida la sua pau,
per què cascú pot anar en cabells;
per fugir d'ell no cal muntar castells:
lo seu poder pus baix que terra jau.

LXXIX

Oh Ihr Unglücklichen, die Ihr unter der Erde liegt, von Amor getroffen, mit blutendem Körper, Euch und alle, die mit brennendem Herzen aufrichtig geliebt haben, bitte ich, vergesst es nicht! Kommt weinend, mit offenen Haaren, die Brust entblößt, um Euer Herz zu zeigen, das vom goldenen Pfeil verwundet ward, mit dem Amor die Verliebten verwundet.

Die Schläge Amors sind von drei Arten, und dies kann man an den Pfeilen erkennen, mit denen er seine Wunden schlägt, denn der Schmerz, den die Verwundeten erleiden, ist verschieden, je nachdem, welcher Pfeil sie traf. Aus Gold und Blei sind diese Pfeile und aus einem Metall, das man Silber nennt. Jeder von ihnen löst eine andere Empfindung aus, je nachdem, woraus er beschaffen ist.

In der Zeit vor der unseren verschoss Amor all seine goldenen Pfeile, doch aus Versehen behielt er einen zurück, mit dem er mich so schwer verwundet hat, dass ich mein Leben aushauchen muss. Durch solche Pfeile verloren früher viele ihr Leben, nun aber bleibt ihm ihrer keiner mehr, um seinen tödlichen Krieg zu führen. Die aus Silber hinterlassen zwar eine Wunde, doch die Getroffenen entrinnen dem Tod.

Heute vergnügt er sich nur noch mit denen aus Blei, doch reicht ihre Kraft noch nicht einmal aus, um Blut fließen zu lassen. Amor, gewahr, dass seine Macht so stark geschwächt, hat seinen Bogen zerbrochen: Ich verkünde dies der Welt. Mit ehrlichem Herzen ruft er den Frieden aus, und jeder kann nun unbedeckten Hauptes gehen; es bedarf keiner hohen Burgen mehr, um sich vor ihm zu schützen, denn seine Macht liegt tiefer noch als am Boden.

V Mas jo romanc a mort, d'açò fiau.
La sua pau és guerra per a mi.
Si en guerra fos cella per qui em ferí
jo fóra en pau, vençut e son esclau.
Pau ha lo món e guerra jo tot sol,
perquè Amor guerrejar ha finit.
Jo son plagat, e no puc ser guarit,
puixs la que am de sa plaga no es dol.

VI Oh foll Amor, qui vostre delit vol,
sobre lloc fals ha son contentament,
per ço repòs no té en l'enteniment,
car, sinó el ver, l'enteniment no col.

Ich aber bleibe dem Tod geweiht; daran habt keinen Zweifel. Sein Friede bedeutet Krieg für mich. Wenn diejenige, durch die Amor mich verwundete, im Krieg wäre, so hätte ich Frieden, denn ich wäre besiegt und ihr Sklave. Doch die Welt hat Frieden, nur ich allein habe Krieg, weil Amor nun abgelassen hat von den Waffen. Verwundet bin ich, ohne jede Aussicht auf Heilung, denn jene, die ich liebe, schert sich nicht um die Wunde, die sie mir zufügte.

Oh törichter Amor: Wer bei Euch Erfüllung sucht, baut sein Glück auf schlechtem Grund, denn der Verstand, der nichts als die Wahrheit verehrt, wird bei Euch nie zur Ruhe kommen.

LXXX

I Tot llaurador és pagat del jornal,
e l'advocat qui perd lo guanyat plet.
Jo, per servir Amor, romanc desfet
de tot quant he, que servir no me'n cal.
He fet senyor del seny a mon voler,
veent Amor de mon seny mal servit;
rapaç l'he fet e Déu a part jaquit,
e són setze anys que lo guardó esper.

II Amor, Amor, poc és vostre poder
per altre hom com jo fer tant amar;
anau, anau vostres armes provar
en contra aquell qui vostre no vol ser!

LXXX

Jeder Arbeiter erhält seinen Tagelohn, ebenso der Anwalt, selbst dann, wenn er den schon gewonnen geglaubten Prozess verliert. Ich aber wurde für meinen Dienst an Amor all meiner Habe beraubt: nichts nützt es mir, ihm zu dienen. Meinen Willen habe ich zum Herren über den Verstand gemacht, als ich sah, dass mein Verstand Amor schlecht diente; zu seinem Knappen habe ich ihn gemacht, und Gott ganz beiseite gelassen. Sechzehn Jahre sind es nun schon, dass ich auf meinen Lohn warte.

Amor, Amor: Zu gering ist Eure Macht, als dass Ihr einen anderen Menschen in einer Liebe, so groß wie die meine, entflammen könntet; geht, geht, und probt Eure Waffen an dem, der sich Euch widersetzt!

LXXXI

Així com cell qui es veu prop de la mort
corrent mal temps, perillant en la mar,
e veu lo lloc on se pot restaurar
e no hi ateny per sa malvada sort,
ne pren a me, qui vaig afanys passant
e veig a vós bastant mos mals delir.
Desesperat de mos desigs complir,
iré pel món vostre ergull recitant.

LXXXI

Wie einem, der bei Unwetter in Seenot gerät und sich dem Tod schon nahe wähnt und dann den Ort erblickt, an dem er Schutz und Rettung fände, doch diesen nicht erreicht, weil das grausame Schicksal es ihm verwehrt, ergeht es mir: Ich bin in größter Not und sehe Euch vor mir, imstande mich aus meiner Qual zu befreien. Doch da ich nicht auf die Erfüllung meiner Wünsche hoffen kann, werde ich losziehen und der ganzen Welt Euren Hochmut verkünden.

LXXXIII

Sí col malalt qui llong temps ha que jau
e vol un jorn esforçar-se llevar
e sa virtut no li pot molt aidar,
ans, llevat dret, sobtament plegat cau,
ne pren a mi, que m'esforç contra Amor
e vull seguir tot ço que mon seny vol:
complir no ho pusc, perquè la força em tol
un mal extrem atraçat per Amor.

LXXXIII

Wie einem Kranken, der, lange Zeit ans Bett gefesselt, eines Tages seine ganze Kraft zusammennimmt, um aufzustehen, weil seine Kraft nicht hinreicht, jedoch kaum, dass er gerade steht, schon wieder erschöpft zu Boden sinkt, ergeht es mir: All meine Kraft bringe ich gegen Amor auf, und will in allen Dingen meinem Verstand gehorchen; doch es gelingt mir nicht, denn meine Kraft ward mir genommen durch die tödliche Krankheit, mit der Amor mich geschlagen.

LXXXIX

I Cervo ferit no desija la font
aitant com jo ésser a vós present:
al gran repòs de mon contentament
passar no pusc sinó per aquest pont.
Molt me ve tard lo jorn tan desijat,
comprat molt car per dolorós sospir,
e tard o breu só cert que deu venir,
si per la mort camí no m'és tancat.

II Ésser no pusc d'esperança llançat,
car jo us desig segons mon major bé.
A vós deman; contra mi res no us té,
mentre el voler vostre em sia donat.
Si el pensament llunyava un sol punt
d'imaginar haver vostre voler,
sens aquell tot no pusc delit haver;
si no és tot sa, tost porà ser defunt.

III Davant me veig de grans dolors un munt,
puixs ops he tant per a mon contentar,
e mon voler porà molt menyscabar
si el vostre es mou e no mostra que munt.
E, davallant, davallarà lo meu,
e, d'alt caent, no darà poc crebant,
car tot extrem altre extrem és donant:
al poc estat no par l'ofensa greu.

IV Mil veus lo jorn és per mi pregat Déu
de ço que en vós està la major part:
que en mon voler hajau lo vostre esguard,
e preg Amor vos llanç tot poder seu.
E, si ho compleix, lladoncs prendreu extrem
– si troba lloc on se prenga en vós.
Amb lloc dispost, sa passió és en nós,
e lo contrast tenim e no volem.

LXXXIX

Den verwundeten Hirsch lechzt es nicht so sehr nach der Quelle wie mich danach, Euch immer nah zu sein: An den Ort, wo meine Sehnsucht, endlich gestillt, zur Ruhe kommt, gelange ich nur über diese Brücke. Wie spät kommt dieser lang ersehnte Tag, teuer erkauft mit Seufzern voller Pein! Doch bin ich sicher: früher oder später wird er kommen, wenn nicht der Tod mir diesen Weg versperrt.

Ich kann von dieser Hoffnung nicht lassen, denn ich begehre Euch als mein höchstes Gut. Nach Euch allein verlangt mich; Ihr werdet Euch nicht gegen mich wenden, solange Euer Wille mir ergeben ist. Doch kommen mir in Gedanken Zweifel, ob ich Eurer Gefühle auch wirklich sicher bin und Euer Wille ganz der meine ist, kann ich mich nicht mehr freuen, denn besitze ich ihn nicht ganz, könnte Eure Liebe bald erlischen.

Vor meinen Augen türmt sich ein Schmerzensberg, denn unendlich Großem bedarf es, um meine Sehnsucht zu stillen; meine Liebe könnte an Kraft verlieren, wenn die Eure schwankt und nicht zeigt, dass sie wächst. Und fällt sie, wird auch die meine fallen, und stürzt sie aus solcher Höhe, ist tief gewiss ihr Fall, denn von dem einen Extrem stürzt man stets in das andere: Nur wer schon unten ist, kann nicht noch tiefer fallen.

Tausend Mal am Tag erbitte ich von Gott, was doch zu großem Teil von Euch nur abhängt: dass Ihr Euch meiner Liebe zuwenden möget; und ich bitte Amor, er möge seine ganze Kraft gegen Euch aufbringen. Macht er meinen Wunsch wahr, werdet auch Ihr äußerste Liebe empfinden – wenn er in Euch nur einen Ort findet, um seine Wurzeln zu schlagen. Denn ist der Ort für ihn empfänglich, erfüllt er uns mit solcher Leidenschaft, dass wir uns ihm, obwohl wir es doch könnten, niemals widersetzen würden.

V Noves de vós saber mortalment tem,
dubtant-me fort que no hi mostreu amor;
per no saber, visc en altra dolor:
no sé de qual costat guard que no em crem.
No és en vós complir lo meu delit,
per bé que vós vullau complir aquell;
d'Amor haveu haver forçat consell:
en vós i en ell recau mon bé complit.

VI Res no temau ne prengau en despit
dels pensaments meus amb varietat,
car en servei seran de fermetat
– de tals servents vol ser Amor servit.
Si punt d'enuig d'est praticar sentiu,
sens amor sou o no sabeu què vol;
ferm lloc no el té, qui d'aquest mal se dol:
lo moviment per segurtat teniu.

VII Si tant de vós com voleu no confiu,
mon gran voler me porta en aquest zel.
De vostre cos no tem lo pus prim pèl
que en contra mi res fes ne em fos altiu.
La voluntat vull que pas tota en mi:
jo só zelós si molt amau a Déu.
Dant-vos delit sens mi, lo mal creix meu;
quan vos dolgués, del mal vostre em dolguí.

VIII Mon darrer bé, de vós jo guard la fi
quan del present me trob ésser content,
e, si em veig trist per algun cas present,
res venidor trobar no es pot en mi.

Mehr als den Tod fürchte ich von Euch jedes neue Zeichen, denn ich habe Angst, Ihr könntet mir keine Liebe zeigen; doch auch die Ungewissheit bereitet mir großes Leid: Ich weiß nicht, wohin ich mich wenden soll, um nicht zu verbrennen. Es liegt nicht allein in Eurer Macht, meine Sehnsucht zu stillen, selbst wenn Ihr sie stillen wolltet; mit Amor müsstet Ihr erst Ratschlag halten, denn er und Ihr gemeinsam entscheidet über die Erfüllung meines Glücks.

Und fürchtet nicht noch habt Verachtung für meine flatterhaften Gedanken, denn im Dienst an Euch werden sie beständig sein – solche Diener wünscht Amor sich an seinem Hof. Und wenn Euch mein Verhalten Verdruss bereitet, seid Ihr entweder ohne jede Liebe oder wisst nicht, was diese verlangt; wer an dieser Krankheit leidet, kennt keinen festen Ort: So nehmt denn meine Unbeständigkeit als Zeichen meiner Treue.

Wenn ich Euch nicht so sehr vertraue, wie Ihr es wolltet, so deshalb, weil meine große Liebe meine Eifersucht anstachelt. Was Euren Körper betrifft, so habe ich keinerlei Furcht, Ihr könntet mir übel wollen oder mich verachten. Doch auch Euer Wille soll ganz der meine werden: Eifersüchtig bin ich, wenn Ihr Gott viel Liebe schenkt. Wenn Ihr ohne mich Lust empfindet, dann wächst mein Leid; wann immer Ihr gelitten, habe ich Euer Leid geteilt.

Mein höchstes Gut: Stets muss ich an Euer Ende denken, wenn mir die Gegenwart Freude bereitet; und wenn mich das Jetzt und Hier traurig stimmt, gibt es für mich keine Zukunft mehr.

CI

I Lo biscaí qui es troba en Alemanya,
paralitic, que no pot senyalar,
si és malalt, remei no li pot dar
metge del món si doncs no és d'Espanya,
qui del seu mal haurà més coneixença
i entendrà millor sa qualitat.
Atal són jo, en estrany lloc posat,
que altre sens vós ja no em pot dar valença.

II Jo viu uns ulls haver tan gran potença
de dar dolor e prometre plaer;
jo, esmaginant, viu sus mi tal poder
que en mon castell era esclau de remença.
Jo viu un gest e sentí una veu
d'un feble cos, e cuidara jurar
que un hom armat jo el fera congoixar,
sens rompre'm pèl, jo em só retut per seu.

III Sí com l'infant que sap pel carrer seu
prou bé anar, segons sa poca edat,
si en esculls per cas se veu posat,
està pauruc – no sap on se té el peu –
d'anar avant, perquè no hi veu petjada;
no vol ne pot usar de camí pla,
tornar no sap, perquè altri el portà,
que ell per si no fera tal jornada.

IV Mos ulls d'açò han feta la bugada
e tots mos senys s'hi són volguts mesclar;
jo pena en pas, mas no hi puc contrastar,
perquè algun tant amb delit és mesclada.
Amor me vol e Fortuna em desvia,
a tals contrasts no basta mon poder;
sens ella al món remei no puc haver.
Doncs dir-m'heu vós ja de mi què us paria!

CI

Dem Basken, der in Deutschland weilt und, plötzlich gelähmt, sich nicht verständlich machen kann, vermag in seinem Leid kein Arzt der Welt Linderung zu verschaffen, es sei denn, er ist aus Spanien, denn nur dieser wird die Symptome des Patienten sofort erkennen und die Art seiner Erkrankung besser verstehen können. So ergeht es auch mir: Ich bin an fremdem Ort und keiner außer Euch vermag mir noch zu helfen.

Ich sah Augen, die so große Macht hatten, dass sie Leid verursachten und Lust versprachen; ich sah mich in meiner Vorstellungskraft einer so großen Macht ausgeliefert, dass ich in meinem eigenen Schloss zum Knecht ward. Ich sah das Antlitz und hörte die Stimme eines schwachen Körpers, und ich, der ich geschworen hätte, auch einem bewaffneten Mann noch das Fürchten zu lehren, habe mich ihm ganz ohne Kampf ergeben.

Mir ergeht es wie einem Kind, das auf den ihm bekannten Wegen sicheren Fußes geht, wie es seinem jungen Alter entspricht, und das, wenn es sich durch Zufall zwischen Klippen wiederfindet, nicht wissend, wohin es den Fuß setzen soll, zu viel Angst hat, um weiterzugehen, weil es keine Fußspuren sieht. Es will und kann keinen ebenen Weg einschlagen, doch auch umkehren kann es nicht, denn ein anderer hat es hierher getragen – niemals hätte es von sich aus einen solchen Weg genommen.

Dies ist durch den Filter meiner Augen gedrungen und alle meine Sinne wollten daran teilhaben. Darum muss ich nun leiden – ich komme nicht dagegen an, denn unter mein Leid mischt sich auch etwas Lust. Amor will mich und Fortuna lässt mich in die Irre gehen, machtlos ausgeliefert bin ich ihrem Widerstreit; und nichts auf dieser Welt als sie kann mir noch helfen. Sagt selbst, was Ihr von meiner misslichen Lage haltet!

V Dormint, vetlant, jo tinc la fantasia
en contemplar qui am, qui és, què val,
e quant més trob, llavors me va pus mal,
pel pensament, qui em met en gran follia;
hoc e en tan gran que jo am son desdeny,
son poc parlar, son estat tal qual és,
més que ésser rei del poble tot francés.
E muira prest, si mon parlar jo em feny!

VI Vós no voler lo meu voler empeny
e vostres ulls han mon arnés romput;
mon pensament, minvant, m'ha ja vençut;
só presoner, pauruc, per vostre seny.
Lo vostre gest tots mos actes afrena,
e mon voler res no el pot enfrenar.
L'hivern cremant, l'estiu sens escalfar,
aquests perills me daran mala estrena.

VII Bella amb bon seny, tot és poca faena
al meu afany veure vós lluny estar,
car prop de vós res no em pot mal temps dar
e lluny de vós no trob res bo sens pena.

Ob ich schlafe oder wache, stets ist meine Phantasie ganz versunken in das Bild derer, die ich liebe: sieht, wer sie ist, sieht ihren Wert. Und je mehr ich an ihr finde, desto schlechter ergeht es mir, denn meine Gedanken bringen mich um den Verstand. Ja, so groß ist schon meine Torheit, dass ihre Verachtung, ihre wenigen Worte, ihr Stand, so wie er ist, mir lieber sind als die Krone des Königs von Frankreich. Und ich soll auf der Stelle tot umfallen, wenn ich lüge!

Eure Lieblosigkeit bestärkt mich noch in meiner Liebe, Eure Augen haben meinen Harnisch zerschmettert; meine Gedanken, die mir die Kraft raubten, haben mich nun endgültig besiegt. Ich bin Gefangener Eures Verstandes, und voller Angst. Eine Geste von Euch reicht aus, um mich in meinem Tun zügeln, doch nichts auf dieser Welt hält meine Liebe im Zaum. Im Winter brenne ich, im Sommer bin ich kalt wie Eis – diese Gefahren werden mir ein schlechtes Ende bereiten.

Du Schöne von weisem Verstand: Jedes Leid ist gering verglichen mit den Qualen, die ich leide, wenn Ihr mir fern seid; denn nahe bei Euch kann nichts mir Ungemach bereiten und fern von Euch wird selbst das Gute mir zur Qual.

CXXIII

I Mentre d'amor sentí sa passió,
d'ell no haguí algun coneiximent;
quan he perdut d'aquell lo sentiment,
jo bast assats donar d'ell gran raó.
Per son esguard he vist sa qualitat
e com d'honest té poc e profitós,
e com està en l'apetit cobejós
e de l'irós com se n'ampra forçat.

II Qui de amor delitable és tocat
i en son voler esperança no sent
e son delit és tot en lo present,
del cobejós és vist passionat;
mas qui dolor com no és amat sofir
i amb gran desig altre amant vol haver,
en lo irós és fundat son voler:
esper e por lo fan pus fort sentir.

III Sí com lo cos bé format se pot dir
quan egualment los membres ha formats,
tal és amor quan ses tres qualitats
en actes tres hom veu aquell eixir;
car hom veu clar l'apetit corporal
e del compost d'on pren forma l'honest,
dels quals és l'hom, si bé ama, conquest;
sens tots aquests eguals, amor poc val.

IV Aquesta amor no és angelical,
ans més al cos que a l'arma ha son esguard;
diu-se d'aquell del qual pren major part,
sa força és gran com toca en general.
Lo qui amor per tres parts ha sentit
toca de tot: d'àngel e d'hom e brut,
segons de qual, tal nom ha merescut,
e, si de tots, de tants és revestit.

CXXIII

Während ich die Leidenschaft der Liebe spürte, hatte ich von ihr noch keine Kenntnis, doch seit ich dieses Gefühl verlor, vermag ich über sie genaue Rechenschaft abzulegen. An ihrem Auftreten erkannte ich ihr Wesen, erkannte, dass nur wenig an ihr sittsam oder nützlich ist, und dass sie im Trieb der Begierde ihren Anfang nimmt und sich gleichsam zwangsläufig mit dem Zornestrieb vereint.

Wer von der lustvollen Liebe erfasst ist und keine Hoffnung spürt für sein Verlangen und all seine Lust allein auf den Augenblick richtet, unterliegt dem Trieb der Begierde; doch wer leidet, weil er nicht geliebt wird, und sich voller Verlangen nach der Erwiderung seiner Liebe sehnt, dessen Begehren gründet auf dem Zornestrieb: Hoffnung und Furcht verstärken nur sein Leid.

So wie man einen Körper wohlgeformt nennen kann, wenn seine Glieder ebenmäßig und harmonisch sind, so ist auch die Liebe nur dann ausgewogen, wenn sich in ihr einträchtig ihre drei Eigenschaften und Erscheinungsformen vereinen, denn das körperliche Begehren erkennt man auf den ersten Blick, auch das (aus Körper und Seele) zusammengesetzte, in dem das sittliche Begehren Gestalt annimmt. Diese drei Formen des Verlangens erfüllen den Menschen, wenn er aufrichtig liebt; und wenn nicht alle drei in gleichem Maße walten, ist die Liebe wertlos.

Diese Liebe ist nicht engelgleich, denn sie richtet sich stärker nach dem Körper als nach der Seele; sie trägt den Namen dessen, an dem sie stärkeren Anteil hat; ihre Kraft ist groß, denn sie umfasst den Menschen als Ganzen. Wer Liebe in diesen drei Ausprägungen verspürt, der vereint alles in sich: Engel, Mensch und Tier; er verdient den Namen dessen, dem er folgt, und sind es alle, so soll er drei Namen tragen.

V Primerament lo cos li és subdit
e per ell és l'ànima en tal voler;
si en fastig ve lo cos, perd son poder,
així mateix perd d'amor l'esperit.
Moltes veus és que l'hom coneix bé clar
qual més hi fa, l'ànima o lo cos,
e més del temps hom no sap en què es pos,
qual del compost lo mou en més amar.

VI A l'esperit s'esguarda lo durar,
e lo començ al cos e el desig gran;
acompanyats tots llurs actes estan
en duració i en l'acte de amar.
Tal com és l'hom, de tal amor és pres,
e, segons on la sua amor ha esguard,
hoc e per temps ha fam e tost és fart
seguint lo for de l'amor qui l'ha empés.

VII Així com és l'amant per interés
a son amic, del qual gran bé li ve
– ell ama aquell e més son propi bé,
no veu son foc per dos parts ser encés –,
així són dos esguards d'aquesta amor,
e no es veu bé que sia sinó u:
comença al cos, e puix se fa comú
per dos esguards e per u comptador.

VIII Quin estament és d'aquell amador
no desijant res d'acte deshonest
e ja molt menys d'aquell qui és honest,
e sia encés d'amorosa calor
per un voler anant entre aquests dos:
confús a temps e puix determenat,
per gran desig mortal de ser amat
e puix per gran desig luxuriós!

Als erstes verfällt der Körper dieser Liebe, und erst durch ihn begehrt dann auch die Seele; doch wenn der Körper Überdruss verspürt, verliert die Liebe ihre Macht über ihn, und damit verliert zugleich auch die Seele ihre Liebe. Oft vermag der Mensch klar zu erkennen, welche seiner beiden Naturen, die Seele oder der Körper, die Oberhand hat, doch zumeist weiß der Mensch nicht zu sagen, worauf seine Liebe gründet und welcher Teil seines Kompositums ihn dazu bewegt, zu lieben.

Die Dauer der Liebe hängt allein von der Seele ab, ihr Beginn und das starke Verlangen jedoch vom Körper; vereint ist beider Tun in dem Bestreben, zu lieben und dass die Liebe lange währe. Jeder Mensch liebt auf die Weise, die ihm am meisten entspricht, und je nachdem, wonach seine Liebe trachtet, wird sein Hunger anhalten oder aber sogleich gestillt: Gehorchen muss er dem Gesetz der Liebe, die ihn treibt.

So wie derjenige, der nur um des Vorteils willen seinen Freund liebt, weil dieser ihm viel Gutes tut – den Freund liebt er, doch mehr sein eigenes Wohl, sein Feuer wird nicht von zwei Seiten her entfacht –, so hat auch diese Liebe zwei Gesichter, auch wenn es scheint, als habe sie nicht mehr als eines: Sie nimmt ihren Anfang im Körper, und danach zeigt sie ihr doppeltes Angesicht, doch nur eines zählt.

Wie schlecht ist es doch um jenen Liebenden bestellt, der nicht nach Unsittlichem strebt und weniger noch nach Sittsamen, und der in heißer Liebe entbrennt, getrieben von einem Begehren, das sich mal zur einen, mal zur anderen Seite wendet: im einen Moment ist er verwirrt, kurz darauf entschlossen, mal getrieben vom tödlichen Verlangen, geliebt zu werden, mal vom Verlangen nach Wollust!

IX D'amor no sap qui es cuida ser ginyós,
e, menys sabent, tots los cinc en un grau:
lo rei se fa de la serventa esclau
e d'ella vol l'honest i el delitós.
En amor veig dues dificultats:
una en saber qui és, d'on ve, què fa,
altra en eixir d'ell qui en ses mans està,
e quan e com fa contents sos criats.

X A Déu, a Déu sien acomanats
mos pensaments, qui m'han donat delit;
ells són aquells, mas l'esguard és fallit,
e ja en mi jo els trobe alterats.

Nichts von der Liebe weiß, wer sich selbst für klug hält, und für den Unwissenden sind alle Liebesarten vom gleichen Stand: Der König wird so zum Sklaven seiner Dienerin und erstrebt von ihr zugleich das Sittsame und das Lustvolle. In der Liebe sehe ich zwei Schwierigkeiten: Zum einen, zu wissen, von welcher Art sie ist, worauf sie gründet und was sie bewirkt, zum anderen, zu wissen, wie man sich, wenn man in ihrer Hand ist, von ihr befreit, und wann und wie sie ihre Untergebenen entlohnt.

Gott, Gott allein, seien meine Gedanken überantwortet, die mir so viel Lust bereitet haben; sie sind noch immer da, doch ihr Ziel ist ein anderes: sie haben sich, so will es mir scheinen, in mir nun in ihr Gegenteil verkehrt.

Frauenpreis und Frauenschelte

XXIII

I Lleixant a part l'estil dels trobadors
qui, per escalf, traspassen veritat,
e sostraent mon voler afectat
perquè no em torb, diré el que trob en vós.
Tot mon parlar, als qui no us hauran vista
res no valrà, car fe no hi donaran,
e los veents que dins vós no veuran,
en creure a mi llur arma serà trista.

II L'ull de l'hom pec no ha tan fosca vista
que vostre cos no jutge per gentil;
no el coneix tal com lo qui és subtil:
hoc la color, mas no sap de la llista.
Quant és del cos menys de participar
amb l'esperit, coneix bé lo grosser:
vostra color i el tall pot bé saber,
mas ja del gest no porà bé parlar.

III Tots som grossers en poder explicar
ço que mereix un bell cos e honest.
Jóvens gentils, bons sabents, l'han request
e, famejants, los covenc endurar.
Lo vostre seny fa ço que altre no basta,
que sap regir la molta subtilea.
En fer tot bé s'adorm en vós perea.
Verge no sou perquè Déu ne volc casta.

IV Sol per a vós bastà la bona pasta
que Déu retenc per fer singulars dones.
Fetes n'ha assats de sàvies e bones,
mas, compliment, dona Teresa el tasta,
havent en si tan gran coneiximent
que res no·l fall que tota no es conega.
A l'hom devot sa bellesa encega,
past d'entenents és son enteniment.

XXIII

Beiseite lasse ich den Stil der Dichter, die in ihrer Inbrunst die Grenzen der Wahrheit überschreiten, und unterdrücke meine leidenschaftlichen Gefühle, damit sie mein Urteil nicht trüben: offen sage ich, was ich an Euch finde. All meine Worte müssen dem, der Euch nie gesehen, wie Schall und Rauch erscheinen: er wird ihnen keinen Glauben schenken. Und wer Euch sieht, doch Euer Innerstes nicht zu sehen vermag, dem wird – glaubt er meinen Worten – die Seele traurig.

Selbst das Auge des größten Toren bedeckt kein so dunkler Schleier, dass er in Eurem Körper nicht edle Anmut erkannte; doch bleibt ihm das verborgen, was nur ein feinsinniger Geist erfasst: Die Farbe erkennt er wohl, nicht jedoch die Textur. In allem, was nur den Körper betrifft und woran der Geist nicht teilhat, kennt der Tölpel sich aus: Den Farbton Eurer Haut und Eure Figur vermag er zu erfassen, doch schon von Euren Gesten wird er nichts zu sagen wissen.

Doch sind wir alle Tölpel, wenn es darum geht, Worte zu finden, die einem schönen und tugendvollen Körper gerecht werden. Junge und gelehrte Edelmänner haben ihm den Hof gemacht, doch niemals wurde Ihr Hunger nach Erfolg gestillt. Euer Verstand vermag das, woran andere scheitern: Er ist Herrscher über feinsinnigste Gedanken. Da Ihr nur Gutes tut, ist die Trägheit Euch unbekannt. Jungfrau seid Ihr nur deshalb nicht, weil Gott wollte, Ihr solltet Nachkommen haben.

Nur für Euch reichte der gute Lehm, den Gott den einzigartigen Frauen zugedacht. Er erschaffte einige, die weise und gut waren, doch allein Dona Teresa erreicht die Perfektion, denn sie ist von so großer Weisheit erfüllt, dass sie es vermag, sich ganz zu erkennen. Auch den Frommen macht ihre Schönheit blind und ihr Verstand ist den Verständigen Nahrung.

V Venecians no han lo regiment
tan pacific com vostre seny regeix
subtilitats que l'entendre us nodreix
e, del bell cos, sens colpa el moviment.
Tan gran delit tot hom entenent ha
e ocupat se troba en vós entendre,
que lo desig del cos no es pot estendre
a lleig voler, ans com a mort està.

VI Llir entre cards, lo meu poder no fa
tant que pogués fer corona invisible;
meriu-la vós, car la qui és visible
no es deu posar lla on miracle està.

Selbst die Venezianer haben kein Regiment, das so friedvoll wäre wie das Eures Verstandes, der über die feinsinnigen Gedanken, die Eures Geistes Nahrung sind, und über die keuschen Regungen Eures schönen Körpers herrscht. So große Wonne empfindet der Verständige, dem der Sinn nach nichts anderem steht als Euch zu verstehen, dass das Verlangen seines Körpers seinen niederen Trieb nicht berührt, vielmehr ist dieser wie tot.

Lilie unter Disteln: Mein Können reicht nicht hin, um Euch die unsichtbare Krone zu winden, die Euch gebührt, denn eine sichtbare Krone ist fehl am Platz, da, wo ein Wunder wirkt.

XLII

I Vós qui sabeu de la tortra el costum,
e si no ho feu, plàcia'l-vos oir:
quan mort li tol son par, se vol jaquir
d'obres d'amor, ne beu aigua de flum,
ans en los clots ensutza primer l'aigua,
ne es posa mai en verd arbre fullat.
Mas contra açò és vostra qualitat,
per gran desig no cast que en vós se raiga.

II E no cuideu, dona, que bé us escaiga
que, puixs hagués tastat la carn gentil,
a mercader lliuràs vostre cos vil
(e son dret nom en Joan me pens caiga).
E si voleu que us ne don coneixença:
sa faç és gran, amb la vista molt llosca,
sos fonaments són de llagost o mosca.
Cert no mereix draps vendre de Florença!

III E coneixent la vostra gran fallença,
volgué's muntar, en amar, cavaller;
e sabent ell tot vostre fet en ver,
en vós amar se tengra a consciença,
sabent molt clar l'ensutzeada vida
prenent public les pagues del pecat.
Vostre cos lleig per drap és baratat;
vostre servir és bo sol per a dida!

IV E no cuideu filla us hagués jaquida,
vós alletant aquella amb vostra llet,
car vostre cos és de verí replet,
e mostren-ho vostres pèls fora mida;
car si us jaquiu vostra barba criada
e la us toleu, puixs, amb los pèls dels braços,
poran-se'n fer avantatjosos llaços
prenints perdius e tortra o becada.

XLII

Ihr wisst doch um das Verhalten der Turteltaube, und wenn nicht, dann hört mir gut zu: Nimmt der Tod ihr den Gefährten, dann lässt sie alle Werke der Liebe fahren, statt aus dem klaren Fluss zu trinken, trübt sie mit ihren Krallen auch noch das Wasser des Tümpels, an dem sie ihren Durst stillt, und niemals setzt sie sich auf einen begrünten Zweig. Euer Naturell jedoch ist ganz das Gegenteil, denn großes unkeusches Verlangen ist tief in Euch verwurzelt.

Und glaubt nicht, dass es Euch gut ansteht, dass Ihr, nachdem Ihr von edlem Fleisch gekostet habt, Euren schändlichen Körper nun einem Kaufmann hingebt (den Namen ‚reicher Johann' trägt er bestimmt zu Recht). Wenn Ihr wollt, kann ich ihn Euch gerne beschreiben: ein großes Mondgesicht, kurzsichtig wie ein Maulwurf und Beinchen so dünn, als wären es die einer Heuschrecke oder Fliege – und eine solche Witzfigur verkauft kostbarstes Florentiner Tuch!

Obwohl er um Eure großen Fehler wusste, wollte er, Euch besteigend, zum Edelmann aufsteigen, doch wüsste er die ganze Wahrheit über das, was ihr getan habt, dann hätte er größere Skrupel, Euch zu lieben; wüsste er um Euer verwerfliches Vorleben und darum, dass Ihr, vor aller Leute Augen, den Lohn für Eure Sünde entgegennahmt. Euren hässlichen Körper habt Ihr für ein schmutziges Tuch verschleudert; Ihr seid nur noch zur Amme gut!

Doch glaubt nicht, dass Ihr, von ihm geschwängert, die Tochter mit Eurer Milch stillen könntet, denn Euer Körper ist voll tödlichem Gift – Euer abartiger Haarwuchs ist dafür Beweis genug, denn würdet ihr Euren Bart eine Weile wachsen lassen, ihn dann abrasieren und mit den Haaren Eurer Arme verknoten, so könnte man daraus erstklassige Netze machen, um Rebhühner, Turteltauben oder Schnepfen zu fangen.

V Quant oïreu: „Alcavota provada!“,
responeu tost, que per vós ho diran;
e, puixs per nom propi vos cridaran,
ja no us mostreu en l'oir empatxada,
enterrogant: „Amics, e què voleu?
En dret d'amor, ha-hi res que jo fer pusca?
Tracte semblant jamés me troba cusca,
presta seré a quant demanareu.“

VI Tots los qui troba o acunçament volreu
en fets d'amor, emprau na Montboí;
ella us farà tot lo que féu a mi:
no es pot saber l'endreç que hi trobareu!

Und wenn Ihr hört: „He, du alte Kupplerin", dann antwortet sogleich, denn zu Euch sagen sie's. Und da sie Euch doch mit dem Namen, der Euch zusteht, rufen, tut nicht so, als seid Ihr schwerhörig, sondern fragt: „Freunde, was wollt ihr? Kann ich in Sachen Liebe irgendetwas für euch tun? Bei dieser Art von Dingen bin ich niemals faul, für alles, was ihr verlangt, stehe ich zu Diensten."

Alle jene unter Euch, die auf ein amouröses Stelldichein aus sind, mögen sich vertrauensvoll an die Montboí wenden; sie wird für Euch all das tun, was sie auch für mich getan: Ihr werdet sehen, sie richtet Euch wieder auf!

Moralisch-philosophische Dichtung

XXXII

I L'home pel món no munta en gran valer
sens haver béns, bondat, llinatge gran,
mas la del mig val més que lo restant
e no val molt sens les altres haver.
Per ella es fan les dues molt prear,
car poder val tant com és ministrat,
llinatge val aitant com és honrat:
la valor d'hom ho fa tot graduar.

II Mas no serà l'hom sabent de sonar
si en algun temps no sona esturment,
car per voler sonar lo nom no es pren,
mas, l'esturment sonant, bé acordar.
Tot enaixí, aquell qui dins si val,
pobre de béns e d'avilat llinatge:
no té els arreus per mostrar gran coratge
en la virtut que es nomena moral.

III Són e seran molts d'un altre cabal:
havents molts béns e d'alta sang favor
e, valent poc, han la part no mellor,
car, sens l'hom bo, quant pot haver és mal.
E moltes veus ha'n la colpa natura,
car fóra bo tal que valer no sap:
negun saber no pot viure en llur cap;
sens colpa llur, de valer han fretura.

IV Entre els extrems al mig virtut atura,
molt greu d'obrar i entre pocs conegut;
per ell saber no és hom per bo tengut,
mas fets obrant forans dins tal mesura.
Aitant és llarg l'home menys de fer llarguesa
com és escàs si no fall en despendre:
vicis, virtuts, per actes s'han a prendre;
aprés lo fet és llur potença presa.

XXXII

Ein Mensch kann auf Erden nur hohe Geltung erlangen, wenn er Reichtum, Güte und edle Abstammung besitzt. Doch die mittlere ist mehr wert als die übrigen, wenn sie auch ohne die anderen nicht viel zu bewirken vermag. Durch sie erlangen auch diese beiden höchste Wertschätzung, denn Macht ist nur dann gut, wenn man sie gerecht ausübt, und seinem Namen muss man stets aufs Neue Ehre erweisen: Es ist allein der Wert des Menschen, der allen Dingen ihren Rang zuweist.

Doch kann man ein Instrument nicht zum Klingen bringen, wenn man es nie zuvor gespielt hat, denn der Wille allein macht noch keinen Spielmann, nur stetes Üben führt zum harmonischen Klang. So verhält es sich auch mit dem, der zwar ein gutes Herz hat, doch arm ist und aus schlechtem Haus: Er hat nicht die Mittel, um sich hervorzutun in der Tugend, die man Moral nennt.

Viele gibt es und wird es immer geben, die sind von einem andern Schlag: Mit viel Reichtum gesegnet und von edlem Blute, sind sie doch nichts wert, denn das Wichtigste fehlt ihnen: Ist der Mensch nicht gut, kann alles, was er hervorbringt, nur schlecht sein. Oft trifft auch die Natur ein Teil der Schuld, denn sie gibt dem ein gutes Herz, der es nicht zu nutzen weiß: Das Wissen hierüber aber ist keinem Kopf von Natur aus eingegeben, und so ist er schuldlos, wenn er seine guten Anlagen nicht zur Geltung bringt.

In der Mitte zwischen den Extremen liegt die Tugend; nach diesem rechten Maß zu handeln ist sehr schwer, und viele kennen es noch nicht einmal; doch reicht es auch nicht aus, es zu kennen, um als guter Mensch zu gelten, vielmehr muss man sein ganzes Handeln nach diesem Maß ausrichten. So wenig wie man jemanden, der niemals freigebig ist, einen Verschwender nennen kann, so wenig ist, wer stets mit vollen Händen austeilt, ein Geizhals: Laster wie Tugenden eignet man sich durch sein Handeln an; erst nach dem Akt erkennt man die Potenz.

V No conquerran virtuts per gran aptesa,
no les hauran poetes per llur art:
han-les aquells metents vicis a part,
obrant virtut per amor de bonesa,
res no dubtant viciosa vergonya,
mas solament amant virtuós preu.
E l'home pec en aquest banc no seu,
e qui n'és lluny lo gran delit se llonya.

VI Llir entre cards, tostemps faré ma ponya
que la dolor jamés de mi es partesca,
e no penseu que mon cas enferesca,
car major dan mereix ma gran vergonya.

Tugenden erlangt man nicht durch große Gewandtheit, und auch den Dichtern nützt all ihre Kunstfertigkeit nichts: Es erlangt sie allein, wer allen Lastern abschwört und aus Liebe zum Guten tugendhaft handelt, frei von der Furcht vor der Scham des Lasters, allein nach dem Preis der Tugend strebend. Doch für den Tölpel ist kein Platz auf dieser Bank, und wer fern der Tugend ist, ist auch fern des höchsten Glücks.

Lilie unter Disteln: Mein Bestreben wird immerfort sein, dass der Schmerz niemals von meiner Seite weiche; und glaubt bloß nicht, dass ich übertreibe, denn meine schamvolle Schuld verdient eine noch größere Strafe.

CVII

I Oh quant és foll qui tem lo forçat cas
o contra aquell remei és demanant,
e qui poder se troba molt bastant
e no el coneix pensant-lo haver escàs!
Vós sou aquell amprant contra la mort,
puixs és forçat que en molt breu temps morreu,
hoc menysprear son poder bé podeu
e, no tement, morint sou d'ella estort.

II En vós està fer son cas flac o fort,
car lo seu mal per dues coses naix:
per tembre el dan del lloc eternal baix
e per haver perdut al món deport.
Ja de aquest alçar podeu la mà,
puixs vostres senys los quatre haveu perduts.
Doncs, contra el dan armau-vos de virtuts
e no us dolreu ne tembreu ça ne lla.

III A l'home bo la mort negun mal fa,
ans és mijà per on traspassa a Déu,
e si el mal hom, morint, en mal se veu,
no ho fa la mort, mas ha mal com pecà.
La mort tem molt qui viu en mal delit,
car perd dos mons: jussà i superior.
Si el bo, perdent lo cos, passa dolor,
no és molt gran pensant de l'esperit.

IV A l'home Déu ha dos mons establit,
així com són dos natures en ell;
cascuna part espera en aquell
d'on l'ésser trau, finit o infinit.
Al nostre cos la mort del tot confon,
perdent son bé, lo qual és tot present;
e l'espirit no tem anul·lament:
per mort reviu, mas va no sabent on.

CVII

Ein Tor ist, wer den Tag fürchtet, der doch unausweichlich ist, oder nach Mitteln sucht, ihm zu entfliehen; und wer, wiewohl er gut gewappnet ist, nicht darum weiß und denkt, er sei der Waffen bar! Ihr seid es, der gegen den Tod ankämpft, doch ist es unausweichlich, dass Ihr bald sterben werdet. Allein wenn Ihr die Macht des Todes verachtet und so ganz ohne Furcht sterbt, werdet Ihr von ihm befreit.

Allein an Euch liegt es, ob er schwach oder stark ist, denn seine unheilvolle Kraft erwächst aus zwei Dingen: der Furcht vor den Qualen jenes ewigen Höllengrunds und davor, alle Freuden dieser Welt zu verlieren. Doch dieses letzte braucht Euch nicht mehr zu bedrücken, denn von Euren Sinnen habt Ihr schon vier verloren. Darum wappnet Euch nun mit Tugend gegen das Übel, so werdet ihr weder hier (im Diesseits) noch dort (im Jenseits) Leid oder Furcht verspüren.

Der Tod kann einem guten Menschen nichts Böses anhaben, vielmehr ist er der Weg, auf dem dieser zu Gott gelangt; und wenn ein schlechter Mensch im Sterben liegt und weiß, dass Schlechtem er entgegengeht, trägt nicht der Tod, sondern allein sein sündiges Leben daran Schuld. Vor dem Tod graut es dem, der sich falschen Freuden hingibt, denn er verliert durch ihn gleich zwei Welten: die Erde und den Himmel. Den Guten hingegen wird der Verlust des Körpers weit weniger schmerzen, bleibt ihm doch der Gedanke an die Seele.

Zwei Welten hat Gott dem Menschen zubestimmt, so wie auch zwei Naturen in ihm sind; ein jeder Teil hofft auf den Ort, aus dem er sein Sein bezieht, das endlich oder unendlich ist. Für unseren Körper bedeutet der Tod das Ende, denn er beraubt ihn all seines Glücks, das allein auf der Gegenwart gründet; die Seele jedoch fürchtet sich nicht vor ihrer Auslöschung, denn im Tod gelangt sie zu neuem Leben, allein wohin sie geht, vermag sie nicht zu sagen.

V Los sentiments d'aquests diverses són,
per bé que a tots aquesta mort desplau:
u tem e dol, e l'altre en dolor jau;
lloc vol cascú en lo seu propi món.
Aquest compost en molts veig discordar,
en altres molts que en acord par que estan,
mas no és ver, puixs males obres fan;
lo bon hom sol pot amb si acordar.

VI Amb vera pau lo bon hom pot obrar,
no el mal faent, car mal fi no promet;
per esta fi lo bé i lo mal és fet:
pel bé s'ateny, pel mal no es pot guanyar.
En general hom vol i entén est bé;
particular, quan ha dreta raó;
entén, no el sent, l'obrant per passió,
e lo malvat no el sent ne el creu per fe.

VII Cascuna part de nós tira d'on ve:
lo cos terreny deçà vol romanir;
l'arma d'aquell no es volria partir,
e lo seu bé per la mort li pervé.
Mas tant ambdós han estreta amistat,
que l'u dolor pel companyó sofer,
hoc fins en tant que el mal torna en plaer,
i el mal aquell ha per gran bé estimat.

VIII Tant com més l'hom tem la immortalitat,
d'aquesta mort sofir major turment;
e si prés mort creu son anul·lament,
en major mal és per la nul·litat.
E que lo món superior no fos,
a l'hom és ops que ho pens ésser així,
car lo present no el trau d'ésser mesquí:
nostre apetit no fuig a freturós.

Darum sind die Gefühle, die sie hegen, unterschiedlich, auch wenn der Tod sie beide verdrießt: der eine leidet und ist voller Furcht, den anderen streckt der Schmerz danieder; und ein jeder strebt nach einem Ort in seiner eigenen Welt. Bei vielen ist dieses Kompositum von Zwietracht bestimmt, bei anderen wiederum scheint es, als würde Eintracht herrschen, doch der Schein trügt, denn schlecht ist ihr Tun. In Einklang mit sich selbst lebt allein der gute Mensch.

In wahrem Frieden mit sich kann nur der gute Mensch handeln, nicht jedoch, wer Schlechtes tut, denn das Schlechte führt zu keinem Ziel. Um zum Ziel zu gelangen, handelt man gut oder schlecht, doch nur über das Gute erreicht man es, nicht über das Schlechte. In der Regel sucht und versteht der Mensch dieses Gute – vor allem dann, wenn er mit rechtem Verstand gesegnet ist. Wer nur von seiner Leidenschaft getrieben handelt, versteht es, spürt es aber nicht, und der Niederträchtige schließlich spürt es weder noch glaubt er daran.

Jeder Teil von uns strebt nach seinem Ursprung, darum möchte der irdene Leib auf Erden verbleiben; die Seele möchte sich von ihm nicht trennen, auch wenn sie ihr höchstes Gut erst durch den Tod erlangt. Doch die Freundschaft zwischen beiden ist so eng, dass der eine den Schmerz des Gefährten fühlt; dies geht soweit, dass das Leid zur Lust wird, und man dieses Leid sogar für ein großes Gut hält.

Je mehr der Mensch die Unsterblichkeit fürchtet, desto größer sind die Qualen, die er wegen des Todes leidet; und wenn er glaubt, der Tod bedeute seine Auslöschung, ist sein Leid noch größer wegen der Angst vor diesem Nichts. Und auch wenn es diese höhere Welt nicht gäbe, müsste der Mensch doch an ihre Existenz glauben, denn die Gegenwart macht ihn nur unglücklich: Wer unzufrieden ist, den verlässt das Verlangen nie.

IX Per ésser l'hom contra mort animós,
l'és ops virtut teologal e moral,
sí que lo cos sia racional,
per l'apetit portat a virtuós.
Lladoncs tot l'hom bons delits usarà,
passats pel cos, mas a l'arma semblants,
més d'immortal que de mortal tocants,
sí que en est món de l'altre ja sentrà.

X Qui en tant ve, la mort no dubtarà,
car lo seu cos en arma haurà conduit;
sí com lo mal hom d'ànima és buit,
així lo bo, lo cos nosa no·l fa,
puixs amb raó jaquit ha tot extrem
e temprats ha tots los mals moviments:
espera en Déu, e dóna als no havents,
e viu en fe, d'on tots nos salvarem.

XI Mare de Déu, tots los qui bé creem
que tu portist aquell Crist, fill de Déu
– per consegüent per nós morí en creu –,
fes-nos haver tanta fe com volem.

XII Toni amic, vostra carn és ja fem,
e sens la gota haveu bon esperit;
si no hi pensau, restareu escarnit,
que per ser fresc lo cos, l'esperit crem.

Um dem Tod ohne Angst entgegentreten zu können, bedarf es theologischer und moralischer Tugend, damit der Körper, vom Verlangen auf den Pfad der Tugend getragen, ganz rational werde. Denn dann wird der Mensch die wahren Wonnen kosten, die zwar auch den Körper durchdringen, jedoch der Seele ähnlich sind und näher dem Unsterblichen als dem Sterblichen, so dass der Mensch in dieser Welt schon jene andere spürt.

Wer bis hierher gelangt ist, der braucht den Tod nicht zu fürchten, denn sein Körper ist der Seele untertan. Und während der schlechte Mensch ohne Seele ist, kann dem Guten der Körper keinen Schaden zufügen, denn kraft seiner Vernunft hat er von den Extremen abgelassen und alle seine schlechten Triebe zur Mäßigung gezwungen: Er hofft auf Gott, und gibt denen, die nichts haben, und lebt in dem Glauben, der uns alle erlösen wird.

Mutter Gottes: Gib, dass wir, die wir daran glauben, dass Du in Deinem Schoß Christus, Gottes Sohn, getragen – der dann für uns den Kreuzestod auf sich genommen –, im Glauben so stark werden, wie wir dies wollen.

Toni, mein Freund: Euer Fleisch ist schon faulig, doch abgesehen von der Gicht, seid Ihr guten Mutes; denkt an meine Worte, sonst wird es Euch übel ergehen, denn wenn das Fleisch kalt ist, brennt die Seele.

Totengedichte

XCII

I Aquelles mans que jamés perdonaren
han ja romput lo fil tenint la vida
de vós, qui sou de aquest món eixida
segons los fats en secret ordenaren.
Tot quant jo veig e sent dolor me torna
dant-me record de vós, qui tant amava.
En ma dolor, si prim e bé es cercava,
se trobarà que delit s'hi contorna.
Doncs, durarà, puixs té qui la sostinga,
car sens delit dolor crei no es retinga.

II En cor gentil amor per mort no passa,
mas en aquell qui per los vicis tira.
La quantitat d'amor durar no mira,
la qualitat d'amor bona no es llassa.
Quan l'ull no veu e lo toc no es pratica,
mor lo voler, que tot per ells se guanya;
qui en tal punt és, dolor sent molt estranya,
mas dura poc: l'expert ho testifica.
Amor honest los sants amants fa colre:
d'aquest vos am, e mort no el me pot tolre.

III Tots los volers que en mi confusos eren
se mostren clar per llur obra forana:
ma carn se dol, car sa natura ho mana,
perquè en la mort sos delits se perderen;
en sa dolor ma arma és embolcada,
de què llur plor e plant per null temps callen.
En tal dolor tots los conhorts me fallen,
com, sens tornar, la que am és anada.
Mas l'altra amor, de amistança pura,
aprés sa mort sa força gran li dura.

XCII

Jene Hände, die keine Gnade kennen, haben den Faden schon zerschnitten, an dem Euer Leben hing: Aus dieser Welt seid Ihr geschieden, wie es die Parzen insgeheim beschlossen. Was ich auch sehe und fühle, alles bereitet mir Schmerz, denn alles weckt die Erinnerung an Euch, die ich so sehr liebte. Doch wird, wer sich mein Leid genau und aufmerksam besieht, auch Lust darin finden, die mit dem Leid sich mischt. Derart genährt wird mein Schmerz gewiss von Dauer sein, denn ohne Lust, glaube ich, hat auch das Leid einmal ein Ende.

Stärker als der Tod ist die Liebe eines edlen Herzens, doch ist das Herz den Lastern zugeneigt, wird sie sogleich vergehen. Die Quantität der Liebe hat ihre Dauer nicht im Sinn, die Qualität der wahren Liebe jedoch ermattet nie. Wenn das Auge nicht sieht und der Tastsinn nicht erprobt wird, stirbt die Begierde, denn nur durch diese beiden wird sie entflammt. Wer an diesem Punkt ist, verspürt einen eigenartigen Schmerz, doch dieser ist nur von kurzer Dauer – wer dies je erfahren hat, wird meine Worte bestätigen. Ob ihrer sittlichen Liebe werden die heiligen Liebenden verehrt, und auf diese Weise liebe auch ich Euch – der Tod kann mir das nicht nehmen.

All die Begierden, die in mir vermischt waren, zeigen aufgrund ihrer äußeren Wirkung ihr wahres Gesicht: Mein Fleisch trauert, weil seine Natur ihm dies befiehlt, denn mit dem Tod vergehen all seine Freuden; und an seinem Schmerz nimmt auch meine Seele Anteil, so dass beider Weinen und Klagen zu keiner Zeit verstummt. Gegen diesen Schmerz hilft mir kein Trost, denn ohne Wiederkehr ist jene, die ich liebe, von mir gegangen. Doch die andere Liebe, jene, die nach reiner Freundschaft strebt, hat durch ihren Tod nicht an Kraft verloren.

IV Aquesta amor, si los pecs no la creen,
és ver senyal del bé que en ella habita:
aquesta és qui sens dolor delita,
i els cecs volers de prop aquesta es veen.
Lo voler cec del tot ella il·lumena,
mas no en tant que lleve el cataracte,
e, si posqués fer sens empatx son acte,
no fóra al món ull amb gota serena;
mas és així com la poca triaga,
que molt verí sa virtut li apaga.

V Aquell voler que en ma carn sola es causa,
si no és mort, no tardarà que muira.
L'altre, per qui dol continu m'abuira,
si em defalleix, no serà sens gran causa.
Ell pot ser dit voler concupiscible,
e sol durar, puixs molt de l'arma toca,
mas fall per temps, car virtut no invoca
e d'un costat és apetit sensible.
Aquests volers l'amor honesta em torben,
perquè entre mal e bé mes penses orben.

VI D'arma e cos és compost l'hom, contraris,
per què el voler e l'apetit contrasten;
tot quant aquests de llur natura tasten
és saborós e vitals lletovaris.
Altre voler, que en mig d'aquests camina,
és atrobat que no té via certa:
cuida haver port en la plaja deserta
e lo verí li sembla medecina.
Aquest voler amb arma i cos conversa,
naix d'ells e fa la obra d'ells diversa.

Diese Liebe – auch wenn die Toren dies nicht glauben – ist wahres Zeichen des Guten, das in ihr wohnt: Sie ist es, die Lust ohne Leid verschafft, und in ihrer Nähe erlangen die blinden Begierden das Augenlicht zurück. Die blinde Begierde erleuchtet sie ganz, nicht genug jedoch, um den Katarakt zu entfernen; doch wäre es ihr möglich, ungehindert ihre Wirkung zu entfalten, gäbe es auf dieser Welt kein einziges Auge mehr, das von Blindheit geschlagen. Aber mit ihr ist es wie mit dem Theriak, den man in geringer Menge verabreicht: gegen starkes Gift vermag er nichts auszurichten.

Jenes Verlangen, das allein in meinem Fleisch seinen Ausgang nimmt, wird, wenn es nicht schon tot ist, doch nicht lange brauchen, um zu sterben. Das andere jedoch, wegen dem mich beständig Schmerzen quälen, wird nur mit gutem Grund an Kraft verlieren. Man kann dieses das begehrende Verlangen nennen; meist ist es von einiger Dauer, da auch die Seele einen Anteil an ihm hat, doch mit der Zeit wird es schwächer, weil es nicht nach Tugend strebt, denn es besteht zu einem Teil aus sinnlichem Trieb. Diese Begierden trüben meine reine Liebe, denn sie verblenden meine Gedanken so stark, dass ich nicht mehr zwischen Gut und Böse zu unterscheiden vermag.

Der Mensch ist zusammengesetzt aus Körper und Seele, die gegensätzlich sind, denn rationaler Wille und körperlicher Trieb stehen im Widerstreit miteinander. Alles, was diese kosten – jeder seiner Natur entsprechend –, ist süße und lebensspendende Medizin. Das andere Begehren jedoch, das zwischen diesen beiden seinen Weg sucht, befindet sich auf keinem sicheren Pfad: es glaubt, dass der verlassene Strand ihm ein sicherer Hafen ist, und Medizin scheint ihm das Gift. Dieses Begehren ist sowohl mit der Seele als auch mit dem Körper verbunden, es entspringt aus ihnen und wirkt so wie sie auf unterschiedliche Weise.

VII Tres són les parts vers on mos volers pugen
e, per semblant, vénen per tres maneres;
entre si han contràries carreres:
delits portants e d'altres que m'enugen.
Quan los delits del cos la pensa em mostra,
jo sent dolor, car són perduts sens cobre.
Altra dolor sent que em vist tot e em cobre,
com pens que mort ha tolta l'amor nostra.
L'altre voler raó i natura funden,
que sens dolor molts delits ne abunden.

VIII Lo lloc on jau la dolor gran que passe
no és del tot fora de mes natures
ne del tot és fora de llurs clausures;
lo moviment creu que per elles passe.
Aquell voler que en mi no troba terme
és lo mijà per on dolor m'agreuja.
L'extrem d'aquest fora natura alleuja,
fort e punyent, mas encansable verme.
Opinió falsa per tots és dita,
que fora nós e dintre nós habita.

IX D'aquesta amor les demés gents tremolen;
aquesta és sentida i no sabuda;
poques gents han sa causa coneguda;
delits, dolors, per ella venir solen.
Lo cos per si lo seu delit desija,
l'arma enaprés lo sent e vol atényer
lo propri seu, al qual no es pot empényer,
car tot és fals, d'on ella se fastija.
D'aquests contrasts aquesta amor escapa,
que veritat no ateny amb sa capa.

Drei sind die Richtungen, in die meine Begehren streben, und sie zeigen sich gleichfalls auf drei Arten. Sie gehen auf unterschiedlichen Wegen: die einen bereiten mir Freude, die anderen Kummer. Wenn meine Gedanken mich an die Freuden des Fleisches erinnern, verspüre ich Schmerz, denn diese sind auf immer verloren. Einen anderen Schmerz, der mich ganz einhüllt und bedeckt, verspüre ich, wenn ich daran denke, dass der Tod unsere Liebe geraubt hat. Das dritte Begehren jedoch gründet allein auf Vernunft und Natur, so dass es überreich an Wonnen ist, die kein Leid mindert.

Der Ort, an dem der große Schmerz verweilt, den ich erleide, ist nicht ganz außerhalb meiner beiden Naturen und auch nicht ganz außerhalb ihrer Grenzen; ich glaube, er bewegt sich zwischen beiden Polen. Jenes Begehren, das in mir kein Ende findet, ist das Tor, durch das der Schmerz in mich eindringt. Und seine äußerste Grenze liegt außerhalb meiner Natur, stark und stechend, wie ein unermüdlicher Wurm. Falsch ist das, was alle sagen, denn dieses Begehren ist zugleich in uns und außerhalb von uns.

In dieser Art der Liebe erbeben die meisten Menschen; man kann sie nur spüren, nicht aber mit dem Verstand erfassen. Nur wenige kennen ihre Ursache, und meist bereitet sie Freud wie Leid. Der Körper begehrt nach seiner Lust, dann spürt auch die Seele dieses Verlangen und strebt danach, in ihm ihre eigene Wonne zu finden; doch lässt sie bald davon ab, denn dieses Begehren ist falsch und trügerisch und bereitet ihr nur Verdruss. Aufgrund dieser Gegensätze flieht diese Liebe alsbald, denn in ihrem falschen Mantel kann sie nicht zur Wahrheit gelangen.

X Tant és unit lo cos amb la nostra arma
que acte en l'hom no pot ser dit bé simple;
algú no és vers l'altre humil e simple:
contrast se fan, u contra l'altre s'arma.
Mas és tan poc lo contrast a sa hora,
que en fets del cos l'arma no fa gran nosa;
i, en contemplant, així l'arma reposa,
que, bé représ, lo cos d'açò no plora.
Aquesta pau en mi no és molt llonga,
per què dolor més que el delit s'allonga.

XI Dolor jo sent e sembla a mi extrema;
no só en punt de voler consell rebre,
e de negun remei me vull percebre,
ans de tristor he presa ja ma tema.
Si em trob en punt que dolor no m'acorde,
ja tinc senyal amb què a dolor torne:
record sos fets d'amor e allens borne;
d'ací escapant, amb oci no em concorde.
Son espirit amb lo cos jo contemple;
tant delit sent com l'hom devot al temple.

XII De pietat de sa mort ve que em dolga
e só forçat que mon mal haja a plànyer.
Tant he perdut que bé no em pot atànyer,
Fortuna ja no té què pus me tolga.
Quan imagín les voluntats unides
i el conversar, separats per a sempre,
pensar no pusc ma dolor haja tempre,
mes passions no trob gens aflaquides;
e si per temps elles passar havien,
vengut és temps que començar devien.

So eng verknüpft ist der Körper mit unserer Seele, dass es keine menschliche Handlung gibt, die man einfach nennen könnte, und keiner der beiden Teile unterwirft sich dem anderen, vielmehr stehen sie im Widerstreit und kämpfen gegeneinander an. Doch zuweilen ist der Widerstand so schwach, dass die Seele sich dem Tun des Körpers nicht entgegenstellt; und auch die Seele kommt in der Kontemplation zur Ruhe, weil der Körper, auf diese Weise gezähmt, keinen Anlass zur Klage hat. Doch dieser Friede währt in mir nicht lange, denn das Leid hat länger Bestand als die Lust.

Ich verspüre Leid, das mir unermesslich scheint; in meinem Zustand nützen mir keine guten Ratschläge, und für jedes Heilmittel bin ich blind: Die Traurigkeit habe ich mir zum Thema gewählt. Gelange ich an den Punkt, da mir mein Schmerz nicht mehr in den Sinn kommt, genügt ein Zeichen, um mich dem Schmerz wieder zuzuwenden: Ich entsinne mich ihrer Liebesbeweise, und der Schmerz durchdringt mich aufs Neue; ich kann mich nicht dazu entschließen, mich von diesen Erinnerungen zu befreien, um endlich zur Ruhe zu kommen. Ihre Seele und ihren Körper schaue ich, und fühle dabei so viel Wonne wie der Fromme im Tempel.

Das Mitleiden an ihrem Tod ist der Grund meines Schmerzes, doch muss ich auch mein eigenes Unglück beklagen. So viel habe ich verloren, dass ich nie wieder glücklich werden kann; nichts bleibt mir, was Fortuna mir noch nehmen könnte. Wenn ich daran denke, dass unsere Gefühle, die in Liebe vereint waren, nun für immer getrennt sind, und unsere Eintracht ein Ende hat, kann ich nicht glauben, dass mein Schmerz jemals ein Maß finden könnte. Auch mein Leid ist nicht schwächer geworden, und wenn es jemals vergehen sollte, so wäre jetzt die Zeit gekommen, damit zu beginnen.

XIII Mes volentats mos pensaments aporten
avall i amunt, sí com los núvols l'aire:
adés me dolc, puixs dolor no sent gaire,
e sent dolors que amb si delits comporten.
Quan pens que els morts de res dels vius no pensen
e les dolors que pas sens grat se perden,
mos sentiments han mal, e no s'esperden
tant que d'amor e dolor se defensen
e pas dolor que en la d'infern s'acosta
com en est món no la'm veuré de costa.

XIV En altre món a mi par que jo sia
i els propis fets estranys a mi aparen;
semblant d'aquells que mos juís lloaren,
lo fals par ver, la veritat falsia.
Los meus juís la dolor los ofega,
lo lloc no hi és on primer habitaven.
Si és, no tal com ans del cas estaven:
alterat és. La mort, jo sa, em fa brega
tal e tan fort que, altre matant, mi mata.
No sé com és que lo cor no m'esclata!

XV Alguns han dit que la mort és amarga;
poden-ho dir los qui la sabor senten,
o de per si o com per altre tempten
sa fort dolor, que entre totes és llarga.
Per mi no tem, per altre l'he temuda;
puixs fon cruel, ja pietat no m'haja.
Qui en terra jau, no tem pus avall caja;
en l'esperat ma esperança és perduda.
Oh partiment dolorós, perdurable,
fent en dolor mi comparat diable!

Mein wechselhafter Wille bewegt meine Gedanken auf und nieder, wie Wolken in der Luft: eben noch leide ich, im nächsten Moment spüre ich keinen Schmerz, oder aber ich verspüre Leid, das gepaart ist mit Lust. Wenn ich daran denke, dass die Toten keinen Gedanken an die Lebenden verschwenden und dass die Schmerzen, die ich erleide, darum ohne Aussicht auf Lohn vergehen, werden meine Gefühle schwächer, doch nie so schwach, als dass sie sich gegen die Liebe und das Leid zur Wehr setzten. Und ich erleide Qualen, die denen der Hölle gleichen, weil ich sie in dieser Welt niemals mehr an meiner Seite sehen werde.

Mir scheint es, als wäre ich in einer anderen Welt, sogar mein eigenes Handeln scheint mir fremd, auch wenn es dem ähnelt, was meine Urteilskraft früher guthieß. Das Falsche scheint wahr und die Wahrheit falsch. Der Schmerz erstickt meine Urteilskraft; der Ort, an dem sie vormals verweilte, existiert nicht mehr, und wenn doch, dann nicht mehr so, wie vor dem Unglück, sondern verändert. Der Tod greift mich, der ich doch lebe, mit solcher Heftigkeit an, dass er, indem er die andere tötete, zugleich auch mich tötet. Ich weiß nicht, wie es möglich ist, dass das Herz mir nicht zerspringt!

Manch einer hat gesagt, der Tod sei bitter – dies kann nur sagen, wer seinen Geschmack gekostet oder wer an sich selbst oder einem anderen seinen starken Schmerz erfahren, der länger anhält als jeder andere. Nicht wegen mir, wegen ihr habe ich ihn gefürchtet, und da er grausam zu ihr war, soll er auch mit mir keine Gnade haben. Wer auf der Erde liegt, hat keine Angst davor, noch tiefer zu fallen; meine Hoffnung auf das Erhoffte ist verloren. Oh schmerzvolle, unumkehrbare Trennung, im Leid machst du mich dem Teufel gleich!

XVI No preu los béns que jo sol posseesca,
car plaent res home sol no pratica.
La mort no tem, que lo món damnifica,
sinó que tem que el cel me defallesca.
Tot cas jo mir amb una egual cara:
res no em fa trist, e ja molt menys alegre.
No és color dessobre, blanc o negre:
vers mi no hi ha cosa escura ne clara.
Tot quant amor e por me pogren noure
finí lo jorn que li viu los ulls cloure.

XVII Segons lo cas ma dolor no és tanta
com se requer per un mortal damnatge.
Sobre tots mals la mort porta avantatge:
jo l'he sentit e de present m'espanta.
Segons l'amor, del dan no port gran signe,
e volgra jo que en lo món fos notable,
dient cascú: „Veus l'home pus amable!",
e que plangués cascú mon fat maligne.
Aquell voler causat per cosa honesta,
mentre seré, serà mostrant gran gesta.

XVIII Tan comun cas, ¿per què tan extrem sembla
al qui per sort la mort en tant lo plaga?
¿Per què en tal cas la raó d'hom s'amaga
e passió tota sa força assembla?
Déu, piadós e just, cruel se mostra:
tant és en nós torbada coneixença!
Fluixant dolor, primer plega creença,
mas ferm saber no és en potença nostra.
Als que la mort tol la muller aimia
sabran jutjar part de la dolor mia.

Den Gütern, die ich allein besitze, messe ich keinen Wert bei, denn der Mensch kann für sich allein kein Vergnügen empfinden. Den Tod, der die Welt verdammt, fürchte ich nicht, ich fürchte mich allein davor, dass der Himmel sich mir verschließen könnte. Alles, was geschieht, betrachte ich mit gleichgültiger Miene: Nichts macht mich traurig und, weniger noch, froh; es gibt keine Farben mehr, kein Weiß oder Schwarz: nichts ist für mich mehr hell oder dunkel. Alles Leid, was Liebe oder Angst mir zufügen konnten, endete an dem Tag, als ich sie ihre Augen schließen sah.

Doch gemessen an seinem Anlass ist mein Schmerz doch nicht groß genug, um mir tödlichen Schaden zuzufügen. Der Tod übertrifft alle anderen Übel: Ich habe ihn gespürt und noch immer graust es mich vor ihm. Gemessen an der Größe meiner Liebe trage ich kein großes Zeichen meines Verlustes, auch wenn ich wollte, die ganze Welt sollte es sehen, damit ein jeder sage: „Seht her, der größte aller Liebenden!", und jeder mein grausames Schicksal beklage. Jenes Verlangen, das auf Tugend gründet, wird, solange ich lebe, meine großen Taten künden.

Warum nur scheint ein so gewöhnlicher Anlass jenem so außergewöhnlich, den der Tod durch Zufall so grausam verwundet? Warum verbirgt sich in einem solchen Fall die Vernunft des Menschen, während das Leid alle seine Kräfte sammelt? Gott, der doch gnädig und gerecht ist, scheint uns grausam: so sehr ist unsere Erkenntnis getrübt! Wenn der Schmerz nachlässt, kehrt zuallererst der Glaube zurück, doch unerschütterliches Wissen ist außerhalb unserer Macht. Jene, denen der Tod die geliebte Frau genommen, werden einen Teil meines Schmerzes nachvollziehen können.

XIX Tot ver amic a son ver amic ama
de tal amor que mort no la menyscaba,
ans és fornal que apura l'or i acaba,
lleixant-lo fi, e l'àls en fum derrama.
D'aquesta amor am aquella que ẹ́s morta
e, tement, am tot quant és de aquella.
L'espirit viu. Doncs, ¿quina meravella
que am aquell? E res tant no em conforta.
Membra'm la mort e torn en ma congoixa,
e quan hi só, dolor pas com me floixa.

XX Accident és amor, e no substança,
e per sos fets se dóna a nós conéixer;
quant és ne qual ell se dóna a paréixer;
segons d'on part, així sa força llança.
Sí com lo vent, segons les encontrades
on és passat, de si cald o fred gita,
així amor dolor da o delita,
segons lo for del lloc on ha llançades
fondes raïls: o sus cara de terra,
o sobre fang, o sus molt aspra serra.

XXI Amor en l'hom dos llocs disposts atroba,
car hom és dit per ses dues natures:
lo cos per si vol semblant de sutzures,
l'arma per si d'un blanc net vol sa roba.
D'ells aünits surt amor d'algun acte
que no es diu bé qual d'ells més part hi faça;
cascú per si algun delit acaça,
i, aquell atés, l'altre en porta caracte.
E veus la mort que llur voler termena;
lo bo no pot, no abasta que l'ofena.

Jeder wahre Freund liebt seinen wahren Freund in solch reiner Liebe, dass auch der Tod ihr kein Ende zu bereiten vermag, vielmehr ist er ein Tiegel, der das Gold verfeinert und vervollkommnt, bis es ganz rein ist und alles andere sich in Rauch auflöst. In solcher Liebe liebe ich jene, die tot ist; ich fürchte um sie und zugleich liebe ich alles, was ihr gehört. Ihre Seele ist lebendig – drum, was Wunder, dass ich sie liebe? Und nichts anderes vermag mich so zu trösten. Doch erinnere ich mich an den Tod, kehrt auch mein Leid zurück, und wenn ich an diesem Punkt bin, durchfährt mich so großer Schmerz, dass mich alle Kraft verlässt.

Akzidenz ist die Liebe und nicht Substanz, und nur durch ihre Taten gibt sie sich uns zu erkennen, denn durch diese macht sie offenbar, von welcher Dauer und Art sie ist. Je nachdem, wo sie ihren Ausgang nahm, verwendet sie ihre Kraft. So wie der Wind, der je nach der Gegend, die er zuvor durchstreift, entweder warm oder kalt weht, bereitet auch die Liebe entweder Leid oder Lust, je nach dem Gesetz des Ortes, an dem sie ihre tiefen Wurzeln schlug: sei es auf dem Erdboden, im Morast oder auf einem kahlen Berg.

Die Liebe findet im Menschen zwei Orte, die für sie empfänglich sind, denn der Mensch zeichnet sich aus durch seine zwei Naturen: Der Körper begehrt nach Schmutzigem, das seiner Natur entspricht, die Seele jedoch will, dass ihr Gewand von reinem Weiß sei. Und aus ihrer beider Vereinigung geht die Liebe hervor: ein Akt, der dergestalt ist, dass es nicht einfach ist zu sagen, wer von beiden größeren Anteil an ihm hat. Ein jeder Teil strebt danach, für sich Lust zu gewinnen, und gelingt dies, trägt auch der andere Teil ein Mal davon. Und man sieht, dass der Tod ihrem vereinten Begehren ein Ende setzt, doch kann er dem Begehren, das gut ist, nichts anhaben – seine Kraft reicht hierfür nicht aus.

XXII Morint lo cos, a son amant no·l resta
sinó dolor, per lo record del plaure;
fallint aquell, no tarda amor en caure:
fallint lo sant, defall la sua festa.
Alguns delits que en l'arma pel cos vénen
són los composts que els amadors turmenten,
e cascú d'ells tanta i qual dolor senten
segons del cos o de l'arma part prenen.
E, mort l'amat, amor és duradora
tant quant lo mort del viu té gran penyora.

XXIII Ço que en passat embolt e confús era
és departit: lo gra no es amb la palla.
Experiment altre no em pens hi valla:
per la mort és uberta la carrera.
Ma carn no sent; doncs, no es pot fer que ame,
car ja no és ço que sentir li feia.
Si voler tinc, pec és lo qui no creia
que l'espirit de pura amor s'enflame,
cobejant molt que Déu sa arma s'emporte.
Açò dubtant, que jo pena reporte!

XXIV Si en nostra amor pens ésser fi venguda
e d'ella perd esperança de veure,
sinó que tost vinc en açò descreure,
l'arma en lo cos no fóra retenguda.
Si bé los morts en lo món no retornen,
ans d'ésser mort noves sabré d'aquella.
Estat és ja, doncs, no és gran maravella
açò esperant mos sentiments sojornen.
E si cert fos que entre los sants fos mesa,
no volgra jo que de mort fos defesa.

Stirbt der Körper, so bleibt dem, der diesen liebte, nichts als der Schmerz, den die Erinnerung an die vergangenen Freuden weckt; wenn auch diese erlischt, nimmt die Liebe bald ein Ende: Fehlt der Heilige, fehlt bald auch sein Fest. Einige der Freuden, welche die Seele durch den Körper erfährt, sind jene zusammengesetzten, die den Liebenden Qual bereiten; die Dauer und Art des Schmerzes, den man verspürt, hängt davon ab, ob diese Freuden mehr Anteil am Körper oder an der Seele haben. Und ist der Geliebte tot, währt die Liebe so lange, wie der Tote das Liebespfand des Lebenden hält.

Das, was in der Vergangenheit wirr und verworren war, ist nun geschieden: das Korn ist vom Stroh befreit. Keine andere Erfahrung als diese, glaube ich, hätte das vermocht: durch den Tod erst steht mir dieser Weg offen. Mein Fleisch fühle ich nicht, darum kann es auch nicht mehr lieben, denn das, was seine Gefühle erregte, ist nicht mehr. Und wenn ich noch Verlangen spüre, dann ist doch derjenige ein Tor, der nicht glauben möchte, dass nur reine Liebe meine Seele entflammt, und dass ich nichts sehnlicher wünsche, als dass Gott sich ihrer Seele annehmen möge. Und wenn ich einmal daran zweifle, dann soll ich selbst Höllenstrafen erleiden!

Und wenn ich einmal glaube, dass unsere Liebe an ihr Ende gekommen ist, und ich die Hoffnung verliere, sie wiederzusehen, dann soll – es sei denn, ich lasse von diesem Glauben sogleich wieder ab – meine Seele nicht länger im Körper verweilen. Und auch wenn die Toten nicht auf die Erde zurückkehren, so möchte ich doch noch vor meinem Tod erfahren, wie es ihr ergeht. So etwas hat es bereits gegeben, darum ist es kein großes Wunder, dass ich auf ein Zeichen hoffe und meine Gefühle für sie bestehen bleiben. Und könnte ich nur sicher sein, dass sie nun unter den Heiligen weilt, dann wollte ich sie dem Tod nicht entreißen.

XXV Oh Déu, mercé! Mas no sé de què et pregue,
sinó que mi en lo seu lloc aculles.
No em tardes molt que dellà mi no vulles,
puixs l'espirit on és lo seu aplegue.
E lo meu cos, ans que la vida fine,
sobre lo seu abraçat vull que jaga.
Ferí'ls amor de no curable plaga,
separà'ls mort: dret és que ella els veïne.
Lo jorn del Jui, quan prendrem carn e ossos,
mescladament partirem nostres cossos.

Oh Gott, sei gnädig! Doch ich weiß nicht, um was ich Dich bitten soll, außer, dass Du mich an den Ort führen mögest, an dem sie ist. Lass mich nicht allzu lange warten, bis Du mich dort aufnimmst, damit meine Seele alsbald zu der ihren gelange. Und ich will, dass sich mein Körper, bevor ich mein Leben beende, in inniger Umarmung mit dem ihren vereine. Die Liebe hat sie mit einer unheilbaren Wunde geschlagen, der Tod hat sie getrennt: Es ist nur recht, wenn er sie wieder zusammenführt. Am Tag des Jüngsten Gerichts, wenn wir Fleisch und Knochen annehmen, sollen unsere Köper untrennbar miteinander vereint sein.

XCVI

I La gran dolor, que llengua no pot dir,
del qui es veu mort e no sap on irà
– no sap son Déu si per a si el volrà
o si en l'infern lo volrà sebollir –,
semblant dolor lo meu esperit sent
no sabent què de vós Déus ha ordenat,
car vostre bé o mal a mi és dat;
del que haureu, jo en seré sofirent.

II Tu, esperit qui has fet partiment
amb aquell cos qual he jo tant amat,
veges a mi, qui só passionat!
Dubtant estic fer-te raonament:
lo lloc on est me farà canviar
d'enteniment de ço que et volré dir.
Goig o tristor per tu he jo complir;
en tu està quant Déu me volrà dar.

III Pregant a Déu les mans no em cal plegar,
car fet és tot quant li pot avenir:
si és al cel, no es pot lo bé expremir,
si en infern, en foll és mon pregar.
Si és així, anul·le'm l'esperit,
sia tornat mon ésser en no-res,
e majorment si en lloc tal per mi és:
no sia jo de tant adolorit.

IV No sé què dir que em fartàs d'haver dit;
si crid o call, no trob qui em satisfés.
Si vag o pens, he temps en va despés;
de tot quant faç ans de fer me penit.
No planc lo dan de mon delit perdut,
tanta és la por que em ve de son gran mal:
tot mal és poc si no és perpetual,
e tem aquest no l'haja merescut.

XCVI

Keine Zunge vermag den unsagbar großen Schmerz in Worte zu fassen, der denjenigen erfüllt, der stirbt, ohne zu wissen, wohin er geht – der nicht weiß, ob es seinem Gott beliebt, ihn zu den Seinen zu rufen, oder aber, ihn in der Hölle zu begraben. Meine Seele verspürt ähnliche Pein, nicht wissend, was Gott Euch vorherbestimmt hat, denn Euer Glück oder Leid wird dereinst auch das meine sein; was Euch zugedacht, das werde auch ich erleiden.

Du, Geist, der Du dich getrennt hast von dem Körper, den ich so sehr geliebt, schau mich an in meiner Qual! Ich bin im Zweifel darüber, wie ich zu Dir sprechen soll, denn je nachdem, an welchem Ort Du bist, werde ich andere Worte wählen. Durch Dich muss ich Freude oder Trauer erleiden, an Deinem Schicksal erkenne ich, was Gott mir zugedacht.

Es nützt nichts, dass ich, zu Gott flehend, die Hände falte, denn entschieden ist schon, was ihr bestimmt ist: Ist sie im Himmel, so ist das Glück so groß, dass Worte es nicht fassen, doch ist sie in der Hölle, ist all mein Flehen vergebens. Wenn es so ist, dann lösche meinen Geist aus und wandle mein Sein in Nichts, und tue dies vor allem dann, wenn sie meinetwegen an diesem Ort weilt, denn sonst müsste ich vor Schmerz zerspringen.

Ich weiß nicht, was ich sagen könnte, um mir den Schmerz von der Seele zu reden; egal ob ich schreie oder schweige, ich finde nichts, was mir Linderung verschaffte. Ob ich nun vor mich hin träume oder nachdenke, die Zeit ist nutzlos vergeudet; bei allem, was ich mache, beschleicht mich schon Reue, bevor ich noch den ersten Schritt getan. Ich klage nicht über den Schmerz, den mir der Verlust meiner Lust bereitet, denn zu groß ist der Schrecken, der mich angesichts ihres großen Unglücks erfüllt: Jedes Leid ist gering, verglichen mit jenem, das ewig dauert, und ich fürchte, dieses könnte sie verdient haben.

V Lo dan mortal és molt més que temut,
e tol-ne part ésser a tots egual.
Oh tu, dolor, sies-me cominal,
en contra oblit vulles-me ser escut!
Fir-me lo cor e tots los senys me pren;
farta't en mi, car no em defens de tu.
Dóna'm tant mal que me'n planga cascú;
tant com tu pots lo teu poder m'estén.

VI Tu, espirit, si res no te'n defén,
romp lo costum que dels morts és comú:
torna en lo món e mostra què és de tu!
Lo teu esguard no em donarà espavent.

Unsagbar groß ist die Furcht vor der Pein des Todes und wäre noch viel größer, wäre dieser nicht für alle Menschen gleich. Oh Du Schmerz, sei mir gnädig! Sei mein Schild wider das Vergessen! Verwunde mein Herz und nimm von mir all meine Sinne, weide Dich an mir – ich werde mich nicht gegen Dich wehren. Füge mir so großes Leid zu, dass ein jeder mich beklage, und breite, so weit Du kannst, Deine Macht über mich aus.

Du, oh Geist, wenn nichts Dich daran hindert, dann breche mit dem Brauch, der den Sterblichen eigen ist, und kehre zurück zur Erde und zeige mir, was Dir beschieden ward! Dein Anblick wird mich nicht mit Schrecken erfüllen.

Geistlicher Gesang

CV

I Puixs que sens Tu algú a Tu no basta,
dóna'm la mà o pels cabells me lleva;
si no estenc la mia envers la tua,
quasi forçat a Tu mateix me tira!
Jo vull anar envers Tu a l'encontre;
no sé per què no faç lo que volria,
puixs jo son cert haver voluntat franca
e no sé què aquest voler m'empatxa.

II Llevar mi vull e prou no m'hi esforce:
ço fa lo pes de mes terribles colpes.
Ans que la mort lo procés a mi cloga,
plàcia't, Déu, puixs teu vull ser, que em vulles.
Fes que ta sang mon cor dur amollesca
– de semblant mal guarí ella molts altres.
Ja lo tardar ta ira em denuncia:
ta pietat no troba en mi què obre.

III Tan clarament en l'entendre no peque
com lo voler he carregat de colpa.
Ajuda'm, Déu! Mas follament te pregue,
car Tu no vals sinó al qui s'ajuda,
e, tots aquells qui a Tu se apleguen,
no els pots fallir, e mostren-ho tos braces.
Què faré jo, que no meresc m'ajudes,
car tant com puc conec que no m'esforce?

IV Perdona mi si follament te parle:
de passió parteixen mes paraules.
Jo sent paor d'infern, al qual faç via;
girar-la vull, e no hi disponc mos passos.
Mas jo em record que meritist lo Lladre
– tant quant hom veu, no hi bastaven ses obres.
Ton espirit lla on li plau espira,
com ne per què no sap qui en carn visca.

CV

Da keiner ohne Dich zu Dir gelangt, reiche mir Deine Hand oder packe mich an den Haaren; wenn ich die meine Dir nicht entgegenstrecke, ziehe mich gleichsam gewaltsam zu Dir hin! Ich will Dir entgegengehen, Dich zu finden; ich weiß nicht, warum ich das, was ich doch will, nicht tue, denn ich bin sicher, einen freien Willen zu besitzen, doch weiß ich nicht, was es ist, das diesem Willen im Wege steht.

Ich möchte mich aufrichten, doch halbherzig nur ist meine Mühe: zu groß ist die Last meiner schweren Verfehlungen. Bevor der Tod meinem Prozess ein Ende setzt, möchte es Dir, Gott, gefallen, mich als einen der Deinen anzunehmen, denn das ist alles, was ich begehre. Mache, dass Dein Blut mein hartes Herz erweiche – von einem ähnlichen Übel hat es doch schon viele andere geheilt. Schon kündet mir Dein Zögern Deinen Zorn: Dein Erbarmen findet in mir keinen Ort, um zu wirken.

Mit dem Verstand beging ich keine so große Sünde wie mit dem Willen, den ich mit Schuld beladen habe. Hilf mir, Gott! Doch all mein Flehen ist sinnlos, denn Du stehst nur jenem bei, der sich selbst hilft, und keinen, der an Dich sich wendet, lässt Du fallen – das zeigen schon Deine ausgestreckten Arme. Doch was soll ich tun, der ich Deine Hilfe nicht verdiene, da ich, wie ich gestehe, mich nicht so stark mühe, wie ich könnte?

Vergib mir, wenn ich wie ein Narr zu Dir spreche: Frucht meiner Pein sind meine Worte. Ich habe Angst vor der Hölle, auf die ich geradewegs zugehe, und möchte umkehren, doch meine Füße gehorchen mir nicht. Aber ich erinnere mich daran, dass Du den Dieb erlöst hast – obwohl doch, zumindest nach menschlichen Maßstäben, hierfür seine Werke nicht ausreichten. Dein Geist atmet, wo immer er will, wie und warum vermag kein Sterblicher zu sagen.

V Amb tot que só mal crestià per obra,
ira no et tinc ne de res no t'encolpe.
Jo son tot cert que per tostemps bé obres
e fas tant bé donant mort com la vida:
tot és egual quant surt de ta potença,
d'on tinc per foll qui vers Tu es vol irèixer.
Amor de mal e de bé ignorança
és la raó que els hòmens no et coneixen.

VI A Tu deman que lo cor m'enfortesques
sí que el voler amb ta voluntat lligue,
e, puixs que sé que lo món no em profita,
dóna'm esforç que del tot l'abandone;
e, lo delit que el bon hom de Tu gusta,
fes-me'n sentir una poca centil·la
perquè ma carn, qui m'està molt rebel·le,
haja afalac, que del tot no em contraste.

VII Ajuda'm, Déu, que sens Tu no em puc moure,
perquè el meu cos és més que paralític!
Tant són en mi envellits los mals hàbits
que la virtut al gustar m'és amarga.
Oh Déu, mercé! Revolta'm ma natura,
que mala és per la mia gran colpa.
E, si per mort jo puc rembre ma falta,
esta serà ma dolça penitença.

VIII Jo tem a Tu més que no et só amable
e davant Tu confés la colpa aquesta.
Torbada és la mia esperança
e dintre mi sent terrible baralla.
Jo veig a Tu just e misericorde;
veig ton voler, qui sens mèrits gracia:
dónes e tols, de grat, lo do sens mèrits.
Qual és tan just, quant més jo, que no tema?

Auch wenn ich meiner Werke wegen ein schlechter Christ bin, so habe ich doch keinen Zorn gegen Dich oder gebe Dir für meine Misere die Schuld. Ich weiß sicher, dass Du stets nur gut handelst, gleichgültig, ob Du nun Tod oder Leben schenkst; denn alles, was Deiner Macht entspringt, ist gerecht, weshalb in meinen Augen jeder ein Tor ist, der zornig auf Dich sein wollte. Liebe zum Schlechten und Unkenntnis des Guten – das ist der Grund dafür, dass die Menschen Dich nicht kennen.

Ich bitte Dich, gib meinem Herzen Kraft, damit sich mein Wille mit dem Deinen vereine; und da ich weiß, dass mir die Welt nur Schaden bringt, gib mir die Kraft, sie ganz zu verlassen; und lass mich nur den Hauch der Wonne spüren, die gute Menschen in Dir finden, damit mein Fleisch, das heftig aufbegehrt, besänftigt werde und sich nicht gänzlich gegen mich wende.

Hilf mir, Gott, denn ohne Dich kann ich mich nicht bewegen, mein Körper ist noch schlimmer als gelähmt! So alt sind meine schlechten Gewohnheiten schon, dass allein der Geschmack der Tugend mir schon bitter ist. Oh Gott, habe Gnade! Kehre meine Natur mir um, denn sie ist schlecht ob meiner großen Schuld. Und könnte ich mit meinem Tod meine Sünden auslöschen, so wäre mir das eine süße Reue.

Ich fürchte Dich mehr als ich Dich liebe, und vor Dir bekenne ich diese Schuld. Meine Hoffnung ist in Aufruhr, und in meinem Innern spüre ich einen schrecklichen Kampf. Ich sehe Dich gerecht und barmherzig; sehe Deinen Willen, der auch dem, der sie nicht verdient, Gnade gewährt: Du gibst und nimmst diese Gabe umsonst, ganz ohne Grund. Wenn selbst der Gerechte vor Dir nicht ohne Furcht ist, um wie vieles mehr dann ich?

IX Si Job lo just por de Déu l'opremia,
què faré jo, que dins les colpes nade?
Com pens, d'infern, que temps no s'hi esmenta,
lla és mostrat tot quant sentiments temen:
l'arma, qui és contemplar Déu eleta,
encontra Aquell, blasfemant, se rebel·la.
No és en hom de tan gran mal estima
– doncs, com està qui vers tal part camina?

X Preg-te, Senyor, que la vida m'abreuges
ans que pejors casos a mi enseguesquen.
En dolor visc faent vida perversa
e tem dellà la mort per tostemps llonga;
doncs, mal deçà, e dellà mal sens terme.
Pren-me al punt que millor en mi trobes;
lo detardar no sé a què em servesca:
no té repòs lo qui té fer viatge.

XI Jo em dolc perquè tant com vull no em puc dolre
de l'infinit damnatge, lo qual dubte;
e tal dolor no la recull natura
ne es pot esmar, e menys sentir pot l'home.
E, doncs, açò sembla a mi flaca excusa
com de mon dan, tant com és, no m'espante.
Si el cel deman, no li do basta estima.
Fretura pas de por e d'esperança.

XII Per bé que Tu irascible t'amostres,
ço és defalt de nostra ignorança:
lo teu voler tostemps guarda clemença,
ton semblant mal és bé inestimable.
Perdona'm, Déu, si t'he donada colpa,
car jo confés ésser aquell colpable.
Amb ull de carn he fets los teus judicis;
vulles dar llum a la vista de l'arma!

Wenn selbst den gerechten Job die Angst vor Gott niederdrückte, was soll dann ich tun, der ich in Sünden schwimme? Wenn ich an die Qualen der Hölle denke, wo Zeit keine Bedeutung hat, sehe ich dort alles bestätigt, was die Sinne fürchten: Die Seele, die dazu bestimmt ist, Gott zu schauen, lehnt sich unter gotteslästerlichen Flüchen gegen Ihn auf. Kein Mensch vermag sich eine so große Pein vorzustellen – wie sollte es da um den bestellt sein, der geradewegs auf diesen Ort zusteuert?

Ich bitte Dich, Herr, verkürze mir mein Leben, bevor mir noch üblere Dinge zustoßen. Mit Schmerz erfüllt mich das verdorbene Leben, das ich führe, und ich fürchte den ewigen Tod im Jenseits; so habe ich denn Qual im Diesseits und im Jenseits Qual ohne Ende. Nimm mich in dem Moment zu Dir, in dem ich in Deinen Augen am besten bestehe, denn ich weiß nicht, was mir ein weiteres Hinauszögern nützen sollte: Keine Ruhe findet, wer auf Reisen gehen muss.

Mich quält, dass ich, obwohl ich es doch will, nicht noch größere Qual empfinde beim Gedanken an die ewige Verdammnis, die ich fürchte. Die Natur (des Menschen) vermag so große Qual nicht zu erfassen, auch kann kein Mensch sie abschätzen und weniger noch, sie spüren. Doch scheint mir dies eine zu schwache Entschuldigung dafür, dass mich meine Verderbtheit, die so groß, nicht mit Entsetzen erfüllt. Um den Himmel bitte ich, doch bringe ihm nicht die Ehrerbietung entgegen, die ihm gebührt. Mir fehlt es sowohl an Furcht als auch an Hoffnung.

Und wenn Du uns jähzornig erscheinst, dann liegt das allein an unserer Unwissenheit: Dein Wille lässt stets Gnade walten, und was uns an Dir schlecht erscheint, ist doch von unermesslicher Güte. Vergib mir, Gott, wenn ich Dir die Schuld gab, denn ich gestehe: der einzig Schuldige bin ich. Mit den Augen meines Fleisches habe ich Dein Tun beurteilt; ich bitte Dich, erleuchte die Augen meiner Seele!

XIII Lo meu voler al teu és molt contrari
e em só enemic pensant-me amic ésser.
Ajuda'm, Déu, puixs me veus en tal pressa!
Jo em desesper si los mèrits meus guardes.
Jo m'enuig molt la vida com allongue,
e dubte molt que aquella fenesca.
En dolor visc, car mon desig no es ferma,
e ja en mi alterat és l'arbitre.

XIV Tu est la fi on totes fins termenen
e no és fi si en Tu no termena.
Tu est lo bé on tot altre es mesura
e no és bo qui a Tu, Déu, no sembla.
Al qui et complau, Tu aquell déu nomenes;
per Tu semblar, major grau d'home el muntes.
D'on és gran dret, del qui plau al diable,
prenga lo nom d'aquell amb qui es conforma.

XV Alguna fi en aquest món se troba,
ne és vera fi, puixs que no fa l'hom fèlix:
és lo començ per on altra s'acaba,
segons lo cós que entendre pot un home.
Los filosofs qui aquella posaren
en si mateixs són ésser vists discordes
– senyal és cert que en veritat no es funda,
per conseqüent, a l'home no contenta.

XVI Bona per si no fon la llei judaica
– en paradís per ella no s'entrava –,
mas tant com fon començ d'aquesta nostra,
de què es pot dir, d'aquestes dues, una.
Així, la fi de tot en tot humana
no da repòs a l'apetit, o terme,
mas tampoc l'hom sens ella no ha l'altra:
sant Joan fon senyalant lo Messies.

Mein Wille widersetzt sich dem Deinen und ich bin mir selbst Feind, obwohl ich glaube, mir ein Freund zu sein. Hilf mir, Gott, Du siehst doch, in welch arger Bedrängnis ich mich befinde! Ich verzweifle bei dem Gedanken, Du könntest mich an meinen Werken messen. Ich bin voller Sorge, dass mein Leben noch länger währen könnte und gemartert von der Angst, es könnte bald zu Ende gehen. In Pein lebe ich, denn mein Verlangen (nach Umkehr) ist nicht firm und mein freier Wille hat sich in mir in sein Gegenteil verkehrt.

Du bist der Zweck und das Ziel, in dem alle anderen Zwecke münden, und was in Dir nicht mündet, hat kein Ziel. Du bist das Gut, an dem sich alle anderen messen, und keiner ist gut, der Dir, Gott, nicht gleicht. Wer Dein Gefallen findet, den nennst Du Gott und erhebst ihn, weil er Dir gleicht, über der Menschen Rang. Deswegen ist es nur recht und billig, dass, wer dem Teufel lieb ist, auch den Namen desjenigen trage, den er sich zum Vorbild nimmt.

Zwar haben auch die Dinge dieser Welt ein Ziel, doch kann dieses nicht das wahre Ziel sein, denn es macht den Menschen nicht glücklich: Das wahre Ziel beginnt da, wo das andere sein Ende nimmt, und folgt so dem Lauf, den der Mensch zu verstehen vermag. Die Philosophen, die den Zweck allen Seins in sich selbst finden wollten, gerieten, wie wir wissen, untereinander in Streit – was ein untrügliches Zeichen dafür ist, dass dieses Ziel nicht auf Wahrheit gründet und darum dem Menschen auch nicht genügen kann.

Das mosaische Gesetz war nicht um seiner selbst willen gut – es wies nicht den Weg ins Paradies –, sondern weil es am Anfang unseres Gesetzes stand, weswegen man von beiden sprechen kann wie von einem. So kann denn auch ein Ziel, das vollends menschlich ist, dem Begehren weder Ruhe noch Einhalt gebieten, doch umgekehrt kann der Mensch ohne dieses auch nicht das andere erreichen: Johannes der Täufer wurde gesandt, den Messias anzukündigen.

XVII No té repòs qui nulla altra fi guarda,
car en res àls lo voler no reposa.
Ço sent cascú, e no hi cal subtilesa,
que fora Tu lo voler no s'atura.
Sí com los rius a la mar tots acorren,
així les fins totes en Tu se n'entren.
Puixs te conec, esforça'm que jo t'ame:
vença l'amor a la por que jo et porte!

XVIII E, si amor tanta com vull no m'entra,
creix-me la por sí que, tement, no peque,
car, no pecant, jo perdré aquells hàbits
que són estats per què no t'am la causa.
Muiren aquells qui de Tu m'apartaren,
puixs m'han mig mort e em tolen que no visca.
Oh, Senyor Déu, fes que la vida allargue,
puixs me apar que envers Tu jo m'acoste!

XIX Qui em mostrarà davant Tu fer excusa
quan hauré dar mon mal ordenat compte?
Tu m'has donat disposició recta,
e jo he fet del regle falç molt corba.
Dreçar-la vull, mas he mester ta ajuda.
Ajuda'm, Déu, car ma força és flaca!
Desig saber què de mi predestines:
a Tu és present i a mi causa venible.

XX No et preg que em dons sanitat de persona
ne béns alguns de natura i fortuna,
mas solament que a Tu, Déu, sols ame,
car jo só cert que el major bé s'hi causa.
Per consegüent, delectació alta
jo no la sent per no dispost sentir-la,
mas, per saber, un home grosser jutja
que el major bé sus tots és delitable.

Keine Ruhe findet, wer nach anderen Zielen (als nach Gott) trachtet, denn in keinem andern kommt das Verlangen zur Ruhe. Dies spürt ein jeder und dazu bedarf es keines großen Scharfsinns: dass außerhalb Deiner das Verlangen kein Ende findet. Wie alle Flüsse sich ins Meer ergießen, so münden auch alle Zwecke in Dir allein. Da ich Dich doch kenne, zwinge mich dazu, Dich auch zu lieben, auf dass die Liebe stärker sei als meine Furcht vor Dir!

Und wenn mich schon nicht so viel Liebe zu Dir erfüllt, wie ich gerne wollte, mache, dass wenigstens meine Angst so sehr wächst, dass ich, aus Furcht vor Dir, nicht weiter sündige; denn wenn ich von den Sünden ablasse, werde ich jene Gewohnheiten verlieren, die der Grund dafür waren, dass ich Dich nicht lieben konnte. Sterben sollen sie, denn von Dir haben sie mich entfernt, ihretwegen bin ich halbtot und sie verhindern, dass ich lebe. Oh Herr, mache meinem Leben noch kein Ende, denn es scheint mir, als näherte ich mich Dir an!

Wer wird mir zeigen, vor Dir Abbitte zu leisten, wenn es an der Zeit ist, Rechenschaft über mein schlechtes Verhalten abzulegen? Du gabst mir eine gerade Veranlagung, und ich habe aus dem Lineal eine schrecklich schiefe Kurve gemacht. Ich möchte sie wieder geradebiegen, aber dazu brauche ich Deine Hilfe. Hilf mir, Gott, denn meine Kraft ist schwach! Ich sehne mich danach zu wissen, was Du mir vorherbestimmst hast: für Dich ist es Gegenwart, für mich liegt es in der Zukunft.

Ich bitte Dich weder um die Gesundheit meines Körpers noch um andere Gaben der Natur oder Fortunas; mache nur, dass ich Dich, Gott, allein liebe, denn ich bin sicher, dass diese Liebe die Quelle des höchsten Guts ist. Aus diesem Grund fühle ich die höchste der Wonnen nicht, weil mein Herz nicht geneigt ist, sie zu fühlen, doch mit dem Verstand erkennt selbst noch der größte Tor, dass dieses höchste Gut ergötzlicher ist als alle anderen.

XXI Qual serà el jorn que la mort jo no tema?
E serà quan de ta amor jo m'inflame,
e no es pot fer sens menyspreu de la vida
e que per Tu aquella jo menyspree.
Lladoncs seran jus mi totes les coses
que de present me veig sobre los muscles:
lo qui no tem del fort lleó les ungles
molt menys tembrà lo fibló de la vespa.

XXII Preg-te, Senyor, que em faces insensible
e que en null temps alguns delits jo senta,
no solament los lleigs qui et vénen contra,
mas tots aquells que indiferents se troben.
Açò desig perquè sol en Tu pense
e pusca haver la via que en Tu es dreça.
Fes-ho, Senyor! E, si per temps me'n torne,
haja per cert trobar ta aurella sorda.

XXIII Tol-me dolor com me veig perdre el segle,
car, mentre em dolc, tant com vull jo no t'ame.
E vull-ho fer, mas l'hàbit me contrasta:
en temps passat me carreguí la colpa.
Tant te cost jo com molts qui no et serviren
e Tu els has fet no menys que jo et demane,
per què et suplic que dins lo cor Tu m'entres,
puix est entrat en pus abominable.

XXIV Catòlic só, mas la fe no m'escalfa
que la fredor lenta dels senys apague,
car jo lleix ço que mos sentiments senten,
e paradís crec per fe i raó jutge.
Aquella part de l'esperit és prompta,
mas, la dels senys, rossegant la m'acoste.
Doncs Tu, Senyor, al foc de fe m'acorre,
tant, que la part que em porta fred abrase.

Wann wird er kommen, der Tag, da ich den Tod nicht mehr fürchte? Erst dann, wenn Deine Liebe mich entflammt und ich um Deinetwillen das Leben verachte, denn nur wer das Leben verachtet, gelangt zu Dir. Dann werde ich alle die Dinge überwunden haben, die heute noch auf meinen Schultern lasten: Wer die scharfen Krallen des Löwen nicht fürchtet, der zittert auch nicht vor dem Stich der Wespe.

Ich bitte Dich, Herr, beraube mich meiner Sinne und mache, dass ich nie wieder Gefühle der Lust empfinde, und zwar nicht nur jene hässlichen nicht, die gegen Dich gerichtet sind, sondern auch alle jenen nicht, die belanglos sind. Das ist mein Wunsch, denn so werde ich nur an Dich allein denken und auf den Weg gelangen können, der zu Dir führt. Vollbringe das, oh Herr! Und sollte ich von diesem Weg abkommen, lass mich bei Dir auf taube Ohren stoßen.

Nimm mir den Schmerz darüber, dass ich diese Welt verlassen soll, denn solange ich mich gräme, liebe ich Dich nicht so sehr, wie ich gerne wollte. Und lieben will ich Dich, doch die schlechten Gewohnheiten hindern mich daran: In der Vergangenheit habe ich zu viel Schuld auf mich geladen. Ich bin Dir genauso teuer wie viele andere, die Dir nicht dienten und denen Du gleichwohl nicht weniger Huld erwiesen hast als die, welche ich von Dir erbitte. Deshalb flehe ich Dich an: Trete ein in mein Herz, schließlich bist Du ja schon in schlimmere als das meine eingetreten.

Katholisch bin ich, doch das Feuer meines Glaubens ist nicht stark genug, um die träge Kälte meiner Sinne auszulöschen. Ich lasse ab von den Empfindungen meiner Sinne, und glaube aufgrund meines Glaubens und meiner Vernunft an das Paradies. Der eine Teil von mir, die Seele, ist hierzu bereit, doch jenen Teil der Sinne muss ich mühsam hinter mir herschleifen. Darum stehe mir bei, Herr, mit dem Feuer des Glaubens, auf dass dieses den Teil von mir, der mich mit Kälte erfüllt, verbrenne.

XXV Tu creïst me perquè l'ànima salve,
e pot-se fer de mi saps lo contrari.
Si és així, ¿per què, doncs, me creaves,
puix fon en Tu lo saber infal·lible?
Torna a no-res, jo et suplic, lo meu ésser,
car més me val que tostemps l'escur càrcer.
Jo crec a Tu com volguist dir de Judes
que·l fóra bo no fos nat al món home.

XXVI Per mi segur, havent rebut baptisme,
no fos tornat als braços de la vida,
mas a la mort hagués retut lo deute,
e de present jo no viuria en dubte!
Major dolor d'infern los hòmens senten
que los delits de paraís no jutgen:
lo mal sentit és d'aquell altre exemple,
e paradís sens lo sentir se jutja.

XXVII Dóna'm esforç que prenga de mi venja:
jo em trob ofés contra Tu amb gran colpa.
E, si no hi bast, Tu de ma carn te farta,
amb que no em tocs l'esperit, que a Tu sembla;
e, sobretot, ma fe que no vacil·le
e no tremol la mia esperança:
no em fallirà caritat, elles fermes
– e de la carn, si et suplic, no me n'oges.

XXVIII Oh, quan serà que regaré les galtes
d'aigua de plor amb les llàgremes dolces!
Contrició és la font d'on emanen:
aquesta és clau que el cel tancat nos obre.
D'atrició parteixen les amargues,
perquè en temor més que en amor se funden.
Mas, tals quals són, d'aquestes me abunda,
puix són camí e via per les altres.

Du schufest mich, damit ich meine Seele rette, und doch kann es sein, dass Du von mir das Gegenteil weißt. Wenn es so ist, warum hast du mich dann erschaffen, wo doch das Wissen in Dir unfehlbar ist? Ich flehe Dich an, verwandle mein Sein wieder zu Nichts, denn das ist besser als für alle Ewigkeit das dunkle Gefängnis. Ich glaube Dir, was Du von Judas gesagt hast: dass es für ihn besser gewesen wäre, nie geboren zu sein.

Wenn ich doch, zu meiner eigenen Sicherheit, nach dem Empfang der Taufe nicht in die Arme des Lebens zurückgekehrt wäre, sondern mit dem Tod meine Schuld beglichen hätte, denn dann würde ich jetzt nicht mit dem Zweifel leben! Die Menschen spüren den Schmerz der Hölle stärker als sie die Wonnen des Paradieses zu ermessen in der Lage sind: Der Schmerz, den man hier (auf Erden) spürt, ist eine Vorahnung von jenem anderen (in der Hölle), die Wonnen des Paradieses lassen sich mit unserer Sinneserfahrung jedoch nicht ermessen.

Gib mir die Kraft, mich an mir selbst zu rächen: Ich habe mich gegen mich selbst gewandt, als ich gegen Dich schuldig wurde. Bin ich selbst dafür zu schwach, dann weide Du Dich an meinem Fleisch, doch verschone meine Seele, die Dein Abbild ist; und mache, vor allem andern, dass mein Glaube nicht wanke und meine Hoffnung nicht erbebe, denn wenn diese beiden stark sind, dann wird mir auch die Liebe nicht fehlen – und bitte ich Dich auch um mein Fleisch, dann erhöre mich nicht.

Oh, wann kommt der Tag, da ich weinend meine Wangen mit dem Wasser der süßen Tränen benetze! Aufrichtige Reue ist die Quelle, aus der sie fließen: sie ist der Schlüssel, der uns den verschlossenen Himmel öffnet. Bitter sind die Tränen, die von halbherziger Reue rühren, denn sie gründen mehr auf Furcht als auf Liebe. Doch sei es drum, gib mir von diesen in großer Fülle, denn sie öffnen den anderen Tränen Tür und Tor.

Anmerkungen

Gelegenheitsdichtung

LXXII

1 *sobreslaus*: Übermäßiges Lob gehört zu den 17 sogenannten „vicis de sentència" (‚Lastern des sprachlichen Ausdrucks'), die es, wie die zeitgenössischen Rhetoriktraktate lehrten, in allen Formen der Rede zu vermeiden galt.

2 *aquell*: Ohne dass König Alfons V. explizit als Adressat dieses Lobgesangs genannt wäre – bedenkt man den höfischen Rahmen, innerhalb dessen das Gedicht zum Vortrag gekommen sein dürfte, war eine explizite Nennung auch nicht vonnöten –, kommt doch nur er als Adressat in Frage. Die in der Vergangenheit gelegentlich vertretene Lesart, es handle sich bei LXXII um eine *Laus Christi*, einen Lobpreis auf Christus, findet heutzutage kaum noch Anhänger.

3 *eternal*: Hier im Sinne von ‚auf ewig gefeiert und erinnert'; Deutungen, wonach mit jenem „eternal ésser" nur Gott gemeint sein könnte, scheinen mir nicht zwingend, sind derlei hyperbolische, die Grenzen des Orthodoxen überschreitenden Ausdrucksweisen in panegyrischer Dichtung doch durchaus keine Seltenheit.

6 Es gehört zu den üblichen Topoi panegyrischer Rede, zu Beginn seine Furcht darüber zu äußern, man könne dem zu Ehrenden nicht gerecht werden (vgl. auch die vv. 33–36).

13 *les virtuts*: Gemeint sind insbesondere die vier Kardinaltugenden, die im Folgenden aufgeführt werden: die Mäßigung (v. 15), die Gerechtigkeit (v. 21), die Weisheit (vv. 24 und 27f.) und die Tapferkeit (vv. 29–32). Während es im Ermessen des Lobredners liegt, inwieweit er auf äußere Umstände (Herkunft, Reichtum, Macht usw.) oder körperliche Eigenschaften (Schönheit, Kraft, Gesundheit usw.) der Person eingeht – auf Dinge also, auf die der Mensch selbst keinen Einfluss hat –, darf er ihre geistigen Eigenschaften nicht unerwähnt lassen.

16 *en vida l'adoraren*: Impliziter Vergleich Alfons' V. mit dem römischen Kaiser Augustus, der bereits zu Lebzeiten als *divi filius* (‚Sohn Gottes') und nach seinem Tod als *Divus Augustus* (‚Göttlicher Augustus') verehrt wurde.

17–20 Die Rhetorikhandbücher empfahlen zur Veranschaulichung Vergleiche mit anderen herausragenden Gestalten der Geschichte oder aber, wie in diesem Fall, mit besonders verabscheuungswürdigen Menschen – neben denen der zu Ehrende nur umso heller erstrahlt. Gegenübergestellt werden hier auch die Herrschaftsformen der Tyrannei („tiranes maneres") und der Monarchie („la monarquia"); letzere galt im zeitgenössischen Bewusstsein als Staatsideal.

26 *qui vaques e bocs guarden*: Möglicherweise ein Verweis auf die erste Ekloge Vergils, in welcher der Ziegenhirte Tityrus von seiner Begegnung mit dem jungen Kaiser Oktavian (dem späteren Augustus) berichtet.

33–36 Wie in den vv. 6–8 rekurriert March auch in der Schlussstrophe auf den gattungstypischen Bescheidenheitstopos.

33 *poetes*: Gemäß dem Sprachgebrauch der Zeit sind hierunter insbesondere jene Autoren (Dichter, aber auch Philosophen und Historiker) der Vergangenheit zu verstehen, denen besonderes Ansehen und Autorität zugeschrieben wurde (die *auctoritates*); für den Dichter im Allgemeinen verwendete man den Begriff *trobador*.

35 *bella eloqüença*: Wie die vv. 37–40 zeigen, bedarf es der schönen Beredsamkeit, deren Mangel hier beklagt wird, im Grunde gar nicht, da die Qualitäten des Königs für alle Welt so evident sind, dass ein jeder in den Jubel mit einstimmt.

39f. Die Winde Tramuntana (Nordwind), Ponent (Westwind) und Llevant (Ostwind) stehen metonymisch für die Himmelsrichtungen.

41–44 Die Tornada mit ihrem Hinweis auf die Macht Fortunas, auf die kein Mensch – auch der Beste nicht – Einfluss hat, scheint auf den ersten Blick fehl am Platz (weshalb gelegentlich die Ansicht vertreten wurde, sie sei dem Gedicht erst nachträglich angefügt worden). Doch erhellt sich der Sinn dieser Verse, wenn man (wie Bohigas und andere) davon ausgeht, dass dieses Herrscherlob nach der Niederlage Alfons' V. bei der Schlacht von Ponza im Jahr 1435 entstanden sein könnte, die das vorläufige Ende der italienischen Expansionspolitik des Königs zu bedeuten schien. Auch die vv. 22f. mit ihrem Hinweis auf die erst in der Zukunft („en breu espai") sich vollziehende Machtübernahme würden sich in diesem Licht erklären: Auch wenn Alfons bislang nicht siegreich war, weil sich ihm die ungerechte Fortuna entgegenstellte, ist es ihm doch von Gott bestimmt, bald schon die Königskrone Neapels zu erlangen.

Liebesdichtung

I

1–40 Das in diesen Versen ausgeführte und anhand von sechs Vergleichen (einem pro Strophe) veranschaulichte Thema – die Erinnerung an vergangene Freuden („passats plaers") lässt die leidvolle Gegenwart („present") noch trostloser erscheinen – findet sich bereits bei Dichtern wie Ovid (*Ex Ponto* I,2,47–52), Boethius (*De Cons. Phil.* II,4) oder Dante (*Inf.* V,121–123).

4 *l'imaginar*: Die Vorstellungskraft (*imaginatio* oder *phantasia*) ist derjenige der inneren Sinne des Menschen, in dem die Wahrnehmungen in Form von mentalen Bildern (*phantasmata*) gespeichert werden, so dass sie auch bei Abwesenheit des externen Stimulus abgerufen werden können.

4 *que altre bé no hi habita*: Wörtliche Übersetzung: ‚dass kein anderes Gut [als das in der Vergangenheit erfahrene] in ihr Platz findet'. Da der „temps passat" von der Vorstellungskraft des poetischen Sprechers Besitz ergriffen hat, ruft diese ihm nur die vergangenen Freuden ins Gedächtnis – mit der Folge, dass er, wie ein Tagträumer, darüber die ihn umgebende Gegenwart vergisst.

16 *sens un punt de record*: Der „record“ (wörtlich: die Erinnerung) wird in der vorliegenden Übersetzung als eine Rekapitulation des sündigen Lebens, als letzte Beichte, verstanden; denkbar wäre aber auch die Lesart ‚fora de tot record‘ (zu Deutsch: ‚ganz von Sinnen‘).

44 *l'envejós*: Der Neider ist eine Figur aus dem Inventar der Trobadorlyrik (*gilós* oder *lauzengier*).

IV

1–6 Der hier zur Veranschaulichung der Problematik der menschlichen Willensfreiheit (*liberum arbitrium*) angeführte Vergleich des Hungernden, der sich zwischen zwei Früchten nicht entscheiden kann, hatte in der philosophischen Literatur eine lange Tradition (vgl. etwa Thomas von Aquin, *STh* I^{a}-II^{ae}, q. 13, a. 6).

1f. Statt einer wörtlichen Übersetzung des Syntagmas „sa perillosa fam“ (‚sein gefährlicher Hunger‘) wurde hier für den Einschub ‚schon halbtot‘ optiert, in welchem das durch das Adjektiv „perillosa“ Gemeinte – nämlich dass dieser Hunger zum Tode führen kann – in expliziterer Weise ausgedrückt ist.

7 *dues dones*: Wie sich aus den folgenden Ausführungen ergibt, handelt es sich nicht um zwei unterschiedliche Frauen, sondern um zwei Perspektiven auf ein und dieselbe Frau: ihr äußeres Wesen (ihr Körper) und ihr inneres Wesen (ihre Seele, vgl. auch v. 60: „tot és *dins* vós“).

8 *elegesc*: March rekurriert hier auf die scholastische Terminologie: Der Verstand trifft nach der Abwägung der unterschiedlichen Handlungsmöglichkeiten (*consilium*) eine Entscheidung (*electio*).

14 *dos grans desigs*: Das sind das sinnliche Verlangen des Körpers (*appetitus sensibilis*) auf der einen und das geistige Verlangen der Seele (*appetitus rationalis* oder *voluntas*) auf der anderen Seite.

16 *amar dretament vós*: Die hier vom poetischen Sprecher verkündete Entscheidung bezieht sich sowohl auf sein Liebesobjekt (Strophe I) – „vós“ (‚Euch‘) – als auch auf die Art seines Begehrens (Strophe II) – „dretament“ (‚auf rechte Weise‘, d.h. in Übereinstimmung mit dem Verstand).

19–52 Der Abwägungsprozess des poetischen Sprechers wird vermittels des Streitgesprächs zwischen seinem Körper („cos“) und seinem Verstand („enteniment“) in Szene gesetzt. Im Mittelalter erfreuten sich allegorische Streitgedichte, in denen zumeist unterschiedliche theologische oder moralische Standpunkte erörtert wurden, außerordentlicher Beliebtheit.

20 *lloc*: Gemeint ist der Körper der Dame.

24 *cascú*: Das Indefinitpronomen bezieht sich hier auf jeden der beiden Teile des menschlichen Kompositums: Körper und Seele.

27 *complexió*: Der medizinische Fachterminus Komplexion (oder: Temperament) steht für das Mischungsverhältnis der Körpersäfte eines Menschen (*humores*: Schleim, Blut, gelbe Galle, schwarze Galle); dieses kann Einfluss auf sein Verhalten haben (von einer *complexio venerae* etwa spricht man, wenn jemand aufgrund seines Temperaments besonders anfällig für die Liebe ist). Seiner natürlichen Disposition ist der

Mensch aber nicht hilflos ausgeliefert, verfügt er mit der rationalen Seele doch über eine Instanz, die seiner körperlichen Natur übergeordnet ist. Gibt er sich gleichwohl seinen Trieben hin, verhält er sich darum wie ein Tier, das keine Vernunft besitzt (vv. 28–30).

31 *dins la fornal*: Wörtliche Übersetzung: ‚im Ofen'; gängige Metapher für das sexuelle Begehren.

34 *prim moviment*: Der *primus motus* bezeichnet in der scholastischen Psychologie die erste Bewegung, den ersten Impuls, der vom sinnlichen Begehren (den *appetitus sensibiles*) ausgeht; dieser unterliegt noch nicht der Kontrolle durch den Verstand und ist insofern nicht widernatürlich.

38 Der rationale Wille („voluntat") regiert über das sinnliche Strebevermögen, dieses wiederum sorgt dafür, dass die jeweilige Handlung („el fet") ausgeführt wird (d.h. es leitet den entsprechenden Impuls über die Nerven an die betreffenden Körperglieder weiter, die dann durch Kontraktion und Dekontraktion der Muskeln die eigentliche Bewegung ausführen).

47 *volenterós acte de bé*: Wörtliche Übersetzung: ‚der willentliche Akt zum Guten'; verkürzte Wiedergabe der Definition der wahren Liebe (*amor amicitiae*) bei Thomas von Aquin (*STh* I^{a}II^{ae}, q. 26, a. 4: „amare est velle alicui bonum" // ‚zu lieben heißt jemandem Gutes tun wollen'), die wiederum auf dem aristotelischen Freundschaftsbegriff (*philia*) gründet (vgl. *Rhet.* 1380b).

55 *pillard*: Bezeichnung für den Knappen, dessen Aufgabe es war, die Habe der Feinde aufzulesen, die sein Herr auf dem Schlachtfeld besiegt hatte. Im übertragenen Sinne ist hierunter diejenige Person zu verstehen, die einer anderen zuarbeitet.

V

1f. Das Adjektiv „grosser" (gelegentlich auch: „pec") wird in Marchs Dichtung zur Beschreibung von Personen verwendet, die sich in ihrem Handeln und Fühlen allein von ihrem körperlichen Trieb (*appetitus sensibilis*) leiten lassen, wohingegen „subtil" alles das bezeichnet, was auf dem rationalen Willen des Menschen (*appetitus rationalis* oder *voluntas*) gründet.

9–16 In einer der apokryphen Schriften der Bibel wird der Umstand, dass Jesus in Menschengestalt auf die Erde kam, als Versuch gedeutet, den Teufel zu täuschen. – Möglicherweise ist es der Zensur geschuldet, dass diese Strophe (in der sich der Liebende immerhin mit Jesus Christus vergleicht) in den spanischen Übersetzungen des 16. Jahrhunderts fehlt.

17f. March rekurriert hier auf das Motiv des *celar* aus der Trobadorlyrik: Aus Furcht vor der üblen Nachrede („mals parlers") der Verleumder (der sogenannten *lauzengiers*) trachtet der Liebende danach, seine Gefühle vor seinen Mitmenschen zu verbergen (v. 18).

19f. *he cartejat volum/ d'aquell saber*: Dieses ‚Blättern im Buch des Wissens' ist metaphorisch zu verstehen: als Kontemplation der Geheimnisse der Liebe (Bohigas hingegen möchte diese Stelle als Verweis auf die *gaia ciència*, die Normen der höfischen Liebe, verstanden wissen).

34 Ehre („honor"), Reichtum („béns") und Schönheit („bellea") gehören zu den sogenannten weltlichen Gütern, die Weisheit („saviesa") ist ein geistiges Gut.

36 *tal semblant*: Gemeint ist nicht nur ihre Erwiderung seiner Gefühle, sondern eine Liebe, die der seinen ‚gleich', d.h. rein geistiger Natur ist.

VII

11f. Vgl. oben Anm. V,1f.

19 *Ovidi el prous*: Der lateinische Dichter Ovid (43 v. Chr.–17 n. Chr.), Verfasser zahlreicher, z.T. recht frivoler Liebesdichtungen (*Amores*, *Heroides*, *Ars amatoria*, *Remedia amoris*), wurde in der mittelalterlichen Literatur häufig als Autorität in Liebesfragen und als Beispiel für einen wahren Liebenden angeführt (das ihm von March zugeschriebene Zitat – v. 20 – lässt sich jedoch keinem seiner uns überlieferten Werke zuordnen; möglicherweise stammt es aus einer der zahlreichen pseudo-ovidischen Schriften, die im Mittelalter zirkulierten).

20 *demostrant sa factura*: Wörtliche Übersetzung: ‚wenn diese die gleiche Beschaffenheit zeigt'. Die Liebe nimmt zu, wenn sich die Seelen der Geliebten in Einklang befinden.

25 *els antics*: Es gehörte zu den Topoi mittelalterlicher Dichtung, die Liebenden vergangener Zeiten als Exempel für die wahre Liebe anzuführen und damit den Sittenverfall der Gegenwart anzuprangern.

29–32 Gemäß der aristotelischen Habitus-Lehre reicht es nicht aus, eine natürliche Veranlagung („disposició", „natura") zum moralischen Handeln zu haben, vielmehr muss dieses kontinuierlich eingeübt werden (erst auf diese Weise kann es zum Habitus des Menschen werden); eine schlechte Erziehung („criament") pervertiert daher auch einen im Kern guten Menschen.

46 *dant-me folls moviments*: Wörtliche Übersetzung: ‚die in mir verrückte Regungen wecken'; der Begriff „moviments" (*motus*) bezeichnet in der scholastischen Psychologie die Regungen oder Impulse des *appetitus sensibilis* (vgl. auch oben Anm. IV,34).

VIII

3–8 Der poetische Sprecher beklagt, dass die Gesetze und Regeln der höfischen Liebe („fina amor") – so wie sie die provenzalischen Trobadors in ihren Gedichten besangen – ihre Gültigkeit verloren haben (für das Konzept der *fin' amor* siehe Einführung, S. 9f.).

6 *bon saber*: Gemeint ist der *gai saber*, die Normen der höfischen Liebe.

X

21 *un cos*: Gemeint ist die Dame.

23 *los tres poders que en l'arma són*: Gemeint sind die drei Vermögen der rationalen Seele (auch Seelenpotenzen genannt): der Verstand (*intellectus*), der Wille (*voluntas*) und das Gedächtnis (*memoria*); vgl. auch die vv. 33–40.

33–40 Das Gedächtnis („membrar") hat die Aufgabe, die Erkenntnisse und Erfahrungen, welche der Mensch im Lauf seines Lebens sammelt, zu speichern; der Verstand („enteniment") greift auf diese Informationen zurück, um sich ein Urteil zu bilden, und der Wille („voler") schließlich setzt die einmal getroffene Entscheidung in die Tat um. Ist der Liebende seines Gedächtnisses beraubt, fällt somit diejenige Instanz aus, der es zukäme, ihn vor den Gefahren der Liebe zu warnen.

35 *alguazir*: Eigentlich ‚Wesir' (eine Art Minister am Hof des Kalifen), meint hier in einem weiteren Sinne diejenige Person, welche die Befehle eines anderen ausführt.

43 *pot ser hom innocents*: Wörtliche Übersetzung: ‚dass ein Mensch (wieder) unschuldig werden kann'; gemeint ist: ‚dass ein Mensch in den Zustand der Unwissenheit zurückversetzt werden kann'.

XIII

5 *E vaja jo los sepulcres cercant*: In mittelalterlichen Medizintraktaten wird das Aufsuchen von Gräbern (wie auch die ständige Traurigkeit, das Meiden der Mitmenschen, das Hin- und Hergerissensein zwischen extremen Gefühlen – vgl. die folgenden Verse) als eines der Symptome der Melancholie und der Liebeskrankheit (*amor hereos*) aufgeführt.

9 Zitat des aristotelischen Aphorismus „Simile diligit sibi simile".

13 *lo rei xiprà*: Janus von Lusignan, König des christlichen Reichs Zypern, wurde im Juli 1426 bei der Schlacht von Khirokitia vom Sultan von Ägypten gefangengenommen und nach Kairo gebracht, wo er zehn Monate in Gefangenschaft verbrachte, bevor er im Mai 1427 freigekauft wurde. Die Anspielung auf dieses zeitgeschichtliche Ereignis ermöglicht eine Datierung des Gedichts um das Jahr 1426/1427.

17 *Tixion*: Der Gigant Tityos ist eine bekannte Gestalt aus der griechischen Mythologie; für seinen Versuch, Leto, die Mutter des Apoll und der Artemis, zu vergewaltigen, muss er im Tartarus grausam büßen: zwei Geier zerfleischen seine beständig nachwachsende Leber (diese war nach antiken Vorstellungen der Sitz der sexuellen Begierden).

21 *un verm*: Der Wurm wird in der Bibel und in der christlichen Bußliteratur als Metapher für die Gewissensmartern des Sünders und die Qualen der Seelen der Verdammten verwendet.

24 *amb ço*: Gemeint ist die Erwiderung seiner Liebe (vgl. auch v. 30).

25–28 Wörtliche Übersetzung: ‚Und wenn der Tod mir nicht das Leid zufügte, mich auf immer von einem so gefälligen Anblick zu trennen, würde ich es ihm doch nicht danken, dass er meinen nackten Körper nicht mit Erde bedeckt.' Das Verständnis dieses syntaktisch komplexen Satzes wird durch die doppelte Verneinung im v. 27 zusätzlich erschwert.

26 *una tan plasent vista*: Gemeint ist der Anblick der geliebten Dame.

28–30 Da seine Freuden nur in seiner Vorstellung („imaginar"), nicht aber in der Wirklichkeit existieren (v. 30), kann er kein Gefallen daran finden, dass der Tod ihn verschont (vv. 27f.). – Die meisten Kommentatoren und Übersetzer interpretieren diese Verse in einem anderen Sinn: ‚denn mein Körper verlöre dadurch nur die Freude, die es ihm bereitet, sich vorzustellen, sein Verlangen könne keine Erfüllung finden.‘ Diese Lesart, die impliziert, der Liebende erfreue sich an der Hoffnungslosigkeit seiner Situation, scheint mir wenig überzeugend, wird das Motiv der Lust am Leid (*dolendi voluptas*) in diesem Gedicht doch an keiner Stelle aufgerufen.

29 *lo imaginar*: Vgl. oben Anm. I,4; die in der Vorstellungskraft gespeicherten mentalen Bilder können mit anderen assoziiert und zu neuen Bildern kombiniert werden; daher vermag der Liebende ‚in seiner Phantasie‘ die Freuden zu erleben, die ihm in der Wirklichkeit nicht vergönnt sind.

33–36 Wenn der poetische Sprecher vorgibt, es hänge von dem Verhalten der Dame ab, ob er im Jenseits die Glückseligkeit erlange, widerspricht er der thomistischen Auffassung, wonach die Schau Gottes im Paradies das höchste Gut des Menschen ist. In der Liebesdichtung des 15. Jahrhunderts war der Rekurs auf solche ‚sakralen Hyperbeln‘ durchaus keine Seltenheit.

XV

11 *lo*: Das Pronomen bezieht sich auf das Denken des Liebenden (v. 9: „mon pensament“).

23 Das Subjekt des Satzes ist Amor.

25–28 Die in diesen Versen angeführten Mythen- und Sagenfiguren galten als abschreckende Exempel für die verhängnisvollen Folgen des blinden, sämtliche sozialen Schranken und alle Werte und Normen außer Acht lassenden Liebesbegehrens. Es ist nicht ohne Ironie, dass sich der poetische Sprecher, dessen Absicht es doch ist, die Dame zur Liebe zu bewegen, hier auf Gestalten beruft, welche die Gefahren der Liebe versinnbildlichen.

25f. *Fedra*: Gestalt aus der griechischen Mythologie; Phädra, die Frau des Theseus, entbrannte in Liebe zu ihrem Stiefsohn Hippolytus. Als dieser sie entsetzt zurückwies, beging sie Selbstmord, hinterließ aber ein Täfelchen, auf dem sie ihn der versuchten Vergewaltigung bezichtigte. Theseus verfluchte seinen Sohn, der wenig später auf der Flucht zu Tode kam.

27f. *Lançalot*: Figur aus den mittelalterlichen Artusromanen; Lanzelot, einer der Ritter der Tafelrunde, verliebte sich in Guinevere, die Gemahlin des Königs Artus, die seine Gefühle erwiderte und ihn als ihren Vasallen annahm. Als Artus den Ehebruch bemerkte, ordnete er die Verhaftung beider an. Lanzelot gelang die Flucht, Guinevere jedoch wurde zum Tod auf dem Scheiterhaufen verurteilt.

29 *fats*: Gemeint sind die Parzen, die römischen Schicksalsgöttinnen.

42 Der Vers ist doppeldeutig, kann es sich bei dem ‚gewonnenen Körper‘ („un cos serà guanyat“) doch sowohl um den poetischen Sprecher handeln, der dem Liebestod entgeht, als auch um die Dame, deren Körper erobert wird.

43f. Vgl. *Lk* 15,7.

XVIII

1 *Fantasiant*: Der poetische Sprecher ist in der Kontemplation der Bilder versunken, die der Liebesgott Amor seiner Vorstellungskraft (vgl. oben Anm. I,4) eingibt.

2 *als pus subtils amaga*: Der Verstand des Menschen steht der mystischen Gotteserfahrung im Wege: nur die ‚Armen im Geiste' (*Mt* 5,3) vermögen dieses himmlische Wissen in sich aufzunehmen, denn ihre Herzen und ihr Geist sind ‚leer'.

3 Was Amor dem Liebenden in einem Akt der Erleuchtung (*illuminatio*) offenbart, bleibt den anderen Menschen verborgen, denn diese beziehen ihre Erkenntnis allein über die materielle Sinneswahrnehmung (die naturgemäß nur unvollkommen sein kann). Die hell-dunkel/Tag-Nacht-Metaphorik („jorn clar", „nit fosca") ist typisch für mystische Texte.

4 Er ernährt sich nur von rein geistiger Nahrung.

5f. Im Zustand der mystischen Ekstase tritt die Seele aus dem Körper (*excessus mentis*), um sich mit Gott zu vereinen (*unio mystica*).

7f. Das Verlangen, das er empfindet, ist rein geistiger Natur – er hat sein körperliches Begehren ganz überwunden –, insofern unterscheidet es sich von demjenigen der übrigen Menschen, die, ihrer doppelten Natur entsprechend, sowohl geistiges als auch körperliches Verlangen empfinden (vgl. auch vv. 21f.).

13 *Un altre esguard*: Er hat keine sexuellen Absichten.

17 *substança raonable*: Da Amor keine allein durch sich selbst seiende, rationale Substanz ist, vermag er keine vernunftgeleiteten Entscheidungen zu treffen (andernfalls würde er den poetischen Sprecher für seinen Dienst reich belohnen, vgl. die vv. 19f.). – Unter ‚Substanz' versteht man in der scholastischen Terminologie das unveränderliche Wesen einer Sache, unter ‚Akzidentien' deren nicht wesenhafte, veränderliche Eigenschaften (so ist beispielsweise das ‚Menschsein' eine substantielle, das ‚Blondsein', ‚Dicksein', ‚Müdesein' usw. hingegen nur eine akzidentielle Eigenschaft des Menschen). Die Frage, ob von der Liebe als einer Substanz oder einem Akzidenz zu sprechen sei, behandelten bereits Dichter wie Cavalcanti und Dante in ihren Werken. March beantwortet diese Frage hier und an anderer Stelle (vgl. etwa XCII*,199) im Sinne der zeitgenössischen Liebestraktate: Bei der Liebe handelt es sich um ein Akzidenz und nicht um eine Substanz, denn sie existiert allein durch den Akt des Liebens, nicht aber unabhängig von diesem.

17–19 Anders als der christliche Gott besitzt Amor weder das Vermögen noch die Macht, gerechte Urteile zu fällen

20 *fènix*: Der mythische Vogel Phönix, der sich selbst entflammt, um dann aus seiner eigenen Asche wieder zu erstehen, galt bei den Christen als Symbol für die Auferstehung und den Sieg über den Tod. Er ist der einzige seiner Art, weshalb er in der Dichtung auch als Sinnbild der Einzigartigkeit verwendet wird (auch was den Reim betrifft, ist er ‚einzigartig', reimt er sich im Okzitanischen und Katalanischen doch auf kein anderes Wort).

24 *la causa llur*: Gemeint ist der Körper, in dem das niedere Verlangen (die in v. 22 genannten „lleigs desigs") seinen Anfang nimmt.

33f. Vgl. 2 *Cor* 12,2–4.

35 Die platonische Vorstellung vom Leib als dem Gefängnis der Seele wurde von christlichen Autoren adaptiert.

41 *aquell filosofe*: Diese Anekdote wurde dem griechischen Philosophen Krates von Mallos (2. Jh. v. Chr.) zugeschrieben (vgl. etwa Thomas von Aquin, *STh* $II^{a}II^{ae}$, q. 186, a. 3).

49 *Als naturals*: Anders als die Theologen, die danach trachten, den Glauben und die Vernunft miteinander zu vereinbaren, erklären und deuten die Naturphilosophen die Natur allein auf der Basis von Erkenntnissen, die durch Beobachtung und Deduktion gewonnen wurden; aus ihrer Perspektive kann es die göttlichen Geheimnisse (v. 50) nicht geben, da sie rational nicht zu erklären sind (schon bei Augustinus findet sich die Polemik gegen die für die Wahrheit des Glaubens blinden Philosophen).

52 *ignorants i aptes*: Wörtliche Übersetzung: ‚die zugleich unwissenden und gelehrten'; das weltliche Wissen ist, verglichen mit jenem göttlichen, das nur wenigen Auserwählten enthüllt wird, ohne Belang (vgl. die vv. 1f.).

57 *lo meu voler se tempra*: Eines der Ziele des kontemplativen Lebens ist die Mäßigung (*temperantia*) der Begierden.

58 *en ço*: Gemeint ist die Liebe: diese kennt kein Maß.

XXVII

1–8 Es handelt sich bei dieser Beschreibung um das Krankheitsbild eines an *amor hereos*, der Liebeskrankheit, Leidenden: große Traurigkeit („sobresdolor"), Funktionsuntüchtigkeit der Vorstellungskraft („imaginar") und des Urteilsvermögens („enteniment"), starke Stimmungsschwankungen bzw. die Unfähigkeit, Entscheidungen zu treffen (v. 6f.)

1 *l'imaginar*: Vgl. oben Anm. I,4.

33 *en la mar*: Das Wortspiel des katalanischen Verses – *en la mar* (‚in das Meer') ist gleichklingend mit *en l'amar* (‚in das Lieben') – kann im Deutschen nicht nachgebildet werden, aus diesem Grund wurde die behelfsmäßige Übersetzung ‚ins Meer der Liebe' gewählt.

XXXIX

6 *sens alguna art*: Es handelt sich hier um eine klassische *captatio benevolentiae* (vgl. auch LXXII*,35f.) – der vermeintliche Verzicht auf rhetorische Kunstgriffe soll die Wahrhaftigkeit des Gesagten verbürgen – und nicht etwa um eine metapoetische Selbstaussage.

10 Das Motiv der Lust am Leid (*dolendi voluptas*), das in den folgenden Versen weiter ausgeführt wird, findet sich bereits in der lateinischen Literatur und ist ein Leitthema der petrarkistischen Dichtung.

13–16 Die Schau Amors im Geiste („simplement") versetzt den Liebenden in einen Zustand mystischer Verzückung (vgl. auch XVIII*), doch die Erfahrung Amors als einer Realität („sos fets"), die sowohl den Geist als auch den Körper erfasst, verursacht zugleich Lust und Leid („amb dolor me delita").

33f. Aus medizinischer, moralischer und nicht zuletzt theologischer Sicht – der Trübsinn (*acedia*) gehört zu den sieben Todsünden – war es verwerflich, der Traurigkeit zu frönen.

XLV

1 *sos exemples*: Gemeint sind hier die Geschichten der ‚Heiligen' und ‚Märtyrer' der Liebe. Im Gegensatz zu fiktiven Erzählungen (v. 2: „faula“) beanspruchen Exempel für sich historische Wahrheit.

3 *em transport en altre*: Die Seelen der Liebenden vereinen sich im Akt der reinen Liebe (vgl. auch LVI,29f.: „E no hi veig àls que pura amor entrega/ si transportant en la persona amada.“ // ‚Und ich sehe nichts, was die reine Liebe vollkommener machte, als sich in die geliebte Person zu verwandeln.').

6 *articles*: Glaubensartikel (*articuli fidei*) sind Lehrsätze, die in bündiger Form die Glaubensinhalte einer religiösen Gemeinschaft zusammenfassen.

13 *fins amadors*: Bei March jene, die mit reiner, geistiger Liebe begehren; in der Trobadorlyrik war dies die Bezeichnung für die Liebenden, die sich den Gesetzen der *fin' amor* unterwarfen (siehe Einführung, S. 9f.).

17f. *lo cel ... volc influir*: Nach mittelalterlichen Vorstellungen übt die Konstellation der Sterne Einfluss (mit dem medizinischen Fachterminus: *influx*) auf das Verhalten eines Menschen aus; der Zweig der Medizin, der sich mit der Korrespondenz zwischen den Planeten und Sternzeichen (Makrokosmos) einerseits und dem menschlichen Organismus (Mikrokosmos) andererseits beschäftigte, nannte sich Iatroastrologie.

17 *ma natura disposta*: Unter der natürlichen Disposition eines Menschen verstand man in der mittelalterlichen Medizin seine – auf dem spezifischen Mischungsverhältnis seiner Körpersäfte (seinem Temperament) beruhende – Anfälligkeit für bestimmte Krankheiten oder Gemütszustände. So galten etwa Sanguiniker und Choleriker, ihres Zeichens ‚wärmere' Komplexionen, als gefährdeter, in Liebe zu entbrennen, als die ‚kälteren' Melancholiker und Phlegmatiker.

18f. Bei den Liebesmächten („dos poders“), die von der Seele bzw. von dem Körper des poetischen Sprechers Besitz ergreifen, handelt es sich um Akzidentien: sie gehören nicht zum Wesen (der Substanz) des Liebenden, sondern sie sind von diesem ‚getrennt' („separables“). Für die aristotelische Unterscheidung zwischen Substanz und Akzidenz vgl. oben Anm. XVIII,17.

22 *lo seu semblant*: Die Seele der Geliebten.

23 *l'altra part en mi*: Der Körper.

25 *Aquella amor*: Gemeint ist der *amor honest*, der allein auf der Seele gründet.

28 Gemeint sind die Seele („mon semblant“) und der Körper („el mijançant ministre“) der Geliebten.

29 *l'altra amor*: Gemeint ist der *amor mixte*, an dem sowohl der Körper als auch die Seele teilhaben.

33–36 March beschreibt den Prozess des Sichverliebens unter Rekurs auf die aristotelischen Wahrnehmungstheorien (siehe Einführung, S. 18f.).

33 *per nostres senys*: Gemeint sind die fünf ‚äußeren' Sinne des Menschen, insbesondere der Sehsinn.

34 *comú seny*: Im Gemeinsinn (*sensus communis*), dem ersten der ‚inneren' Sinne des Menschen – er hat seinen Sitz im Vorderteil der ersten Gehirnkammer –, werden die Einzelwahrnehmungen der äußeren Sinne gesammelt und zu einem Ganzen zusammengefügt.

35 *per sos migs*: Gemeint sind die übrigen ‚inneren' Sinne (*imaginatio / phantasia*, *virtus estimativa* und *memoria*), insbesondere die Vorstellungskraft, welche dem rationalen Verstand („l'entendre“) die Sinneswahrnehmungen in Form mentaler Bilder (*species sensibiles*) zur Verfügung stellt.

69f. March verwendet hier Metaphern aus der Gerichtswelt: Der *amor mixte* hört nicht auf den Verstand – den Richter („lo juí“) –, sondern versucht, gleich einem Anwalt, die Sympathien des Fleisches zu gewinnen („benivolença capta“), indem er dessen Verlangen nachgibt.

73–80 March referiert auf die thomistische Lehre der *passiones animae* (siehe Einführung, S. 20f.): Das Gefühl der Liebe („amor“) weckt im Menschen Verlangen („desig“), welches sich, wenn er erhört wird, in Wonne („delit“) wandelt; ist das Objekt des Begehrens jedoch unerreichbar, bleiben dem Liebenden nur Hoffnung („esperança“) oder Angst („por“).

78 *fina amor*: Vgl. v. 13.

81f. Wie schon in der Eingangsstrophe wird auch hier die Liebe als eine quasi-mystische Erfahrung beschrieben, welche den Menschen vollständig erfasst („del tot“) und die Grenzen des rational Erklärbaren („raó“) überschreitet.

84 *aquells passius*: Gemeint sind jene, die sich den Leidenschaften (*passiones*) der Liebe aussetzen.

87f. Aufnahme des neoplatonischen Gedankens, wonach die Dinge dieser Welt („los fets del món“) im Licht der reinen Seelenliebe betrachtet („aquell sol clar“) nur Schatten („ombra“) der wahren Ideen sind.

90 *lo Dant història reconta*: Als Beispiel für die selbst noch die Grenzen des Todes überschreitende wahre Liebe führt der poetische Sprecher die *Divina Commedia* Dantes an; es ist möglich, dass er sich auf eine konkrete Passage aus diesem Werk bezieht: die Geschichte der unverbrüchlichen Liebe Paolos und Francescas (*Inf*. V,73–142).

94 Nach Aristoteles ist die vollkommene Freundschaft („amistat“) beständig, weil sie auf Tugend gründet (der Begriff „virtut“ kann im Katalanischen sowohl ‚Tugend' als auch ‚Kraft' bedeuten).

100 *natural ignorança*: Die ‚natürliche' oder ‚naturgegebene' Unwissenheit des Menschen ist Folge des Sündenfalls.

XLVII

1–4 Nach der mittelalterlichen Kosmologie war die Erdkugel – der unbewegliche Mittelpunkt des Universums – umgeben von den vier sublunaren Sphären der Elemente. Diese waren ihrem Gewicht nach angeordnet: zuunterst die Erde („la que feixuga jau“), darüber das Wasser, dann die Luft („aire“) und schließlich das Feuer („foc“). Auf die sublunaren Sphären folgten die sieben Himmelssphären mit den Planeten; die äußerste Sphäre, das Empyreum, war sinnlich nicht mehr wahrnehmbar: sie war der Sitz Gottes und der Seligen.

5 *Major senyal*: Die Zerstörung der kosmischen Ordnung ist eines der Zeichen der Apokalypse (für den in v. 2 zitierten Fall des Feuers vgl. *Offb* 13,13).

11 Vgl. oben Anm. XIII,9.

33f. Die Begriffe „vida activa“ und „vida ermita“ bezeichnen eigentlich zwei Formen monastischen Lebens – das dem karitativen Dienst am Nächsten gewidmete Leben in der Welt auf der einen und das in Zurückgezogenheit und kontemplativer Hinwendung zu Gott verbrachte auf der anderen Seite. Hier werden sie ohne ihre religiöse Bedeutung verwendet: Der poetische Sprecher verkündet, er werde sich aus Schmerz über die Dame nicht etwa von seinen Mitmenschen zurückziehen, sondern vielmehr aller Welt von ihren Schandtaten berichten.

44 Das Verb *maldir* („maldic-vos“) verweist auf die Gattung des *maldit*, der Schelte, der dieses Gedicht zugehört.

LIX

17f. Hinrichtungen durch Ertränken waren im 15. Jahrhundert in der Krone von Aragon nicht ungewöhnlich.

19 *mercé*: Personifikation der Gnade; das eigentliche Subjekt des Satzes ist die Dame.

40 *prenc exill*: Gemeint ist: ‚Selbstmord begehen‘ (vgl. auch die vv. 13f.).

LXIV

1 *Lo temps*: Bezeichnet zum einen die Jahreszeit (in diesem Fall: die Paarungszeit), zum anderen die Zeit im Sinne von Gegenwart (‚die Zeit, in der wir leben‘).

5–8 Umkehrung des in der Trobadordichtung beliebten *locus amoenus*-Topos: Während Reiher und Raben („agrons e corbs“) – Vögel also, die mehr krächzen als dass sie liebliche Melodien sängen – mit ihrem Gesang die Liebe ihrer Weibchen gewinnen, vertreibt das Lied der Nachtigall („lo rossinyol“) die Geliebte.

7 *Lo rossinyol*: Die Nachtigall versinnbildlicht in der Dichtung für gewöhnlich die Liebe und die Sangeskunst.

11 Zu Marchs Verwendung des Adjektivs „grosser“ vgl. oben Anm. V,1f.

13 *complanta*: Mögliche Anspielung auf die Gattung des Klageslieds (altfranzösisch: *complainte*).

25f. Diese Zeilen scheinen inspiriert von den bekannten Versen des Trobadors Arnaut Daniels: „Ieu sui Arnautz qu'amas l'aura/ e chatz la lebre ab lo bou/ e nadi contra suberna.“ // ‚Ich bin Arnaut, der den Wind einfängt/ und den Hasen mit dem Ochsen jagt/ und gegen den Strom schwimmt.‘ (*En cest sonet*, 43–45). Während das Adynaton im Gedicht des Provenzalen jedoch dazu dient, dem Liebesschwur des poetischen Ich besondere Ausdruckskraft zu verleihen, wird bei March durch das Missverhältnis zwischen den verwendeten Mitteln und der verfolgten Absicht nur die Ausweglosigkeit seiner Lage unterstrichen: In einer Zeit, in der die Gesetzte Amors keine Gültigkeit mehr haben, kann ein wahrhaft Liebender keine Liebe erlangen.

28 *lo Passi de Rams*: Am Palmsonntag wird nach der katholischen Liturgie die Passionsgeschichte (*Mt* 26ff.) vorgetragen. Möglicherweise spielt March hier nicht nur auf deren Inhalt an, sondern auch auf ihre sprichwörtliche Länge.

LXVIII

8/9 Zwei Editionen aus dem 16. Jahrhundert (*d* und *e*) fügen an dieser Stelle eine weitere Strophe ein, deren Authentizität aus Gründen der semantischen Kohärenz jedoch von den meisten Teilen der Kritik bezweifelt wird:

Com se farà que visca sens dolor
tenint perdut lo bé que posseïa?
Clar e molt bé ho veu, si no ha follia,
que mai porà tenir estat millor.
Doncs, què farà, puix altre bé no·l resta
sinó plorar lo bé del temps perdut?
Veent molt clar per si ser decebut,
mai trobarà qui·l faça millor festa.

(,Wie sollte er ohne Pein leben, wo er doch alles verlor, was er besaß? Ist er nicht verrückt, so sieht er klar und deutlich, dass er nie zu einem besseren Stand gelangen wird. Doch was soll er nun tun, da ihm kein anderes Gut mehr bleibt, als dem Gut der verlorenen Zeit nachzuweinen? Klar erkennt er, dass er durch sich selbst getäuscht ward und nie einen Herren finden wird, bei dem es sich besser leben lässt.')

13f. Dass Amor sich nie einem anderen Herren unterworfen hat („jamés fon vassall"), ist nicht nur als Hinweis auf seine uneingeschränkte Macht zu verstehen, sondern auch darauf, dass an seinem Hof die Gesetze des Rittertums keine Gültigkeit haben.

LXXIV

2 *ma elecció*: Synonym für die Willensfreiheit. – Da der Mensch über einen freien Willen (*liberum arbitrium*) verfügt, ist er in seinen Entscheidungen (*electiones*) nicht determiniert, d.h. er ist frei, sich für eine Handlungsmöglichkeit eher als für eine andere zu entscheiden.

6 *bona voluntat*: Gemeint ist der Wille, Gutes zu tun. Bei March wird der Begriff gelegentlich auch synonym für die wahre, geistige Liebe verwandt (vgl. etwa XLV*,25).

14 *aquell voler de la raó*: Gemeint ist das Verlangen nach geistiger Liebe, das in der Vernunft gründet. Es kontrastiert mit dem sinnlichen Verlangen des Körpers (v. 22: „voler del cos").

16 Aus dem Bewusstsein um die moralische Verwerflichkeit eines Verhaltens, das allein den Körper, nicht aber den Geist zur Richtschnur hat, resultiert die innere Zerrissenheit des poetischen Sprechers.

24 *proejant lo temps*: Das Wort *temps* kann im Katalanischen sowohl ,Unwetter' als auch ,Zeit' bedeuten (beide Lesarten ließen sich hier vertreten). – Bild und Gegenbild des in dieser Strophe entwickelten Vergleichs (Schiff = Ich, Streit der Seeleute = Streit zwischen dem Verstand und dem Verlangen des Körpers, Kurs = Begierde) korrespondieren an dieser Stelle nicht, heißt es doch in v. 17, das Schiff sei den Winden hilflos ausgeliefert, wohingegen der poetische Sprecher in v. 24 von sich behauptet, er rudere *gegen* das Unwetter bzw. die Zeit an (auch die Variante *penjant lo temps*

– ‚stattdessen hänge ich das Unwetter / die Zeit auf'(?) –, welche die Handschriften *FNBK* verzeichnen, vermag diese semantische Inkohärenz nicht aufzulösen).

30 Nach scholastischer Auffassung existiert das Böse („el mal") nicht als solches, sondern nur als Mangel an Gutem (*corruptio vel privatio boni*); daher setzt die Existenz des Schlechten die Existenz des Guten voraus (vgl. etwa Thomas von Aquin, *STh* I[a], q. 49, a. 1).

39 Der Drang („moviment"), schlecht zu handeln, ist stärker als der Schmerz, den es ihm bereitet, seinem rationalen Willen zu entsagen (zur Bedeutung des Begriffes *moviment* vgl. oben Anm. VII,46).

51f. March referiert hier auf die aristotelische Unterscheidung zwischen Potenz („poder") und Akt („acte"), wobei ersterer Begriff eine noch nicht realisierte Seinsmöglichkeit, der zweite die Verwirklichung dieser Möglichkeit bezeichnet (so ist z.B. ein Klumpen Lehm nur ‚potentiell' eine Vase, er kann aber zu einer solchen geformt und damit in den ‚aktuellen' Vasen-Zustand überführt werden). Die betreffenden Verse müssen daher wie folgt gelesen werden: ‚Wenn die sinnliche Begierde über den rationalen Willen des Menschen herrscht, kann die Potenz leicht in den Akt überführt werden.' Worauf genau der Hauptsatz sich bezieht – auf das Liebesbegehren, das rasch im sexuellen Akt münden kann, oder aber, als eine implizite Selbstmorddrohung, auf den Todeswunsch, der schneller als man denkt in die Tat umgesetzt werden könnte – lässt sich nicht genau bestimmen.

LXXIX

9–16 Die Allegorie der drei Pfeile Amors hatte in der provenzalischen Literatur eine lange Tradition (vgl. Guiraut Riquier, Peire Guilhem, Guiraut de Calanson, u.a.); anders als March, bei dem die unterschiedlichen Metalle, aus denen die Pfeile gefertigt sind (Gold, Silber und Blei), für die drei unterschiedlichen Formen und Intensitäten der Liebe stehen, bezogen die Trobadors diese jedoch auf die unterschiedlichen Etappen des Liebesprozesses: Verlieben (Stahl), Lieben (Gold) und Entlieben (Blei). Das Motiv des Liebespfeils selbst geht auf Ovid zurück (*Met*. I,466–471).

16 Wörtliche Übersetzung: ‚Je nach den Unterschieden, die es zwischen ihnen [sc. den einzelnen Metallen] auf Erden gibt.'

29–40 Die Metapher von der Liebe als Krieg findet sich bereits bei Ovid und wurde in der mittelalterlichen Literatur häufig aufgegriffen (vgl. auch X*).

30 *anar en cabells*: Gemeint ist ‚in zivil', d.h. ohne Helm und Rüstung.

40 Alternative Übersetzung: ‚Denn die Dame, die ich liebe, leidet nicht unter ihrer Wunde (sie traf schließlich kein Pfeil, und wenn doch, dann nur einer aus Blei).'

LXXX

1–8 Die in den beiden Anfangsversen angeführten Beispiele von Personen, die auch dann noch, wenn sie ihre Arbeit nur unzulänglich ausführen, entlohnt werden, lassen das Schicksal des poetischen Sprechers, der trotz seines langen und aufopferungsvollen Liebesdienstes noch keinen Lohn erhalten, noch ungerechter erscheinen.

1 Der Vers spielt auf das biblische Gleichnis von den Arbeitern im Weinberg an (*Mt* 20,1–16), in dem ein Herr allen seinen Tagelöhnern, auch jenen, die nur eine Stunde für ihn gearbeitet haben, denselben Lohn gibt.

8 *són setze anys*: Angaben von Jahreszahlen zur genauen Bestimmung der Dauer des geleisteten Liebesdienstes finden sich auch in den Werken anderer mittelalterlicher Autoren; das wohl prominenteste Beispiel ist der *Canzoniere* Petrarcas, in dem die häufigen chronologischen Angaben zur Strukturierung der fiktionalen Autobiographie dienen.

LXXXI

1–4 Der Vergleich der Liebe mit einer gefahrvollen Seefahrt ist ein beliebter Topos der Trobadordichtung (vgl. auch XXVII*,25–32).

LXXXIII

3 *virtut*: March spielt hier mit der doppelten Bedeutung des Begriffs, der im Katalanischen sowohl ‚Tugend‘ als auch ‚Kraft‘ bedeuten kann.

LXXXIX

1 Vgl. *Ps* 42,1.

4 *aquest pont*: Gemeint ist die Anwesenheit der Dame.

10 Es handelt sich hier um eine sakrale Hyperbel – nach scholastischer Vorstellung vermag der Mensch das höchste Gut („major bé“) allein in Gott zu finden.

12 *el voler*: Kann sowohl den Willen als auch das Verlangen einer Person bezeichnen; hier und im Folgenden wird der Begriff in der Bedeutung von ‚reine, auf dem rationalen Willen (und nicht auf dem körperlichen Begehren) gründende Liebe‘ verwandt.

21–24 Seine Liebe könnte von dem einen Extrem – dem rein geistigen Verlangen – ins andere Extrem fallen: das niedere, körperliche Begehren.

24 *al poc estat no par l'ofensa greu*: Wörtliche Übersetzung: ‚Dem, der von niederem Stand ist, erscheint die Beleidigung nicht so schwerwiegend.‘ In der mittelalterlichen Gerichtsbarkeit bemaß sich die Schwere eines Vergehens (und die Schwere der hierfür verhängten Strafe) nach dem sozialen Stand des Geschädigten (so war die Tötung eines Bauern weniger schlimm als die eines Edelmanns). Der Liebesentzug der Dame (v. 20) – so die Argumentation des poetischen Sprechers – würde ihn, den Besten aller Liebenden, weit härter treffen als jemanden, der ohnehin nur auf niedere Weise begehrt.

31 *lloc dispost*: Vgl. oben Anm. XLV,17.

42 *amb varietat*: Gemeint sind die unterschiedlichen Gemütszustände (*passiones animae*), in die ihn die Liebe versetzt (siehe Einführung, S. 20f.).

49–56 Der poetische Sprecher erscheint hier in der Rolle des Eifersüchtigen („zelós“), die in der Trobadorlyrik in der Regel dem betrogenen Ehemann zufiel. Anders als dies der typischen Charakterisierung der Figur entspräche, treibt ihn jedoch nicht die Furcht um, seine Dame könnte ihm körperlich untreu werden (vv. 51f.), auch konkurriert er nicht mit einem anderen Mann um ihre Gunst. Verdruss bereitet ihm allein der Gedanke, sie nicht ganz, im wörtlichen Sinn ‚mit Körper und Seele' („cos" und „voluntat") besitzen zu können, da sie, wie es die Christenpflicht gebietet (vgl. *Mk* 12,30), mit ihrer Seele zuvörderst Gott liebt (v. 54) – der so zu seinem eigentlichen Rivalen wird.

57 *de vós jo guard la fi*: Die doppelte Bedeutung des Wortes *fi* – ‚Ende', aber auch ‚Absicht', ‚Ziel' – lässt auch eine andere Übersetzung zu: ‚Stets muss ich an Eure Absicht denken [d.h. daran, dass Ihr Eure Absichten ändern könntet].'

CI

12 *esclau de remença*: Eigentlich: Leibeigener; Leibeigene waren von ihrem Grundherrn in höchstem Maße abhängig und konnten sich nur unter Zahlung eines hohen Geldbetrags (der *remença*) aus diesem Hörigkeitsverhältnis freikaufen.

13 *gest*: March verwendet diesen Begriff in einem im Vergleich zum üblichen Sprachgebrauch erweiterten Sinn: in der Geste kommen die inneren Tugenden einer Person zum Ausdruck.

16 *sens rompre'm pèl*: Wörtliche Übersetzung: ‚ohne mir ein Haar zu krümmen'.

25 *d'açò*: Gemeint ist das Bild der Dame.

26 *tots mos senys*: Die übrigen äußeren und inneren Sinne (siehe Einführung, S. 18f.).

31 *ella*: Gemeint ist Fortuna (v. 29), der allein es obliegt, sein Schicksal zum Besseren zu wenden.

33 *la fantasia*: Zur Funktionsweise der Vorstellungskraft vgl. oben Anm. I,4.

CXXIII

1–4: In Abweichung von der Regel, wonach der Begriff *amor* – soweit er nicht den personifizierten Liebesgott Amor meint – stets feminin ist, verwendet March ihn in seinen liebestheoretischen Abhandlungen gelegentlich als maskulines Substantiv („ell", „aquell"), was möglicherweise dem Einfluss lateinischsprachiger Traktatliteratur geschuldet ist (im Lateinischen ist *amor* maskulin).

6 Die Liebe, welche die Menschen leitet, hat für gewöhnlich allein den Lustgewinn (v. 9: „delitable"), nicht aber die Sittlichkeit („honest") oder den Nutzen („profitós") zum Ziel. – March referiert hier auf die aristotelische Unterscheidung der drei Freundschaftsarten (*Nik. Eth.* 1156a ff.).

7f. Verlangen („l'apetit cobejós") kann in Abscheu („[l'apetit] irós") umschlagen, wenn das Objekt der Begierde nicht erreichbar ist.

9–16 Ein Mensch, der seinem sinnlichen Begehren folgt – dem *appetitus concupiscibilis* („cobejós") und dem *appetitus irascibilis* („irós") – erleidet starke Affekte (die *passiones animae*): Hoffnungslosigkeit („esperança no sent"), Lust („delit"), Leid („dolor"), Verlangen („desig"), Hoffnung („esper") und Furcht („por"); siehe hierzu auch die Einführung, S. 20f.

17–24 Zu den drei Wesensformen der Liebe („tres qualitats"), auf die sich March hier bezieht – *amor bestial* („corporal"), *amor mixte* („compost") und *amor espiritual* („honest") – siehe Einführung, S. 18ff.

19f. Wörtliche Übersetzung: ‚so ist auch die Liebe nur dann ausgewogen, wenn man ihre drei Wesensformen und die drei Erscheinungsformen, durch welche sie zutage tritt, sehen kann.'

25 *Aquesta amor*: Gemeint ist der *amor mixte*, der Gegenstand der folgenden Strophen (vv. 25–64) ist.

31f. Die Verse sind elliptisch, wodurch ihr Verständnis erschwert wird. Gemeint ist: ‚Man soll die Dinge beim Namen nennen: wer wie ein Tier liebt (*amor bestial*), verdient es auch, Tier genannt zu werden (entsprechendes gilt für die beiden anderen Liebesformen). Wer alle drei Arten des Begehrens (*corporal*, *mixte* und *espiritual*) in sich spürt, muss darum drei Namen tragen.'

56 Auch wenn diese Liebe beide Naturen des Menschen, den Körper und die Seele, umfasst („per dos esguards"), ist doch stets nur eine dieser beiden Komponenten bestimmend („u comptador").

Frauenpreis und Frauenschelte

XXIII

1–4 Während sich die anderen Dichter von ihrer Leidenschaft („per escalf") zu Übertreibungen hinreißen lassen – und damit gegen das Verbot der *sobreslaus* verstoßen (vgl. oben Anm. LXXII,1) – unterdrückt der poetische Sprecher seine Gefühle („sostraent mon voler afectat"), um zu einer objektiven Darstellung zu gelangen. Die Beteuerung der Wahrheit gehört zu den üblichen Topoi enkomiastischer Dichtung und darf daher nicht als Bekenntnis zu tatsächlicher Aufrichtigkeit missverstanden werden, vielmehr ist sie Auftakt zu einer durch und durch rhetorisierten, hyperbolischen Lobrede.

1 *trobadors*: Im zeitgenössischen Sprachgebrauch war dies die übliche Bezeichnung für Dichter; anders als dies gelegentlich behauptet wird, handelt es sich hier also nicht um eine Abgrenzung von den provenzalischen Trobadors des 12. und 13. Jahrhunderts.

7 *dins vós*: Der Lobpreis auf die innere Schönheit der Dame – ihre Tugend und Weisheit – steht im Mittelpunkt der folgenden Strophen.

9–16 Während die äußere Schönheit der Dame auch für törichte Menschen ersichtlich ist, erkennen nur die Feinsinnigen ihre inneren Werte. Zu Marchs Verwendung der Adjektive „pec", „grosser" und „subtil" vgl. oben Anm. V,1f.

16 *gest*: Vgl. oben Anm. CI,13.

17 *Tots som grossers*: Es handelt sich hier um einen gattungstypischen Bescheidenheitstopos (vgl. auch LXXII*,6 und 33–36).

18 *cos*: Hier in der Bedeutung von ‚Person' verwendet, wobei sich das Adjektiv „bell" auf die äußere Schönheit, das Adjektiv „honest" auf die inneren Werte bezieht.

24 *Déu ne volc casta*: March spielt mit der doppelten Bedeutung des Wortes *casta*, welches auf der einen Seite für das Substantiv ‚Nachkommenschaft', auf der anderen Seite für das Adjektiv ‚keusch, jungfräulich' steht. Die – wenn auch unvollständige –

Analogie zur Gottesmutter ist unverkennbar: Gott hat beiden bestimmt, sie sollten ein Kind gebären (aber nur Maria hat ihre Jungfräulichkeit bewahrt).

28 *dona Teresa*: Es ist anzunehmen, dass das Publikum, vor dem dieses Gedicht zum Vortrag kam, die Adressatin des Lobpreises zu identifizieren vermochte. Möglicherweise handelt es sich um Teresa d'Hixar, Frau des aragonesischen Adligen Pedro Ximénez de Urrea, die nach dem Tod ihres Mannes (in oder vor 1422) den besonderen Schutz des Königs Alfons und seiner Gemahlin Königin Maria genoss. March dürfte Teresa d'Hixar in den Jahren zwischen 1425 und 1431 bei Hof kennengelernt haben (sie war ihm Jahre später auch bei der Durchsetzung seiner Heiratspläne mit Isabel Martorell behilflich).

30 Nur der Weise gelangt zu vollkommener Selbsterkenntnis, diese wiederum ist eine Voraussetzung für ein tugendhaftes Leben.

33 *Venecians*: Die Republik Venedig galt als Modell für politische Stabilität und Wohlstand, da sie aufgrund ihrer auf Machtausgleich und gegenseitiger Kontrolle basierenden staatlichen Ordnung wenig anfällig für innere Unruhen war (daher auch ihr Beiname: *Serrenisima* – ‚Sorgenfreie').

36 *el moviment*: Vgl. oben Anm. VII,46.

37–40 Die hier beschriebene Wirkung – die Kontemplation der Dame (v. 38) führt zur Sublimierung des körperlichen Verlangens („lleig voler") – wurde üblicherweise der Gottesmutter zugeschrieben.

41–44 Die ‚sichtbare', d.h. materielle Krone erhebt den Menschen über seine Mitmenschen, die Dame jedoch ist von überirdischer äußerer und innerer Güte – sie ist ein Wunder („miracle") –, darum gebührt ihr eine unsichtbare Krone („corona invisible") – ein Heiligenschein? –, die keine Menschenhand, nur Gott allein, zu winden vermag.

XLII

1-6 In den mittelalterlichen Bestiarien, auf die sich Marchs Beschreibung stützt, erscheint die Turteltaube als Exempel für Beständigkeit in der Liebe.

10f. Aus diesen Versen spricht der Standesdünkel eines Angehörigen des Adels („carn gentil") gegenüber der aufstrebenden Schicht der Kaufleute („mercader"), die im 15. Jahrhundert mehr und mehr an Einfluss gewann und so die Vormachtstellung der alten Eliten gefährdete.

12 *Joan*: Das Wortspiel, das die Namenswahl vermutlich begründet – *jo ha'n* = ‚ich habe davon [sc. Geld]' (in diesem Sinn schon in Anselm Turmeda, *Llibre de bons amonestaments*, v. 290, einem Werk, das March gekannt haben dürfte) – kann im Deutschen nicht nachempfunden werden, weshalb hier die behelfsmäßige Übersetzung ‚reicher Johann' gewählt wurde.

16 *draps de Florença*: Das Florentiner Tuch war besonders kostbar und teuer.

22 Gemeint ist, dass sie vor aller Augen der Prostitution nachging (Archer liest den Vers auch als eine mögliche Anspielung auf eine öffentlich an ihr vollzogene Strafe wegen Prostitution).

25 *filla*: Die implizite Annahme, sie könne keinen männlichen Nachfolger gebären, ist als zusätzliche Beleidigung zu verstehen, galt die Geburt eines Mädchens doch als Zeichen für die Schadhaftigkeit des Samens.

27–32 Die zeitgenössischen Medizintraktate lehrten, dass Frauen, die während ihrer Periode oder in der Stillzeit Geschlechtsverkehr hatten, in ihrem Körper Giftstoffe ansammelten, die unter normalen Umständen mit dem Menstruationsblut ausgeschieden wurden („vostre cos és de verí replet"). Von diesem Gift hieß es, dass es abnormalen Haarwuchs („pèls fora mida") verursache (die Länge der Achsel- und Armhaare der Geschmähten ist also ein weiterer Beweis für ihre wollüstige Natur).

42 *na Montboí*: Die Identität der Adressatin dieser unbarmherzigen Schelte lässt sich nicht bestimmen, doch wurde vermutet, es könne sich bei ihr um eine reiche Witwe gleichen Namens aus Barcelona handeln, mit der Lionor March ihren Sohn im Jahr 1424 vergeblich zu verheiraten suchte.

Moralisch-philosophische Dichtung

XXXII

1–40 March behandelt in diesem Gedicht zentrale Ideen der aristotelischen Ethik (Tugend, Habitus, Mesotes).

2 Die gute Veranlagung eines Menschen („bondat") ist angeboren und somit eine Gabe der Natur (vgl. vv. 21f), während Reichtum („béns") und sozialer Stand („llinatge gran") äußere Güter sind, die Fortuna dem Menschen zuteilt.

3 *la del mig*: Gemeint ist die Güte (v. 2: „bondat").

9–12 Auch wenn der Mensch über die natürliche Anlage verfügt, die sittliche Tugend (v. 16 „[virtut] moral") in sich aufnehmen zu können, wird ihm diese doch erst durch angemessenes Handeln bzw. durch die Habitualisierung dieses Handelns zuteil (für das Konzept des Habitus siehe Einführung, S. 24f.). – Das Beispiel des Musikers, welches March zur Illustration dieses Prozesses anführt, geht auf Aristoteles zurück (*Nik. Eth.* 1103b).

13–16 Wenn die äußeren Umstände nicht geeignet sind (v. 14), kann eine gute Veranlagung verkümmern – wie dies auch bei einem Musiker der Fall ist, der kein Instrument zum Spielen hat (vv. 9–12).

21–24 Im Gegensatz zu verstandesmäßigen Tugenden wie der Weisheit kann sittliche Tugend nicht erlernt werden („saber"), sondern wird nur durch Einübung erworben (vgl. auch vv. 27f.).

25f. March referiert hier auf die aristotelische Mesotes-Lehre (siehe Einführung, S. 25).

32 Zur aristotelischen Unterscheidung zwischen Akt („fet") und Potenz („potença") vgl. oben Anm. LXXIV,50f. Gemeint ist: ‚Da man erst nach vorausgegangener Tätigkeit Tugend erlangt, vermag man die moralische Güte eines Menschen erst dann zu beurteilen, wenn dieser moralisch (oder unmoralisch) gehandelt hat.'

37 *viciosa vergonya*: Gemeint ist die Scham, die aus dem Laster resultiert.

CVII

1–80 Das Gedicht handelt von der Furcht vor dem Tod, den Ursachen dieser Furcht und den Möglichkeiten, sich gegen sie zu wappnen.
1 *lo forçat cas*: Gemeint ist der Tod.
14 *vostres senys*: Gemeint sind die fünf äußeren Sinne (Gehör-, Geruchs-, Geschmacks-, Tast- und Sehsinn), von denen nur noch einer unversehrt ist.
30 *és tot present*: Der Körper kann sein Glück allein in der materiellen Welt finden.
33 *d'aquests*: Gemeint sind der Körper und die Seele (vgl. vv. 25–32).
43 *per esta fi*: Gemeint ist die Glückseligkeit (*beatitudo*), die der Mensch in allen Dingen sucht.
57 *l'immortalitat*: Gemeint ist das Leben nach dem Tod (die Seele des Menschen ist unsterblich).
66 Auf die hier reklamierten theologischen und moralischen Tugenden („virtut teologal e moral") nehmen – in umgekehrter Reihenfolge – die vv. 77–80 Bezug.
67 Gemeint ist: ‚damit der Körper sich ganz der Vernunft unterwerfe'.
74 Wörtliche Übersetzung: ‚Er wird den Körper in die Seele überführt haben.'
77f. Das aristotelische Konzept der Mesotes (vgl. auch XXXII*,25f.) steht hier stellvertretend für die moralische Tugend.
78 *moviments*: Vgl. oben Anm. VII,46.
79f. Aufzählung der drei theologischen Tugenden Hoffnung („espera en Déu"), Liebe („dóna als no havents") und Glaube („viu en fe"). – March interpretiert die Tugend der Caritas hier als Mildtätigkeit gegenüber den Armen.
85 *Toni amic*: Das Gedicht ist Antoni Tallander, dem Hofnarren König Alfons' V. gewidmet, und wird vermutlich in dessen letzten Lebensmonaten – er starb am 16. Juli 1446 in Neapel – entstanden sein.

Totengedichte

XCII

1–4 Anspielung auf die drei Parzen (oder Fatae), die in der römischen Mythologie über das Schicksal des Menschen bestimmen: Klotho spinnt den Lebensfaden, Lachesis misst ihn ab und Atropos – auf die in diesen Versen konkret Bezug genommen wird – durchtrennt ihn („Aquelles mans . . . / han ja romput lo fil tenint la vida / de vós").
13f. Die Begriffe „quantitat" und „qualitat" beziehen sich hier auf die beiden Formen des Begehrens: das des Körpers und das der Seele.
15 Der Sehsinn („l'ull") und der Tastsinn („lo toc") stehen stellvertretend für die Sinne, mit denen der Mensch sich der körperlichen Liebe hingibt.
29 *amistança pura*: Verweis auf den aristotelischen Freundschaftsbegriff (vgl. oben Anm. IV,47).
36 *cataracte*: Der Katarakt (umgangssprachlich ‚Grauer Star' genannt), jene durch die Verdickung der Augenbindehaut verursachte Trübung der Linse, korrespondiert in dem in den vv. 35–40 ausgeführten Vergleich mit der körperlichen Natur des Men-

schen: Zwar vermag die geistige Liebe das Begehren des Liebenden in so weit zu sublimieren, dass sein reines Verlangen Überhand über seine niederen körperlichen Triebe gewinnt („lo voler cec del tot ella il·lumena“), doch vermag auch sie es nicht, das menschliche Kompositum aufzulösen, d.h. den Körper von der Seele zu trennen. Aus diesem Grund ist ihre Wirkkraft beschränkt („si posqués fer sens empatx son acte...“).

38 *gota serena*: Amaurose (medizinischer Fachausdruck für vollständige Erblindung).

39 *triaga*: Beim Theriak handelt es sich um ein opiumhaltiges Arzneimittel, das im Mittelalter gegen alle möglichen Krankheiten und Gebrechen verabreicht wurde.

43 *L'altre*: Gemeint ist der *amor mixte*, an dem sowohl der Körper als auch die Seele Anteil haben (siehe Einführung, S. 18ff.).

48 *apetit sensible*: Der *appetitus sensibilis* ist das sinnliche Begehrungsvermögen des Körpers.

55 *Altre voler*: Gemeint ist das Verlangen, das sich aus Körper und Seele speist (vgl. vv. 59ff.)

69 *L'altre voler*: Gemeint ist das rein geistige Verlangen.

71–74 Wie die Liebe, die er empfindet (*amor mixte*), kann auch sein Schmerz nicht ausschließlich einer seiner beiden Naturen („mes natures“) zugeordnet werden; auch ist er weder begrenzt wie die Liebe des Körpers noch unbegrenzt wie die der Seele (v. 73), sondern bewegt sich zwischen diesen beiden Polen (v. 74).

75 *Aquell voler*: Gemeint ist der *amor mixte*.

77 *fora natura*: Außerhalb seines Körpers.

80 Gemeint ist: ‚es ist zugleich in unserem Körper und in unserer Seele‘.

81 Die meisten Menschen lieben nach der Art des *amor mixte* („d'aquesta amor“).

90 *amb sa capa*: Gemeint ist der Körper.

116 *el conversar*: Gemeint ist die Korrespondenz zwischen dem Willen des poetischen Sprechers und dem Willen der Dame (vgl. v. 115: „les voluntats unides“).

138f. Obgleich er selbst noch am Leben ist („jo sa“), bereitet der Tod der Geliebten ihm so große Pein, dass es ihm scheint, er müsse darüber sterben.

179 *muller aimia*: Kompositum aus *muller*, der katalanischen Bezeichnung für Ehefrau, und *aimia* (abgeleitet vom okzitanischen *amia*), das in der Liebesdichtung traditionell für die Geliebte stand.

191f. March rekurriert auf die aristotelische Unterscheidung zwischen Substanz und Akzidenz (vgl. oben Anm. XVIII,17). Da die Liebe nur ein Akzidenz ist, d.h. kein durch sich selbst seiendes Wesen, vermag der Mensch sie nur an dem zu erkennen, was sie bewirkt (Herzklopfen, Aufregung, Gesichtsröte beim Anblick der Geliebten usw.).

193 *quant és ne qual*: Anders als in den Versen 13f. bezeichnen die Begriffe hier nicht die körperliche im Gegensatz zur geistigen Liebe, sondern zwei Aspekte der Liebe: ihre Dauer (vergänglich vs. ewig) und ihre Art (körperlich vs. geistig).

210 *lo bo*: Gemeint ist das reine Begehren der Seele.

214 Möglicherweise handelt es sich um eine zeitgenössische Redewendung; die Übersetzung versucht, das Wortspiel im Original – *fallir* (‚versagen‘, ‚enttäuschen‘) und *defallir* (‚fehlen‘, ‚ausbleiben‘) – durch die Verwendung des Polysems *fehlen* nachzubilden.

216 *los composts*: Gemeint sind die Freuden, die aus dem Verlangen resultieren, an dem sowohl der Körper als auch die Seele Anteil haben (*voler mesclat*).
249f. Vgl. *Gen* 2,23 und *Mt* 19,4f.

XCVI

15f. „Goig“ und „tristor“ stehen hier sowohl für die Affekte (*passiones animae*), die der Liebende beim Gedanken an das Schicksal seiner Geliebten erleidet, als auch für die Freude (*gaudium*) der Seligen und das Leid (*tristitia*) der verdammten Seelen im Jenseits.
17–20 Mit dem Tod der Geliebten ist die Entscheidung darüber, ob ihre Seele erlöst („cel“) oder verdammt wird („infern“), bereits gefallen (v. 18), und da Gottes Urteilsspruch unwiderruflich ist, sind alle Gebete des poetischen Sprechers für ihr Seelenheil vergebens. – Das Fegefeuer (*Purgatorium*), der Ort, an dem die Seelen der Verstorbenen, die zur Erlösung bestimmt sind, Buße tun, bevor sie ins Paradies gelangen, bleibt hier unerwähnt.
21f. Vorwegnahme der Klage seiner verdammten Seele.
32 Gemeint ist: ‚ich fürchte, dieses Schicksal [sc. die Verdammung] könnte ihr aufgrund ihrer Werke auf Erden beschieden sein‘. – Zu Lebzeiten (*in statu merendi*) verdient sich der Mensch durch seine guten oder schlechten Werke den Lohn – die Glückseligkeit oder die Verdammnis –, der ihm im Jenseits zuteil wird (*in statu recipiendi*).

Geistlicher Gesang

CV

1–4 Vgl. *Ps* 143,7.
7 *voluntat franca*: Vgl. oben Anm. LXXIV,2.
13 Vom Diamanten, dem härtesten aller Edelsteine, heißt es im *Physiologus* – einem im Mittelalter weit verbreiteten Kompendium zur Symbolik von Tieren, Pflanzen und Steinen –, er könne nur weich werden, wenn man ihn im Blut eines Bocks tränkte. March überträgt dieses Bild auf die Situation des Sünders: Das Blut Christi, der gleich einem Opferlamm für die Menschen den Tod auf sich nahm, um sie von ihrer Schuld reinzuwaschen, erweicht das Herz des sündigen Menschen.
27 *al qual faç via*: Die Metapher vom Leben als einem Weg und dem Menschen als *homo viator*, der zahlreiche Hindernisse zu überwinden und Beschwerlichkeiten zu ertragen hat, bevor er zu seinem Ziel – zu Gott – gelangt, ist tief in der christlichen Symbolik verwurzelt.
29f. Vgl. *Lk* 23,39–43. In Texten zur christlichen Gnadenlehre wurde das Beispiel des erlösten Diebes häufig angeführt, um zu illustrieren, dass die Gnade Gottes auch demjenigen zuteil werden kann, der sie ob seiner Werke nicht verdient (für die Gnadenlehre siehe auch Einführung, S. 30f.).
30 *tant quant hom veu*: Wörtliche Übersetzung: ‚soweit ein Mensch sehen kann‘.

30 *no hi bastaven ses obres*: Vgl. oben Anm. XCVI,32.

31 Vgl. *Joh* 3,8.

51 *mals hàbits*: Für das Konzept des Habitus siehe Einführung, S. 24f.

62 Vgl. die vv. 29f.

65 *Job*: Gestalt aus dem Alten Testament; dient als Exempel für Rechtschaffenheit, Gottesfurcht und Leidensbereitschaft.

67 *que temps no s'hi esmenta*: Wörtliche Übersetzung: ‚wo Zeit keine Erwähnung findet'. – Im Gegensatz zu den Qualen des Fegefeuers sind jene der Hölle ewig, darum hat Zeit dort keine Bedeutung.

95 *Amb ull de carn*: Vgl. *Job* 10,4 (siehe auch v. 30).

105–108 Allen Dingen dieser Welt wohnt ein Ziel („fi") inne, doch diese Ziele sind nichtig, insofern sie sich nicht Gott, dem letzten und wahren Ziel aller Dinge, unterordnen (vgl. auch vv. 113–116).

115 Die Ziele des Menschen in der Welt (Weisheit, Tugend usw.) sind nur eine Vorstufe, um zum wahren Ziel – Gott – zu gelangen.

116 Der Mensch verfügt nicht von Natur aus über Wissen, sondern erlangt dieses über einen *diskursiven* Erkenntnisprozess („lo cós").

117ff. Die pagane Philosophie („los filosofs") verortet das Ziel des Menschen in dieser Welt im Menschen selbst („en si mateixs"), die Frage, worin dieses konkret bestehe, beantworten die unterschiedlichen Schulen jedoch je verschieden (für die Stoiker im Erlangen der Tugend, für die Epikureer im Lustgewinn usw.).

121–124 Vgl. *Gal* 3,10–4,11.

128 Johannes der Täufer, der letzte Prophet des Alten Testaments, verkündete die Ankunft Christi (*Mk* 1,1–4).

149 *Dreçar-la*: Gemeint ist die Veranlagung (v. 147: „disposició").

193–196 Für das theologisches Problem der Prädestination siehe Einführung, S. 30f.

199f. Vgl. *Mt* 26,24f.

201–203 Vgl. *Job* 3,11f. und 10,18f.

213–215 Glaube („fe"), Hoffnung („esperança") und Liebe („caritat") sind die drei theologischen Tugenden.

219 In der scholastischen Dogmatik unterschied man zwischen der *contritio* („contrició"), der vollkommenen Reue, welche die Liebe zu Gott hervorbringt, und der unvollkommenen *attritio* („atrició"), die in der Furcht des Sünders vor den Qualen der Hölle gründet.

Katalanische Literatur des Mittelalters
hrsg. von Alexander Fidora

EDITORIAL BARCINO, SA
Acàcies 15. 08027 Barcelona
Tel. +34 93 349 59 35
www.editorialbarcino.cat

LIT Verlag Berlin – Münster – Wien – Zürich – London
Auslieferung Deutschland / Österreich / Schweiz: siehe Impressumsseite

Curial und Guelfa

Ein katalanischer Ritterroman. Übersetzt und eingeleitet von Gret Schib Torra

Curial und Guelfa – ein Ritterroman? – ein Liebesroman? Oder ein historischer Roman? Er ist wohl all dies gleichzeitig. Der anonyme Autor, der in geschickter Weise realistische Elemente, wie man sie aus den katalanischen Chroniken kennt, mit fantastischen Bildern aus der Mythologie verbindet, schildert die Abenteuer des jungen und schönen Curial, der aus ärmlichen Verhältnissen stammt und durch die Fürsorge der reichen Witwe Guelfa, aber auch dank seiner Intelligenz, zum berühmtesten Ritter seiner Zeit wird. Als fahrender Ritter zieht er durch ganz Europa, ja, bis ins Heilige Land und nach Nordafrika, geht an Fürsten- und Königshöfen ein und aus und kämpft siegreich gegen die Türken. Nach mancherlei Gefahren und Schicksalsschlägen heiratet er am Ende seine angebetete Guelfa und wird in den Adelsstand erhoben. Die Beschreibungen der abwechslungsreichen Geschehnisse, vor allem aber die bald leidenschaftlichen, bald humorvollen Dialoge lassen den Leser teilhaben an einem Stück lebendig gewordenem Mittelalter. Der Roman, der hier zum ersten Mal in deutscher Übersetzung vorgelegt wird, ist ohne Zweifel ein Meisterwerk nicht nur der katalanischen, sondern der europäischen und der Weltliteratur überhaupt.

Bd. 1, 2008, 312 S., 29,90 €, br., ISBN 978-3-8258-1358-1

Anselm Turmeda

Des Esels Streitrede

Aus dem Mittelfranzösischen übersetzt und eingeleitet von Robert Beier

Anselm Turmeda (ca. 1352-1424) entführt uns in eine Welt, halb Traum, halb Wirklichkeit, in der die Tiere Namen haben und sprechen, als wären sie Menschen. Bruder Anselm erwacht eines Tages aus tiefem Schlaf und findet sich am Hofe des Königs der Tiere wieder, wo er gezwungen wird, in einem Streitgespräch mit dem Esel seine Thesen bezüglich der Vortrefflichkeit des Menschen zu verteidigen, um seine Haut vor den empörten Tieren zu retten. Der scharfsinnige Esel treibt Bruder Anselm fast zur Verzweiflung, bis diesem doch der rettende Gedanke kommt und er das Streitgespräch für sich entscheiden kann. Ein kurioser Text eines kuriosen Autors, inspiriert von einer altarabischen Vorlage, abgefasst auf Katalanisch, überliefert auf Französisch, erfolglos unterdrückt von der Inquisition – dieser Text, formuliert in der typischen Unverblümtheit und gewürzt mit dem frechen Antiklerikalismus der anbrechenden Renaissance, ist eine reizvolle Rarität der altkatalanischen Literatur und verdient es, der Vergessenheit entrissen zu werden.

Bd. 3, 2009, 312 S., 29,90 €, br., ISBN 978-3-643-10238-6

EDITORIAL BARCINO, SA
Acàcies 15. 08027 Barcelona
Tel. +34 93 349 59 35
www.editorialbarcino.cat

LIT Verlag Berlin – Münster – Wien – Zürich – London

Auslieferung Deutschland / Österreich / Schweiz: siehe Impressumsseite